U0569683

西留学生教学与学习支持性服务研究

基于中国留英学生的学习经历

潘晓青 著

浙江工商大学出版社 | 杭州
ZHEJIANG GONGSHANG UNIVERSITY PRESS

图书在版编目(CIP)数据

英国留学生教学与学习支持性服务研究：基于中国留英学生的学习经历 / 潘晓青著. — 杭州：浙江工商大学出版社，2022.8

ISBN 978-7-5178-4985-8

Ⅰ. ①英… Ⅱ. ①潘… Ⅲ. ①留学教育－研究－英国 Ⅳ. ①G649.561

中国版本图书馆 CIP 数据核字(2022)第 107559 号

英国留学生教学与学习支持性服务研究
——基于中国留英学生的学习经历
YINGGUO LIUXUESHENG JIAOXUE YU XUEXI ZHICHIXING FUWU YANJIU
——JIYU ZHONGGUO LIUYING XUESHENG DE XUEXI JINGLI

潘晓青 著

责任编辑	厉　勇
责任校对	沈黎鹏
封面设计	浙信文化传播有限公司
责任印制	包建辉
出版发行	浙江工商大学出版社
	(杭州市教工路 198 号　邮政编码 310012)
	(E-mail：zjgsupress@163.com)
	(网址：http://www.zjgsupress.com)
	电话：0571-88904980,88831806(传真)
排　　版	杭州朝曦图文设计有限公司
印　　刷	杭州高腾印务有限公司
开　　本	710mm×1000mm　1/16
印　　张	21.75
字　　数	272 千
版 印 次	2022 年 8 月第 1 版　2022 年 8 月第 1 次印刷
书　　号	ISBN 978-7-5178-4985-8
定　　价	75.00 元

目　录

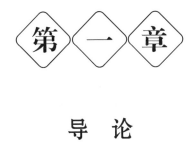

导 论

第一节 背景与问题

受政治、经济和文化等因素的驱动,世界各国竞相发展留学生教育,留学市场增长迅速。在过去的 70 年中,国际留学生的数量涨幅很大。1950 年,国际留学生的数量不足三万,到 2025 年,预计国际留学生人数将达到 700 万。我国是国际留学生主要的目的地国家之一,也是世界上国际留学生的主要输出国之一。以 2018 年的统计数据为例,2018 年共有来自 196 个国家和地区的 492,185 名各类外国留学生在我国高等院校学习。[①]同年,我国出国留学生达到 66.21 万人,其中自费留学生 51.94 万人。

本节将分别从来华留学生和出国留学生(留英学生)这两个视角来阐述研究的背景和问题。从来华留学生教育的视角看,研究英国留学生教育能为我国留学生教育的发展提供借鉴;从我国出国留学生(留英学生)的视角看,研究英国的留学生教育能让即将奔赴或者有意前往英国留学的中国学生对英国的留学生教育略窥一斑。

一、来华留学生视角

(一)历史背景

我国自 1950 年对外开放留学以来,留学生教育在 70 多年的岁月中走过了一条漫长的道路。在留学生教育发展的第一个时期(1950—1977 年),我国出于政治援助的目的接受留学生,因此"文革"前的留学生主要来自社会主义阵营的国家;"文革"之后留学生的来源国有所拓展,主要来自周边、欧美和非洲国家。在这个时期,我国来华留学生规

---

① 2018 年来华留学统计[EB/OL]. (2019-04-12)[2020-10-06]. http://www.moe.gov.cn/jyb_xwfb/gzdt_gzdt/s5987/201904/t20190412_377692.html.

模比较小,类别单一。"文革"前后两个阶段的留学生人数均没有过万。因为留学生身份特殊,又笼罩着外宾的光环,所以有专门的教学和管理队伍负责留学生的学习和生活。留学生教育发展的第二个时期(1978—1997年)始于改革开放之后。这个时期的留学生教育从早期政治色彩浓厚的教育交流转变为以政治外交和社会文化交流为主导的教育交流。留学生的规模迅速扩大,到20世纪末,已达到4万多人,来自周边日、韩两国和欧美发达国家的留学生成为主体。这个时期的留学生开始回归到朴素的学生身份。留学生管理权力开始下放,管理也开始制度化,如实行汉语水平考试、建立学位制度等。但是,留学生和本国学生依然处于隔离化管理的状态。第三个时期的留学生教育为新世纪来华留学生教育(1998年至今),处于世界高等教育国际化加速的时代。我国的留学生教育进入了全面快速发展的阶段。虽然国际留学生的流动一般从发展中国家流向发达国家,但是凭借我国留学生教育的优势和特色,来华留学生规模成倍扩大,留学生的国别也更加多元化。教育部和高校之间的职权更加明晰,留学生管理制度也日趋完善。留学生和本国学生在教学和后勤的趋同或部分趋同化管理在规模较大、学历生较多的高校中得以实施。

经过60多年的发展,我国来华留学生教育取得了显著的成就。目前我国已成为第三大留学目的地国家、亚洲第一留学大国。但是来华留学生规模在短短60年间迅速扩大的同时,也存在一些无法忽视的问题。教育部在21世纪初的教育振兴行动计划中曾明确提出了"扩大规模,提高层次,保证质量,规范管理"的留学生管理思想,而在21世纪20年代末,教育部也提到"部分院校的生源质量亟待改善、培养效果参差不齐、管理服务存在漏洞等"。① 以下就从我国现有的研究来看留学生管理的一些常见问题。

(二)问题

从我国学者对留学生的研究来看,研究关注度最高的是留学生管理和服务中存在的问题,因为这个研究专题的论文占比最高。留学生管理和服务的问题也往往在对留学生的满意度进行调查后得出。来华留学生的满意度水平因研究对象、高校等不同而变化,结果从低满意度、一般到较为满意不等,总体而言,还存在较大的提升空间。但是,无论满意度调查的结果如何,留学生管理和服务的问题在招生、教学、后勤等各环节得到了集中反映。

首先,研究发现留学生管理和服务的理念比较滞后,大多沿袭管控型管理而不是服务型管理,管理手段和方法简单,无法满足学生的个性化需求;②③相关管理和服务人员工作积极性不高,态度不够友善;双方因语言和文化差异而造成交流困难等问题。④⑤⑥ 其次,在招生管理环节,来华学历生认为来华留学信息有限,学生难以了解导师

---

① 教育部.质量为先,实现来华留学内涵式发展——教育部国际司负责人就来华留学相关问题答记者问[EB/OL].(2019-04-12)[2021-06-23].https://www.sohu.com/a/328164881_117882.

② 桂旻.上海高校来华留学生教育管理改革研究[D].上海:上海师范大学,2018.

③ 路晓航.来华留学生管理和服务中的适应性研究[D].大连:大连理工大学,2018.

④ 邱玉婷.四川省高校留学生管理研究——基于5所高校的调研[D].成都:四川师范大学,2016.

⑤ 路晓航.来华留学生管理和服务中的适应性研究[D].大连:大连理工大学,2018.

⑥ 王英."一带一路"背景下甘肃省留学生教育服务的现状及路径研究[D].兰州:西北师范大学,2018.

状况、教学水平和就业前景等信息,①留学生对就读高校的知名度也不了解。② 留学生自主招生的境外宣传不够,招生主要以政府主导的官方途径为主。③ 再次,入学标准和入学程序缺乏标准化和规范化管理。④ 在教学管理的环节,课程和留学生的需求有一定的距离,课程设置模式缺乏多样化。选课的时间限制和专业限制等因素造成所选课程和个人需求不匹配的问题。⑤ 最后,还存在教材内容陈旧、国际化理念匮乏的问题。⑥⑦ 在教学师资方面,研究认为师资水平不高,主要体现在教师的国际化水平不平衡。⑧ 外语能力不足,灌输式的教学方法过于传统,造成了留学生的低满意度⑨⑩。在以学历生为调查对象的研究中发现,课程设置不合理,教学形式缺乏特点,导师不"导",科研训练不足等问题。⑪ 在后勤生活管理方面,留学生对食堂、医疗

---

① 喻晓聪.来华留学硕士研究生培养模式研究[D].长沙:湖南农业大学,2013.

② 王英."一带一路"背景下甘肃省留学生教育服务的现状及路径研究[D].兰州:西北师范大学,2018.

③ 邱玉婷.四川省高校留学生管理研究——基于5所高校的调研[D].成都:四川师范大学,2016.

④ 陈慧慧.新世纪来华留学生教育管理研究述评[J].科教文汇(上旬刊),2019(8):16-21.

⑤ 路晓航.来华留学生管理和服务中的适应性研究[D].大连:大连理工大学,2018.

⑥ 陈慧慧.新世纪来华留学生教育管理研究述评[J].科教文汇(上旬刊),2019(8):16-21.

⑦⑧ 桂旻.上海高校来华留学生教育管理改革研究[D].上海:上海师范大学,2018.

⑨ 邱玉婷.四川省高校留学生管理研究——基于5所高校的调研[D].成都:四川师范大学,2016.

⑩ 路晓航.来华留学生管理和服务中的适应性研究[D].大连:大连理工大学,2018.

⑪ 肖丹.来沪硕士留学生培养模式的分析和研究[D].上海:华东理工大学,2011.

和宿舍的管理和服务的满意度都不高,可能包括环境、供应和服务。①② 其中,留管人员的语言和跨文化能力,食堂的供应,宿管和留学生隐私之间的冲突较为突出。③ 来华留学生对支持性服务的了解和使用之间存在差异,在学习和生活方面的 19 项支持性服务中,有 11 项均值偏向一般,满意度最低的是医疗保健。④

从我国现有的对留学生管理和服务的实证研究中不难发现,留学生管理的各项工作亟待完善,来华留学生教育的水平也有待提高。习近平总书记在全国教育大会的讲话中指出:"质量是来华留学教育的生命线,提高国际竞争力的关键是提高质量。"⑤教育部也明确提出来华留学教育要坚持质量第一,严格规范管理,走内涵式发展道路。如何通过有效的管理和服务来提高留学生教育的质量,增加留学生满意度,尤其是对教学的满意度,这是一个值得思考的问题。

比较教育能为我国留学生教育问题的解决提供一个跨国和跨文化的视野。美国、英国、澳大利亚和加拿大是接受留学生较多的四个英语国家,大约占世界留学市场 38% 的份额。⑥ 其中,英国的留学生教育不仅在规模上稳居世界前列,还在国际上享有较好的声誉。研究

①　王英.“一带一路”背景下甘肃省留学生教育服务的现状及路径研究[D].兰州:西北师范大学,2018.

②　路晓航.来华留学生管理和服务中的适应性研究[D].大连:大连理工大学,2018.

③　杨晓君.基于隐私权保护视角的高职院校留学生宿舍管理[J].黎明职业大学学报,2019(4):9-11.

④　邹小群.高校来华留学生跨文化适应支持服务问题研究[D].厦门:厦门大学,2014.

⑤　教育部.质量为先,实现来华留学内涵式发展——教育部国际司负责人就来华留学相关问题答记者问[EB/OL].(2019-04-12)[2020-10-06].https://www.sohu.com/a/328164881_117882.

⑥　Creso M. Sá, Emma Sabzalieva. The Politics of the Great Brain Race: Public Policy and International Student Recruitment in Australia, Canada and the USA[J]. High Education,2018(75):231-253.

英国的留学生教育,或许能为我国留学生教育的发展提供借鉴。

二、中国留英学生视角

(一)历史背景

中国留英学生的历史可追溯到清朝末年。清朝驻英公使带同文馆学生到英国当随员或翻译,这些学生也可进入英国的学校学习,只是每年派出的人数仅为个位数。晚清另外一支主要的留英队伍是海军留学生。当时内忧外患,意识到海防重要性的清政府向海军教育处于世界领先地位的英国派遣了一批批海军留学生,只是规模也很小。此外,清政府的其他各部门和一些省份出于培养新式人才的需要,向英国派遣留学生。20世纪初兴起的新式学堂也向英国派遣留学生,为学堂培养师资和专门性人才。1912年,北洋政府成立,海军留英教育得以继续。这个时候还有一批"稽勋留英生",对象为那些在辛亥革命中立功的青年或为对辛亥革命有功人士的子弟。虽然派出的人数不多,但是留学成绩优良。国民政府时期的留英人数有所增加,规模也在扩大。除了传统的海军留学生渠道,国民政府还开辟了"庚款留英"的新渠道。国民政府利用美国和英国退回的庚款,通过设定留学资格、参加考试等手段,选派留学生到英美国家学习。抗日战争的爆发对国民政府的留学政策造成了影响。抗战早期,国民政府收紧留学政策,留学生被暂缓派往英国,所学专业也与抗战的需要挂钩;抗战后期,国民政府放宽了留学资格,前往英国留学的人数以百计。

中华人民共和国成立后,由于中英在台湾问题上存在分歧,彼此未能建立外交关系,中英之间也没有什么教育交流活动。直到20世纪50年代,随着中英两国代办级外交关系的建立,中国才重新开始向英国陆续派出少量的精英留学生。国家希望通过留学生的派遣,为国内高、精、尖、缺的行业培养人才,只是一年派出的仅有几人或十几人。

中英留学教育交流一波三折,"文革"期间,留英教育再次中断。到了
20 世纪 70 年代,中英两国在建立大使级外交关系后,留英教育才得以
恢复。在改革开放前的一段时间里,留学英国的学生规模依然很小。
改革开放后,本着学习他国先进科学技术的目的,我国开始加大力度
派遣留学生,积极拓宽留英渠道,扩大留英学生的派遣规模。比如:在
基金会和中英两国政府的努力下,"中英友好奖学金计划"向我国在科
学、技术、经济和社会科学领域派出的高级人员提供留英奖学金。在
10 年时间里,为国家培养了上千名高级人才,也促进了中英关系的
发展。

回顾以上几个阶段的留英教育活动,不难发现以下的特征:留学
教育和国家的命运紧紧相连,每个阶段的留学教育都有其独特的历史
烙印;留学教育基本是国家层面的,是为国家发展的目的而发起的教
育活动;留学人员只有具备相当的资格才能得到经费资助;留学的规
模虽然有所增长,但是留英人数在很长的历史时间内很有限,这种情
况一直到改革开放后才有起色。虽然自费留学生在 19 世纪中期已经
出现,但是因为留学费用高,所以不但规模小,发展也很缓慢。进入 20
世纪后,自费留学生人数逐渐增长,但是人数不及公费学生。到了 20
世纪 80 年代,国家允许任何公民自筹经费出国,留学的大门被完全打
开。一方面,个人通过语言考试,申请奖学金,成功留学海外;另一方
面,收入的增加让更多的人有了留学海外的机会。在 21 世纪前,我国
的公派留学生依然是海外留学的主要队伍,但是在 21 世纪后,自费留
学生的人数不断增加,到现在,已是颇具规模。数据显示,2019 年度我
国出国留学人员总数达 70.35 万人。① 在前往美、英、澳、加等发达国

---

① 中华人民共和国教育部. 2019 年度出国留学人员情况统计[EB/OL].
(2020-12-14)[2020-08-28]. http://www. moe. gov. cn/jyb _ xwfb/gzdt _ gzdt/
s5987/202012/t20201214_505447. html.

家留学的国际学生队伍中,中国留学生占的比例较高。其中英国依然是中国留学生的主要留学目的地之一。在 2018—2019 学年,共有485,645名国际学生在英国攻读学位,其中中国内地学生赴英国留学总人数创下历史新高,超过 12.03 万人,占非欧盟学生总数的三分之一以上(35%)。另一组来自英国高等教育统计署(Higher Educational Statistic Agency, HESA)的数据显示,近三年中国内地学生就读授课式硕士的人数为 45,205 人、52,790 人与 60,775 人,呈持续增长的态势。① 绝大多数留英学生为自费生,需要为在英国接受教育缴纳高昂的费用。

(二)问题

如何在有限的留学期限内,争取留学效益的最大化,是一个值得思考的问题。虽然英国的留学教育享有良好的声誉,留学教育的水平比较高,但是中英两国的语言和文化差异带来的障碍和困难并不是在一朝一夕之内能够克服的,初来乍到的中国学生也并不一定都能快速地适应在英国高校的学习。目前,中国留学生学业成就的总体水平并不高。在英国取得一级(First class honor)或二级甲等(Second class honor, upper division)荣誉学位的中国留学生占比只有42%,而英国学生获取上述荣誉学位的占比为 68%,欧盟以外留学生的占比为 52%。研究分析了造成落后局面的主要原因:迫于家庭和就业压力的外部动机比源自个人意愿的动机更加强烈;原先的学习方法不能适应在英国高校复杂课程的学习;语言和文化的不适应,一些学生并没有为留学英国做好相应的准备;在学业努力和文化融入上缺乏自觉性等;现在英国录取的学生可能成绩不如以前的

① 环球网.2020 英国留学报告:中国内地留英学生总人数创新高.[EB/OL].(2020-09-20)[2020-08-28]. https://baijiahao.baidu.com/s? id=1678367724457460743&wfr=spider&for=pc.

学生。① 从历史回顾中也不难发现，自费时代开启前几个时代的官费留学生，大多经过语言、品行等筛选，是择优录取后而获得留学机会的精英人士。在国际高等教育大众化的时代，如何为留学生涯做好各项准备，意义同样不容小觑。

三、英国留学生教育

回顾源远流长的英国留学生教育，或许能够对基础优良、几经变革而经久不衰的英国留学生教育形成些许的认识。

(一)英国留学教育回顾

英国留学教育历史悠久，其留学教育的发展与英国三个重要的国际身份相关：英国是欧洲国家，曾经的欧盟成员之一；英国是最早实现工业革命，迈入现代化的国家；英国有很长的殖民历史，是个非常重要的英联邦国家。以下从这三个视角对在 20 世纪 60 年代《罗宾斯报告》发表之前的英国留学生教育略述一二。

早期有关英国留学生的文献可以追溯到都铎王朝的亨利八世时期。据说亨利八世看不惯剑桥校园里那些与英国人性格迥异的外国留学生，认为他们缺乏克制，也不够温和。② 到了中世纪，随着牛津和剑桥等大学的建立，英国的大学也不乏来自其他欧洲国家的留学生。现代欧洲高等教育的一体化进程使得英国和欧洲其他国家的高等教育合作更加密切。1999 年，29 个欧洲国家在意大利博洛尼亚提出"博洛尼亚进程"（Bologna Process），签约国家彼此承认大学生的毕业证书和成绩，大学毕业生可以毫无障碍地在其他签约国家继续硕士生课

---

① 马万华，匡建江. 国际流动：留英中国学生面临的挑战[J]. 北京大学教育评论，2016(2)：177-186.

② Robert Harris. Overseas Students in the United Kingdom University[J]. Higher Education，1995(1)：77-92.

程或者就业。

作为世界上第一个完成工业化的国家,英国留学生教育的历史与世界各国工业技术现代化历史密切相关。早在 16 世纪,俄国沙皇彼得一世就曾前往英国学习造船技术,后来回国制造战舰,组建俄国海军。我国的清政府和民国政府等都曾派遣海军留学生前往当时作为海军强国的英国学习。海军留学生成为中国在政权更迭频繁的 20 世纪上半叶,向英国派出的一支稳定的留学生队伍。英国也是世界上最早实现社会转型,迈进现代社会的国家。其他国家纷纷派遣留学生到英国学习现代化经验。在 20 世纪初期,为了实现泰国现代化的需要,泰国国王朱拉隆功用政府奖学金派遣泰国学生到英国学习,并在伦敦的泰国大使馆为这些即将为泰国现代化做贡献的留学生安排监管人。[①]

英国是一个老牌的殖民国家,曾在世界各大洲建立殖民地。殖民地国家独立后,英国与昔日的许多殖民地国家或保护国组成了英联邦国家,彼此往来密切。英联邦国家的留学生对于英国留学教育体制发展产生了重要的影响。20 世纪初,许多来自印度富裕家庭的留学生来到英国的大学学习。1907 年,留英的印度学生达到 700 多名。这不再是某些国家零星的派遣,而是颇成气候的留学生群体。早期英国留学教育的组织和管理不发达,以致留英的印度学生对课程不了解,也没有为留英生活做相应的准备,从而造成了留学生管理的问题。[②]这引起了英国政府的关注,催生了各种管理印度留学生的组织、制度和人事安排。如同我国留学生教育管理发展的轨迹,英国留学生制度的建立和规范化的管理也是一个从无到有、不断完善的过程。

1963 年的《罗宾斯报告》(Robbins Report)开启了英国教育国际化的步伐。该报告不仅提出扩大本国高校的招生人数,也通过资助等

①② Robert Harris. Overseas Students in the United Kingdom University [J]. Higher Education,1995(1):77-92.

措施吸引来自世界各地的留学生。一开始,英国政府对前来英国留学的学生和本国学生采取同样的收费政策,后来,由于留学生的大量涌入迫使英国政府于 1967 年实行了本国学生和海外留学生的差别性收费政策(Differential Fee Policy)。但是,即使在差别收费的年代,英国的留学教育也因其良好的声誉、与来源国的历史关系、英语等附加因素而持续吸引海外留学生。到了 20 世纪 80 年代,英国的留学生教育为节约成本,再次改变留学政策,对海外留学生实行了全额收费的政策。随着英国政府在根本上撤销了对海外留学生的经济资助,留学生数量急剧减少,来自发达国家和发展中国家的留学生分别下降 36% 和 10%。① 为此,英国政府通过经济补助、奖学金等手段为留学生提供资助,以缓解政策变化给留学市场带来的打击。

到了 20 世纪 90 年代,全球留学生市场的竞争激烈。高等教育国际化不仅能够吸引人才,也能为国家带来丰厚的经济回报,海外留学生成了英国各大高校竞争性行为的目标。为巩固其作为留学大国的地位,保持竞争优势,英国的留学生教育在《教育改革法》颁布后,开始完全面向市场。步入 21 世纪的英国政府于 1999—2005 年发起首相行动计划(Prime Minister Initiative,PMI),开启了融合政府、教育部门以及国际组织等机构的教育国际化的国家战略化时代,这也是国际教育以经济利益为导向的时代。英国政府通过简化签证、提供奖学金、市场营销、新增就业项目等手段吸引海外留学生。这段时间海外留学生总人数增加了 80,000 人,增长率达到 40%。首相行动计划二期(2006—2011 年)旨在维持英国国际教育的世界领先地位。目标包括增加在高等学院就读的留学生人数至 10 万人,增加海外战略性伙伴合作,拓展海外市场。这个时期也以教育质量为导向,重在提升国

---

① Peter Williams. Britain's full-cost policy for Overseas students [J]. Comparative Educatio Review,1984(12):258-278.

际学生教学质量和培养质量等。

据统计,英国海外留学生的数量从 2000—2015 年稳步上升。根据 2013 年的统计数据,英国占了世界留学市场 10% 的份额,[①]为世界上第二大留学生流入国。英国国际教育为英国创造了巨额财富。"2015—2018 年,英国教育相关的出口总额逐年攀升,并于 2018 年达到 233 亿英镑。"[②]英国教育输出的总产值有望从 2012 年的 169 亿英镑上升到 2026 年的 266 亿英镑。

(二)留英学生满意度

纵观英国的留学教育,历史悠久。虽然留学教育在历史的背景下几经变迁,留学教育的定位发生了很大的变化,但是英国的留学教育在总体上声誉良好。进入 21 世纪后,当英国教育进入国家战略的视野后,英方在政策的制定上更强调留学生的在学体验。在英国国际教育的营销过程中,英方也利用学生在学体验作为国际营销的有形证据,吸引海外学生到英国留学。

那么国际学生对于英国高校的满意度如何呢? 英国高等教育统计署(Higher Education Statistic Agency,HESA)在 2005 年针对全英大学生的高等教育满意度的调查显示:"罗素集团大学的学生总体'完全满意课程质量及所在院校',对所在高校的满意度从 2005 年的 83.8% 上升到 2009 年的近 86%。在这一调查中,满意度最高的为剑桥大学和牛津大学的学生,其学习的满意程度分别为 93%、92.8%。

---

① Creso M. Sá, Emma Sabzalieva. The politics of the great brain race: public policy and international student recruitment in Australia, Canada, England and the U. S. A Robert Harris. Overseas Students in the United Kingdom University[J]. Higher Education,1995(1):77-92. High Education,2018(75): 231-253.

② 在伦敦国王学院 2021 年发布的《中国问题》(The China Question)的第二部分——中国留学生对英国的经济重要性。

而来自非罗素集团大学的学生对学习满意度的比例仅在80％左右,低于罗素大学集团的学生满意度。"①留英中国学生一般在英国罗素集团高校就读的居多。根据高等教育统计署发布的2013—2014学年英国高等教育机构学生数据,在中国留学生人数最多的前十所英国大学中,除了考文垂大学(Coventry University),其他都属于罗素集团的大学。2019年英国全国大学生满意度调查(National Student Survey,NSS)结果显示学生的总体满意度为84％。其中,与学生学习密切相关的各项评价:课程教学(84％),学习机会(83％),测试与反馈(73％),学术支持(80％),组织和管理(75％),学习资源(86％),学习社团(76％)。② 其中,课程教学、学习机会、学术支持、学习资源的得分相对较高。这与另一项以139名留学英国普利茅斯商业学校(Plymouth Business School)本科学生为对象(中国学生99名,欧洲学生25名,其他国家15名)的研究发现基本相似:留学生对总体课程(89.9％)、学术支持(87％)和计算机设备(89.2％)较为满意。英国留学生教育令人满意的课程教学和学术支持等恰恰是在中国的来华留学生教育中颇具争议的问题。

英国不仅保持了在国际留学教育市场上的竞争力,而且以领导者的姿态出现在国际教育的舞台上。对于这样的一个留学大国,在留学教育方面必然有其独特的经验,值得研究者关注。与此同时,中国留英学生已经占非欧盟学生总数的三分之一,而且保持持续增长的态势,这对了解英国留学生教育愈发有了现实的意义。那么,国内外学者对英国的留学生教育进行了哪些研究呢?

① 张睦楚.英国罗素集团大学发展契机与面临的危机[J].比较教育研究,2017(4):61-68.

② 2019的NSS英国大学生满意度排名公布[EB/OL].(2019-08-03)[2020-08-28].https://www.360kuai.com/pc/9c9430582f4f01629?cota=3&kuai_so=1&sign=360_57c3bbd1&refer_scene=so_1.

第二节　文献综述

虽然英国是一个教育大国,但是国内学者对于英国的研究并不多,研究者的目光更多地投向美国和日本。笔者在回顾中英文文献后发现中外学者对于英国留学生教育的研究主题涉及留学生教育政策,国际教育营销,留学生体验(动机、在学体验、社会适应),支持性服务(资源、健康、课程等),个人导师制度,课程国际化等。

在我国来华留学生教育亟待内涵式发展和中国留英学生数量稳步上升这两大背景下,上述这些主题的研究,哪些主题是比较有意义的? 国际教育的持续发展依赖于国际学生的满意度、留学生教育的声誉和留学生培养的质量等。英国高校对于教育质量的管控,留学教育对留学生入学门槛的设置(如雅思成绩、学业成绩),英国国际教育政策中对留学生在学体验的强调等都为留学教育的质量提供了保障和支持。就英国教育的市场吸引力而言,虽然英国的留学生教育管理和服务并不完美,目前大多数留学生不参加校内的社会活动,留学生班级学生群体缺乏多样性,留学生和英国本地学生的互动也难以达到预期水平,但是,大多数前往英国留学的国际学生最关注的是学业因素。[①] 国内有研究曾指出留学生的学习满意度和总体满意度的相关程度最高:"在分满意度中,只有学业满意度和校园支持与服务满意度可以显著地预测总体满意度。"[②] 还有研究引用国外的调查发现来证

---

① Rong Huang. Mapping Educational Tourists' Experience in the UK: understanding international students[J]. Third World Quarterly,2008(29):1003-1020.

② 文雯,陈丽,白羽,曹慧思. 北京地区来华留学生就读经验和满意度国际比较研究[J]. 北京社会科学,2013(2):63-70.

实教学和支持性服务对于留学生满意度所起的举足轻重的作用："新西兰 2011 年的留学体验调查发现,教学和支持服务是对学生的整体留学感受产生决定性影响的两大因素。虽然两者相较,教学对留学生的影响更大,与对教学不满的留学生相比,对教学非常满意的留学生对整体留学经历感到非常满意的可能性高出了 27 倍,但支持服务的作用也不容小觑,其对留学经历的影响也达到了统计上的显著水平。"①

以上的研究均指出留学生教学和支持性服务对于留学生满意度的强预测作用。这与本研究的焦点不谋而合。如前所述,英国留学生满意度调查所揭示的闪光点也是我国来华留学生教育中的弱项,如:来华留学生对中国课堂教学的争议,支持性服务的欠缺等。我国的留学生教育和英国的留学生教育无论在历史发展、留学教育的基础和教育理念上都相差甚远。除了教育文化的差异,英国有着更多成熟的经验。以下就与英国留学生教学和学习支持性服务相关的文献进行回顾。

一、国内研究

(一)英国高校课程与教学研究

国内有关英国教学的研究一般是基于研究者对英国高校教学的体验,总结了英国高等教育的若干特点。如:英国高等教育教学以角色互换式的人才培养理念为基础,有着全方位、多层次、重细节的质量保障体系,弹性化和自治化的学制安排,教学内容和方式强调启发和参与,有丰富的教学材料,灵活而多样的考评方式并注重产学研的有

---

① 丁笑迴.高校来华留学生支持服务满意度调查与思考——基于上海高校的数据[J].高校教育管理,2018(1):115-123.

机衔接。① 另有研究认为英国高校的教学以学业导师制为制度平台，以考核控制为主要抓手，以自主教学为课堂教学引领，以规则意识为行为底线，以网络应用为支持系统是其主要特色。② 但是，这类研究有一些共同点：研究仅以英国某所高校为研究对象，在方法上比较欠缺；研究缺乏理论和概念框架，涉及的教学要素有限；研究仅基于研究者的个人体验，缺乏留学生的视角。有少数研究在方法上有所改进，用实证研究的方法调查中国留英学生体验。有的调查指出了中英大学在以下各方面的教育差异：对学生能力的考核，小班、开放式的教学和个性化的学习，以人为本的因材施教方式，考教分离，评判标准不唯一，实行导师制等。③ 有的就学生的自主学习进行了研究，认为英国高校给学生更多自行决定和发展批判型思维的机会，学生的学习自主性得到了较大的发展。④ 但这些研究所调查的高校依然只有一所，而且定量研究的结果比较简单，难以想象英国的教育文化究竟如何。还有研究就英国高校的课程建设及其对我国同类课程教学的启示进行了探讨。研究通过考察博士生指导模式、课程设置和评估方式等，评述英国翻译学博士学术能力培养体系和特色。⑤ 这类研究主要以语言和翻译类课程为研究对象。总的来说，虽然目前的研究指出了英国高校教学的若干特色，但是普遍缺乏留学生视角；实证研究很有限，而且缺乏对英国教学特色的文化解析。

---

① 张健如,胡继连,周玉玺.中英高等教育比较分析:教育理念、学制及教学方式[J].山东高等教育,2015(10):34-40.

② 刘恩允.基于导师制的英国大学师生关系模式和启示——以英国Heriot-Watt大学为例[J].高校教育管理,2011(5):46-51.

③ 陈素燕.英国诺丁汉大学中国学生留学体验调查[J].全球教育展望,2004(10):73-76.

④ 丁凤.教学环境下学习自主性发展空间的拓展[J].广东外语外贸大学学报,2012(6):95-99.

⑤ 宋菁.英国翻译学博士生学术能力培养及其启示——以萨里大学为例[J].外语界,2007(4):35-43.

(二)导师制度研究

牛津大学导师制是本科生和研究生教学的主要方式。研究发现牛津大学的导师制表现出个性化的指导方式,平等包容与权责清晰的师生关系,重视原著阅读的研导内容,多元背景的同伴作用这四个特征。① 但是,牛津大学的导师制的成功似乎不是短短几句话就能概括的。研究认为高校不仅应该关注有形的人才培养方式,也要看到其背后或者其中蕴含的隐形力量对一流大学人才培养的影响。② 研究也认为隐性知识传承的成功是牛津大学导师制成功的内因。③

然而,牛津大学的导师制也面临着改革的压力。导师制在经济危机和牛津传统之间应该做出什么样的变革还没有确切的答案。④ 牛津大学导师制的改革也势在必行,目前牛津大学的本科教学是包括导师制、小班教学、讲座和讨论的,带有折中色彩的组合。⑤

其他研究认为英国大学的导师制自高等教育大众化以来,地位有所降低,研讨会和小群体教学变得越来越重要,而且个人指导时间缩减,指导内容变少,功能发生变化,导师从传统的角色变为中介人和倾诉的对象。⑥ 在英国大多数高校,发展了类似导师制的讨论课和小组教学,还有对学生的学习、生活和心理提供支持的个人导师制度。国内的研究多从学生事务和辅导员队伍的建设等视角来研究英国的个

---

① 陈晓菲,刘浩然,林杰.牛津大学本科导师制的学生学习体验研究[J].比较教育研究,2019(3):39-45.

② 谷贤林.导师制·午后茶·住宿学院与一流大学的人才培养[J].比较教育研究,2003(9):27-30.

③ 齐艳霞,尹春洁.从"隐性知识论"看牛津大学的导师制度[J].全球教育展望,2004(9):56-58.

④ 朱剑.经济危机背景下的牛津导师制[J].比较教育研究,2013(1):32-36.

⑤ 阎光才.导师制与牛津传统所面临的危机[J].民办教育研究,2004(1):88-92.

⑥ 应跃兴,刘爱生.英国本科生导师制的嬗变及启示[J].浙江社会科学,2009(3):87-92.

人导师制度。研究发现英国个人导师由教师和科研人员兼职，工作内容宽泛，是开展学生事务的主要力量，大学注重导师培训。①

同样，国内导师制度的研究一般缺乏留学生视角，且基于文献，离现实可能有一定的距离。

(三)留学生学习支持性服务研究

国内研究认为在英国各大高校普遍开展的支持性服务为传统辅导模式和课程模式。在高等教育大众化的背景下，继承传统，不断创新，重视教学人员和服务人员的密切合作，从业人员的专业化是英国高校学生服务的主要特点。② 在学习支持性服务中的资源建设方面，在阐述教学特点类的文章中主要提到英国高校图书馆资源丰富，开放时间长。个别的研究发现英国高校的语言学习中心有丰富的，可供学生选择的软资源：必要的咨询师、不断更新的资源和多样化的语言活动。③ 此外，英国高校的各种教学主体和机构为不同群体提供了写作课程和服务，具体研究内容涉及写作教学主体和机构的类别、写作教学课程及其教学形式以及写作教学服务。④

然而，英国高校的学习支持性服务不止于此，如：英国高校为留学生开设的学前辅导课程，以及后续的在学辅导课程。可见，这方面的研究还存在大量的空白。

---

① 夏晓虹.从英国导师制看我国高校辅导员队伍建设[J].思想教育研究，2008(1):46-48.

② 李永山,李大国.英国高校学生支持服务的历史演进和主要特点[J].比较教育研究,2009(9):62-65.

③ 李颖.自主"选择"的视角与 SACs 的软资源建设[J].中国外语,2011(6):11-17.

④ 陈红梅.英国大学写作教学与服务一瞥——以伦敦大学学院为例[J].海外英语,2019(3):1-2.

二、国外研究

(一)留英学生经历

留英学生经历中的一个调查内容是留学生前往英国留学的动机。一项以317名留英学生为对象的研究发现了八个影响因素：社会安全、教育质量、入境障碍、环境、他人推荐、目的地国认知、工作和移民以及接触新文化。[①]

有关留学生课程国际化的研究多为实证研究。高等教育的全球化对课程有多方面的影响：高校更有兴趣招收国际学生，并意识到课改的必要性，但是实施的过程缓慢又保守，通常有赖于学术人员和大学政策之间的辩证关系。[②] 课程的国际化变革包括哪些方面呢？有关博士生课程的研究认为英方高校课程的结构化特点应更明显，学术团体应更包容；[③]其他研究则认为应加强课程的跨文化能力。[④]

满意度研究发现留学生对英国高等教育的满意度较高。学生对英国高校的设施、教学、研究、行政体系、图书馆和计算机供应等比较满意，对英国教职员工感到满意。留学生感到不满意的有：英方高校缺乏明确的语言指引，师生对测试要求的期待不同，学费和生活成本

---

① Fraser Mcleay, et al. (2019)In-sights for a Post-Brexit era: Marketing the UK as a Study Destination-an Analysis of Arab, Chinese and Indian Student Choices[J]. Journal of Strategic Marketing, at https://www. tandfonline. com/doifull10. 1080/0965254X. 2018. 1500625, accessed 1 January, 2021.

② Mostafa Hasrati, Parvaneh Tavakoli. Globalisation and MATESOL programmes in the UK[J]. Higher Education, 2015(4):547-565.

③ Catrin Evans, Keith Stevenson. The Experience of International Nursing Students Studying for a PhD in the U. K: A qualitative Study[J]. BMC Nursing, 2011:11.

④ Sue Pattison, Sue Robson. Internationalization of British Universities: Learn from the Experiences of International Counselling Students [J]. International Journal for the Advancement of Counselling, 2013(3):188-202.

太高,等等。英方应缩小班级规模,促进留学生来源国多元化,提供更多课堂参与机会。① 而且,留学生对课程内容的印象并不怎么深刻,对课程和研讨会的性价比有所质疑。② 因为研究多为量化研究,所以对师资、研究、教学等各项的满意度内涵也有待进一步探究。

(二)留学生(学习)支持性服务

留学生对服务的需求多样又广泛,研究认为应全面考虑留学生服务并将其纳入留学生服务供应体系,而且留学生的服务应全国联动,提供与留学生有关的,包括教育、法律、员工培训和资金的信息。③ 虽然不少研究证实留学生对学习技能发展类课程的满意度较高,但有研究指出学生的学术和写作能力存在较为严重的问题,很多文章有剽窃、挪用讲座内容的痕迹。④

英文文献也基本没有涉及英国高校为发展留学生语言和学习技能而设立的学前课程和在学课程。

(三)导师制研究

第一类是有关牛津个人导师的研究,主要关注其教学特点和效果。从教学效果而言,牛津的导师制比其他教学方式更严格,更有挑战性,重在发展批判性思考,但是也可能被导师滥用而存在前后不一

---

① Matthew Bamber. What motivates Chinese women to study in the UK and how do they perceive their experience? [J]. Higher Education,2014(1):47-68.

② Rong Huang. Mapping Educational Tourists' Experience in the UK: Understanding International Students[J]. Third World Quarterly, Tourism and Development in the Global South,2008(5):1003-1020.

③ Madalina Akli. International Student Support in European Higher Education[J]. Review Education,2012:297-300.

④ Malcolm Suther. Evidence of Poor Writing and Academic Standards Among University Students in the UK, and the Need for More Rigorous Accreditation of Degree Courses[J]. The Computer Games Journal,2020(9):91-120.

的情况。① 牛津导师制在学生批判性思维的发展上有所偏颇。导师们主要关注对核心问题的澄清,定义关键性概念,质疑重要的假设;但是不太侧重分析和思想的内化,开展智性评价,发展头脑的理性。②

第二类是有关英国高校个人导师的研究。不少研究聚焦于师生互动和关系发展。研究指出第一次会见很重要,师生互动的质量和性质将影响学生的辅导体验。③ 导师和学生之间的积极体验需要彼此对辅导有共同的理解。相互信任、彼此尊重、教师的投入和负责是发展师生关系的要素。④ 将个人导师的工作嵌入课程是较为常见的一种辅导模式。这种模式能为师生互动提供结构和理据,但也有研究认为这种结构化的个人辅导方式可能会增加成本和导师的工作量。⑤ 从辅导效果而言,辅导提供了教牧关怀,帮助联系理论和实践,提供同伴相互学习的机会,为学生的个性和职业发展提供支持。⑥

---

① Anil Balan. Reviewing the Effectiveness of the Oxford Tutorial System in Teaching an Undergraduate Qualifying Law Degree: a Discussion of Preliminary Findings from a Pilot Study[J]. The Law Teacher, 2018(2):171-189.

② Rush Cosgrove. Critical Thinking in the Oxford Tutorial: a Call for an Explicit and Systematic Approach[J]. Higher Education Research Development, 2011(3):343-356.

③ Annabel T. Yale. Quality matters: an In-depth Exploration of the Student-personal Tutor Relationship in Higher Education from the Student Perspective[J]. Journal of Further and Higher Education, 2017(4):533-544.

④ Anne Dobinson-Harrington. Personal Tutor Encounters: understanding the experience[J]. Nursing Standard, 2006(20):35-42.

⑤ Watts Tessa E. Supporting Undergraduate Nursing Students through Structured Personal Tutoring: Some Reflections[J]. Nurse Education Today, 2011(2):214-218.

⑥ Juan Roldán-Merino, Dolors Miguel-Ruiz, Núria Roca-Capara, Olga Rodrigo. Personal Tutoring in Nursing Studies: A supportive Relationship Experience Aimed at Integrating, Curricular Theory and Professional Practice[J]. Nurse Education in Practice, (2019):81-87.

三、已有研究存在的问题

综上所述,在教学管理方面,国内的研究主要是就英国高校一般教学特点、牛津导师制和学习支持性服务的特点进行了探讨。但是,体会型的论文占大多数,研究普遍缺乏留学生教育的视角。虽然有些研究采用了留英中国学生的视角,但是一般只就某个研究问题进行探讨,如文化适应和学业成功①、语言水平和学术成就②、留学英国的挑战③、自主性发展④等;还有一些研究就某个高校的总体情况展开量化的调查或者就教学的特色进行点评,如留学体验调查⑤、英国高校教学特色⑥等,但是研究内容有待进一步发掘和解析。在定量研究中,如果研究的高校只有一所,那在样本的代表性上是否存在疑问呢?

国外学者主要是研究留学动机、课程的国际化和留学生满意度,研究虽有留学生教育的视角,且多为实证研究,但是对英国高校留学生教学特点缺乏研究,而且没有说明留学生满意度背后的英国教育文化内涵。国外学者的研究焦点似乎不在于此。他们的研究初衷在于通过留学生对英国高等教育的满意度调查,以及对中英高等教育满意度的对比,探讨英国高等教育市场的吸引力,而非英国留学教育的文化如何。目前从国外文献中所能了解的留学生教学只是定量研究问

---

① 薛惠娟.文化适应与国际教育中学业成功之研究[J].教育学术月刊,2010(12):50-53.

② 张士奇.浅谈语言水平对中国留英学生学术成就的影响[J].教育观察,2017(11):14-15.

③ 马万华,匡建江.国际流动——留英中国学生面临的挑战[J].北京大学教育评论,2016(4):177-186.

④ 丁凤.教学环境下学习自主性发展空间的拓展[J].广东外语外贸大学学报,2012(6):95-99.

⑤ 陈素燕.英国诺丁汉大学中国学生留学体验调查[J].全球教育展望,2004(10):73-76.

⑥ 刑殿普.感受英国高校教学特色[J].上海教育,2006:34-35.

卷中列出的教学要素及其得出的数据。比如,英国学者 Matthew Bamber 所做的研究提供了满意度数值,也提供了英国高校留学生教学的基本要素。在他的问卷中,调查的内容涉及了教学场所、教师教学质量、师资、讲座、小组讨论、课堂互动、测试和反馈、行政、计算机设备、图书馆等。此外,全英大学生调查(NSS)的主体问卷和选择性问卷中涉及教学的题项有课程讲授、教学、课程内容和结构、教师测试与反馈、学生课程反馈、学习支持、组织管理、学习资源和总体满意度等。但是,对于这些构成要素的英国教育文化内涵,读者可能不太明白。如:首先,他们是如何开展教学的呢? 如何考评的呢? 其次,各个要素之间的联系也不太明确,如教师授课、辅导课之间是什么关系? 最后,虽然研究已经较为全面地涉及了英国留学生教学的各个方面,但是研究尚未涉及留学生课程和教学的所有常规问题,比如学生怎么选课等。在中国的留学生教育管理中,选课也可能成为问题环节。

此外,中外研究在支持性课程支持方面存在明显的空白,除了个别研究涉及写作教学,基本没有对培养留学生语言能力和学习技能的学前课程和在学课程进行研究。在传统的辅导模式,即个人导师方面,国内研究不多,实证研究很少,且国内外研究普遍缺乏留学生视角。

在文献回顾之外,笔者分别以"英国"和"留学生"为关键词,检索了2001—2020 年的全国教育科学规划课题,发现题名为"英"或"英国"的课题 11 项,但是没有一项和留学生或国际教育相关。检索发现题名出现"留学生"的课题 6 项,其中有 4 项针对来华留学生,研究分别涉及高校品牌形象国际化、中国认同心理、留学教育定位及其政策选择和心理健康研究;有 2 项针对中国海外留学生,研究其风险规避和文化认同。可见,目前的立项尚未涉足英国留学生教育,对留学教育质量起决定性作用的教学和学习支持性服务的研究还是空白。教学和学习支持性服务是提升留学生教育质量的关键,也是英国留学生教育的闪光点。因此,本研究将对英国高校的教学和学习支持性服务,展开较为系统和深入的研究。

第三节　研究的意义

总的来说，虽然英国的留学教育声誉良好，但是目前很少有研究对英国教学的各要素和体系进行完整和综合的研究。因此，本节从留英中国学生的跨文化学习体验出发，去探究英国留学生教学的基本要素、特点及其文化内涵，并揭示留英学生的满意度内涵。

从理论意义而言，研究将揭示英国留学生教学各要素的文化特色，并解释其成因；就学习支持性服务中的课程模式和个人导师的辅导进行分析和说明，了解其课程体系和个人导师制度的特点。在教学和学习支持性服务的描述和解释之外，研究还将从第三个维度解释留英学生的满意度内涵，即通过留学生的正面体验和负面体验，了解他们的满意和不满意之处，并分别从教育学和跨文化交流学的视角进行解释。

从实践意义而言，首先，前期研究发现我国留学生教育在教学、师资、教材等各环节都存在问题，本研究以比较教育为学科基础，对英国留学生教学和学习支持性服务进行跨文化研究，希望能为中国的留学生教育发展提供参考和借鉴。其次，中国留英学生作为留英学生中的主力军，以自费生为主，经济负担比较沉重；由于中英两国在语言和文化方面差异较大，留学生需要一个适应期。如果对英国留学生教育文化缺乏了解和必要的准备，要在有限的留学时间内迅速适应英国的留学生活，并非易事。因此，在本研究的基础上，留英学生，尤其是与本研究样本比较接近的留学生，能够了解英国高校的教学和学习支持性服务，对未来的学习有一个比较符合现实的预期，这将有助于他们在踏上留学之路后尽快调适自己，实现跨国跨语言、跨文化、跨学段学习的顺利过渡，将留学效益最大化。

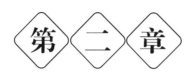

研究设计与实施

本章主要说明研究设计与研究过程。研究设计部分在提出研究问题后,说明研究的基本框架以及基本的思路和方法。接着,本章按照两个不同的研究方法讲述研究的过程。文献研究部分说明资料的来源和分析;质性研究部分的内容包括抽样(研究对象的确定和抽样标准),访谈资料的收集和分析。本章最后说明成文的方式。

第一节　研究问题

本节从留英中国学生的体验出发,探究英国留学生教育的文化特色并对留学生的满意度进行解析。

本节研究的主要问题:

(1)在中国留学生的视角下,英国留学生教学有哪些基本要素,这些要素有什么特点? 原因是什么?

(2)英国留学生的学习支持性服务有什么基本的形式和特点?

(3)中国留学生对英国留学生教学与学习支持性服务的满意度如何? 他们对英国留学生教学感到满意的特点是什么? 不满意的特点是什么?

重要概念界定如下:

教学和教学要素:教学的定义有狭义和广义之分,本研究采用广义的教学定义,即教学不仅仅是教师指导和促进学生学习的活动,而是指教师的教和学生的学相互结合、相互统一的共同活动。如,王策三教授认为"所谓教学,乃是教师教、学生学的统一活动"。[①] 在教学活动中,包括哪些教学要素呢? 李秉德教授认为包括教师、学生、教学目的、课程、教学方法、教学环境、反馈这七个基本要素。其中,课程包

---

① 王策三.教学论稿[M].北京:北京人民教育出版社,1985:88-89.

括教学计划、大纲和教材。教学要素之间并非相互孤立,而是相互影响,相互制约。① 本研究界定的教学要素与上述的说明基本一致。研究从留学生体验的视角切入,从课程、师资、教材、教学、考核与评分这五个方面来探讨留学生教学。其中教学部分包括教学目的和教学方式。有关教学环境、教学资源和教学效果部分将在满意度部分做进一步的探讨。

满意度:满意度的概念来源于商业领域。在某种程度上,教育也是为学生提供的一种服务。满意度的理解主要和三种模型有关,即"期待—表现模型"(expectation-performance model)、"顾客的消费体验对比模型"(comparison of customer's consumption experience model)和"顾客需求满足模型"(customer needs satisfaction model)。② 在第一种"期待—表现模型"中,顾客在消费产品和服务时,或者在消费之后,会按照原先的期待去评价产品和服务质量。两者的差异值决定顾客的满意与否。如果实际表现低于期待,顾客会感到不满意;相反,顾客会感到满意。同样,留学生对英国高校提供的教育服务有各种各样的期待。如果英国的教育服务符合或者胜过原先的期待,那么留学生就得到了心理上的满足;反之,留学生会感到不满意或者暂时不满意。第二种和满意度理解相关的模型是"顾客的消费体验对比模型"。在这里,满意度是源自顾客消费体验比较的一个心理体验的结果。在本节中,满意度指的是前后两种教育服务产品使用后的相互比较,尤其是英国的教育服务和国内教育服务体验后的一个比较。第三种是"顾客需求满足模型"。顾客满意度是顾客在消费体验中,需求被满足之后的一种心理状态。满意度随着需求被满足的程度而相应地

---

① 李秉德. 对教学论的回顾与前瞻[J]. 华东师范大学学报(教育科学版),1989(8):55-59.

② 刘俊学. 高等教育服务质量理论[M]. 长沙:湖南大学出版社,2002:117-150.

增加或减少。在这个意义上,留学生的满意度取决于英国的教育服务在多大程度上满足了他们对教育服务产品的需求。按照上述的理解,英国留学生教学令人满意的特点是留学生认为满足了期待的,比原先的体验更好的,以及满足了自身教育需求的那些特点。反之,令留学生感到不满意的特点指的是那些留学生的期待没有得到满足,比国内教育体验更差劲,需求得不到满足的英国留学生教学的特点。

第二节　研究框架

本课题的研究对象为英国高校的留学生教学和学习支持性服务。教学的具体内容包括:课程与教材、师资、教学、考核与评分。学习支持性服务主要包括支持性课程和个人导师的辅导。

首先,研究将就上述研究对象的各个要素(形式)及其特点进行分析性描述。其次,在描述基础上,尝试着解释留学生教学特色的成因。再次,研究就上述核心要素,探究英国高校留学生教育的满意度内涵,阐述留学生感到满意的是什么,感到不满意的是什么。最后,分别用教育学理论和跨文化理论透视英国留学生教学和学习支持性服务中令中国留学生感到满意和不满意的地方。

研究的主要目标:一是认识英国留学生教学和学习支持性服务的各项要素并解释其成因;二是揭示留学生满意度内涵,从留学生体验的视角看令人满意和不满意的要素和特点分别是什么。研究的基本框架如图 2-1 所示。

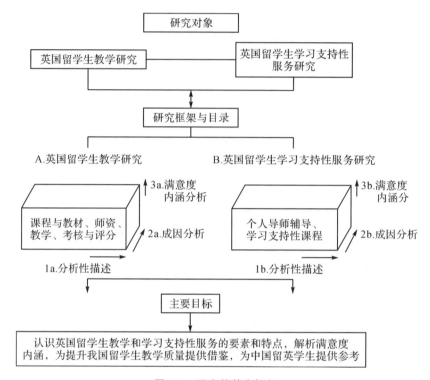

图 2-1 研究的基本框架

第三节 研究思路

研究主要分为两大课题,分别是留学生教学研究和学习支持性服务研究。

研究主要采取质性研究和文献研究的方法。质性研究以意义为中心,能够从留学生体验的视角对上述主题展开分析并进行意义解释,得出的研究结果具有完整性和复杂性,有助于更加全面和深入地理解英国的留学生教学和学习支持性服务。文献研究不仅能够提供丰富的信息,而且文献资料和访谈资料相结合,能够相互补充和验证。

　　研究先从学术数据库中的文献研究开始,确立课题的主要框架和内容;再通过高校、政府网站调整和充实框架内容。在文献研究结束后,开展以半开放性访谈为主的质性研究。最后,就研究结果,结合文献研究的内容,相互比较、补充和验证等。研究的基本思路和方法如图 2-2 所示。

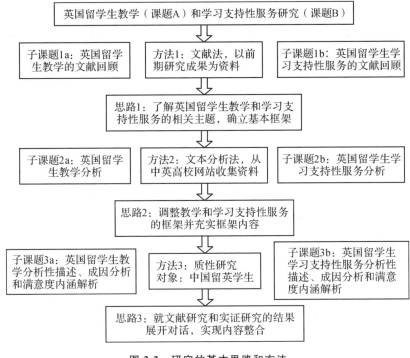

图 2-2　研究的基本思路和方法

第四节　研究方法

　　如上所述,本研究主要采取文献研究和质性研究的方法。以下就研究的样本、资料的收集和分析进行说明。

一、文献研究部分

图 2-1 中文献研究部分的资料主要来自学术数据库和图书资料库的学术期刊和专著。

图 2-2 中的文献主要来自英国声望较高中国留学生较为集中的罗素集团的 24 所大学。在留学生学习支持性服务部分,研究先从罗素集团高校的国际学生网站收集个人导师和支持性课程的说明资料和文件。这 24 所大学是:剑桥大学(University of Cambridge)、帝国理工学院(Imperial College London)、伦敦大学学院(University College London)、牛津大学(University of Oxford)、伦敦国王学院(King's College London)、曼彻斯特大学(University of Manchester)、布里斯托大学(University of Bristol)、伯明翰大学(University of Birmingham)、利兹大学(University of Leeds)、利物浦大学(University of Liverpool)、谢菲尔德大学(The University of Sheffield)、爱丁堡大学(The University of Edinburgh)、卡迪夫大学(Cardiff University)、贝尔法斯特女王大学(Queen's University Belfast)、伦敦玛丽女王大学(Queen Mary University of London)、诺丁汉大学(The University of Nottingham)、南安普顿大学(University of Southampton)、纽卡斯尔大学(Newcastle University)、华威大学(The University of Warwick)、杜伦大学(Durham University)、埃克斯特大学(University of Exeter)、约克大学(University of York)、伦敦政治经济学院(London School of Economics and Political Science)、格拉斯哥大学(University of Glasgow)。顺便提一下,在英国留学生的教学部分,也参考了除上述罗素集团大学之外,其他访谈对象(4 名)所在高校的网站资料,主要是为访谈提供更为详尽的背景资料说明。

二、质性研究部分

(一)抽样

研究对象为留英中国学生。此研究对象的确立原因主要如下:首先,留英中国学生人数众多,样本比较容易获得;其次,留英学生必然经过一番跨文化适应,跨文化适应是一种由于不同文化的人相互接触而引发的变化,并造成某方或者双方原先方式的改变,①以留英中国学生为样本,研究可从中英文化差异入手,更容易感知和认识英国的教育文化特色。中国留英学生的抽样标准:曾在英国高校注册学习,在中国本土长大,拥有中国国籍的留英学生。研究未包括来自港澳台的留英学生。研究以方便抽样、滚雪球式抽样和随机抽样等方式结合的综合式抽样方式寻找研究样本。

1. 课题 A:英国留学生教学

先后共有 16 名中国留英学生参加了该项研究。年龄为 21—25 岁。男生 5 名,女生 11 名。本科生 5 名,硕士研究生 11 名(均为授课型硕士)。研究对象中有 12 名来自罗素集团的大学:4 名来自英国爱丁堡大学;3 名来自英国伦敦大学学院;其他来自伦敦国王学院、曼彻斯特大学、伦敦帝国理工大学、布里斯托大学和诺丁汉大学的留学生各 1 名。另外有 4 名来自罗素集团以外的大学,诺丁汉伦特大学(Nottingham Trent University)、拉夫堡大学(Loughborough University)、伦敦金斯顿大学(Kingston University London)、伦敦服装学院(London college of fashion)的留学生各 1 名。留学生所学专业包括国际发展、教育、财经、传媒、数学、药学、摄影和服装设计等专业,其中教育学背景

---

① Redfield R., Linton R., Herskovits M. J. Memorandum for the study of accultur ation[J]. Amer-ican Anthropologist,1936:149-152.

的比较多,有 9 名。研究样本中有 9 名已经毕业,7 名受访期间在读。课题 A 具体情况如表 2-1 所示。

表 2-1 课题 A(英国留学生教学)样本

留学生编号	性别	年龄	在读/毕业院校	专业	学历	毕业与否
A1	女	24	曼彻斯特大学	国际发展	硕士研究生	毕业
A2	女	23	伦敦大学学院	教育	硕士研究生	在读
A3	女	24	伦敦大学学院	教育	硕士研究生	在读
A4	女	24	伦敦大学学院	教育	硕士研究生	毕业
A5	男	25	伦敦国王学院	对外英语教学	硕士研究生	毕业
A6	男	22	伦敦帝国理工	数学	硕士研究生	在读
A7	女	23	爱丁堡大学	语言教育	硕士研究生	在读
A8	女	24	爱丁堡大学	教育	硕士研究生	毕业
A9	女	23	爱丁堡大学	教育	硕士研究生	毕业
A10	女	24	布里斯托大学	对外英语教学	硕士	在读
A11	女	24	拉夫堡大学	全球媒体与文化产业	硕士研究生	毕业
A12	女	21	诺丁汉伦特大学	小学教育	本科生	在读
A13	女	22	诺丁汉大学	药学	本科生	毕业
A14	男	21	爱丁堡大学	财经	本科生	在读
A15	男	22	伦敦服装学院	服装设计	本科生	毕业
A16	男	23	伦敦金斯顿大学	摄影	本科生	毕业

2.课题 B:英国留学生支持性服务

共有 28 名留英学生参加了研究。年龄为 20—35 岁,其中男生 7 名,女生 21 名。硕士生 19 名,本科生 9 名。24 名留学生来自罗素集团大学,4 名来自非罗素集团大学。所学专业分布甚广,包括医药、信息工程、教育、艺术、金融、传媒、哲学、经济管理、数学、语言学和会计等。研究样本中有 9 名已经毕业，19 名受访期间在读。课题 B 具体情况如表 2-2 所示。

表 2-2　课题 B(英国留学生支持性服务)样本

编号	性别	年龄	在读/毕业院校	专业	学历	毕业与否
B1	女	23	爱丁堡大学	对外英语教学	硕士研究生	在读
B2	女	23	伦敦大学学院	教育学	硕士研究生	在读
B3	女	23	伦敦大学学院	高级化学工程	硕士研究生	在读
B4	男	26	华威大学	信息系统管理和数据创新	硕士研究生	毕业
B5	女	27	曼彻斯特大学	工程项目管理	硕士研究生	毕业
B6	女	23	利物浦大学	艺术学	硕士研究生	在读
B7	男	35	剑桥大学	房地产金融	硕士研究生	毕业
B8	女	22	华威大学	经济	硕士研究生	在读
B9	男	21	约克大学	社交媒体和互动技术	硕士研究生	在读
B10	女	25	爱丁堡大学	哲学	硕士研究生	毕业
B11	女	23	布里斯托大学	中英翻译	硕士研究生	在读
B12	女	22	布里斯托大学	对外英语教学	硕士研究生	在读
B13	女	24	曼彻斯特大学	工商管理	硕士研究生	毕业
B14	女	23	杜伦大学	数学	硕士研究生	毕业
B15	女	24	曼彻斯特大学	工商管理	硕士研究生	毕业
B16	女	23	曼彻斯特大学	语言学	硕士研究生	在读
B17	女	23	爱丁堡大学	教育学	硕士研究生	毕业
B18	女	24	布里斯托大学	对外汉语教学	硕士研究生	在读
B19	女	24	伦敦大学学院	教育学	硕士研究生	毕业
B20	女	20	帝国理工学院	数学与统计	本科生	在读

续　表

编号	性别	年龄	在读/毕业院校	专业	学历	毕业与否
B21	女	20	伦敦大学金史密斯学院	媒介与传播	本科生	在读
B22	男	20	赫瑞-瓦特大学	会计与金融	本科生	在读
B23	男	20	拉夫堡大学	教练与体育	本科生	在读
B24	女	20	伦敦大学学院	应用医学科学	本科生	在读
B25	男	20	利兹大学	金融	本科生	在读
B26	女	25	伦敦大学学院	数学	本科生	在读
B27	男	21	贝尔法斯特女王大学	会计	本科生	在读
B28	女	21	诺丁汉伦特大学	小学教育	本科生	在读

(二)资料的收集与分析

1.资料的收集

研究以半开放式访谈的方式收集资料。访谈问题的设计思路如下:先从留学生的跨文化经历入手,让他们自由讲述中英在教学和学习支持性服务这两个方面的差异,然后进一步就英国留学生教学和学习支持性服务进行深入的交流。

在英国留学生教学研究部分,访谈提纲主要由两部分构成。在第一部分的预热和开放性问题之后,第二部分以教学的核心要素,如课程、教学、教材、考核、评分等为纲,逐项探寻英国教育文化的特殊性。访谈的第三部分关注的是留英学生的满意度内涵。这部分访谈提纲的设计分别从满意度的三种内涵出发,就留学生的跨文化教育体验进行提问。访谈提纲见附录1(英国留学生教学部分的访谈提纲)。研究就上述对象进行了1—2次访谈,第二次访谈主要是对第一次访谈的补充。在留学生学习支持性服务的个人导师部分,访谈者首先就个人导师制度的基本内容:任职资格、师生比、会谈、职能、效果评价这几个方面依次进行了访谈,然后就学生对个人导师及其制度本身进行比较性评价。访谈提纲见附录 2:英国留学生支持性服务的访谈提纲(个人导师部分)(中文版)和附录 3:英国留学生支持性服务的访谈提纲(个人导师部分)(英文版)。在个人导师之外有关学习支持性服务的部分则以入学前后为时间线索,主要就辅导人员、学前课程和在学课程以及其他支持性服务进行了提问。访谈者先后用英语对其中的 11 名留英学生进行了访谈,用汉语对 17 名留英学生进行了访谈。

2.资料的分析

资料分析采取类属分析的方式。首先,研究者针对各个研究问题,对资料进行大体的分类,然后就各个类别展开类属分析,构建类属体系。成因方面如何分析? 因为留英学生只是英国高等教育的体验者,他们能够分享经历,但是一般不能对这些经历做出解释。因此,在留学生的教学和学习支持性服务的特点部分,成因分析主要是笔者根据描述性分析的结果,从教学理念和交际文化的视角尝试着对这些特点进行解释。在留学生满意度部分,则主要用教育学和跨文化适应的理论框架对令中国留学生感到满意和不满意的特点分别进行透视。

(三)成文的方式

本书一共有九章。第一章包括研究的背景和问题、国内外文献综述以及研究的意义。第二章对研究问题、研究框架、研究思路和研究方法进行了说明。第三章到第九章是本书的研究成果部分。其中,第三章到第六章的内容分别是课程与教材、师资、教学与辅导、考核与评分。在课程与教材、师资、教学与辅导这三章中,融合了原研究设计中留学生教学和学习支持性服务的研究成果。虽然留学生教学和学习支持性服务有主次之分,但是写作采取了并列呈现的形式。本书的第七章和第八章为留学生满意度解析。第七章先就英国留学生教育中令人满意的特点进行分析性说明,再用教育学理论进行透视。第八章先对令留学生不满意的特点进行分析,再用跨文化适应的理论进行解释性说明。第九章为本书最后一章,包括研究的结论和启示、研究的局限和未来研究的方向。第九章回应了第一章提出的研究背景、目的和意义。在研究的启示部分,分别就如何改进我国留学生教学与服务,留英学生如何更好地为留英生活做准备提出了相关的建议。

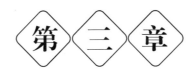

课程与教材

课程是教学中一个实质性的要素,因为教学要借助课程达成教育的目的。本研究主要从中英教育文化的差异入手进行研究。也就是说,留英学生在他们的经历中感知了什么样的教育文化差异。所以,这一章的内容并非讲述具体的教学计划、教学大纲和教学内容。在研究样本来自各个学段、各个专业的前提下,这样的研究和写作也不可行。本章主要讲述英国留学生教学在课程方面所体现的文化及其特点。具体内容:一是学分内课程,主要是专业课程设置的特点,即三学期制、专业课集中、课程资源丰富、选课管理精细化;二是学习支持性课程和服务,其中包括以发展语言和学习技能为目的的学前课程(pre-sessional courses)、在学课程(in-sessional courses)以及其他的支持性课程和服务。

第一节 学分内课程

一、专业课程设置

(一)三学期制

学期是学年中划分的若干个阶段或分期,不同国家的学期制有所不同。在中国,比较常见的是一年两学期制,分为下半年的秋季学期和上半年的春季学期。学期的划分大概和气候有关,夏季暑热难耐,冬季过于寒冷。中国的民俗也决定了学期划分的具体时间。中国人盛大的农历春节决定春季学期开始的时间,这与其他过阳历新年的国家不同,相较而言,有所延迟。

在英国,一年一般分为三个学期。第一个学期为秋季学期(autumn term),时间大致为每年的 9—12 月。这个学期结束后就迎来了英美国家的盛大节日——圣诞节,还有普天同庆的阳历新年。这也是英国学生的寒假时间,时间大概从 12 月到次年 1 月。第二个学期为春季学期(spring term),时间从 1 月初到 3 月。这个学期结束后,学生迎来了另一个重要节日——复活节。复活节从 3 月开始,到 4 月结束。第三个学期是夏季学期(summer term),时间从 4 月中下旬到 7 月。夏季学期结束后为暑假。虽然一年大致分为春、秋、夏三个学期,但是开学日和结束日有所不同,每个学期的周数也不尽相同。除了高校自治的因素,每年宗教节日的具体日期也会发生变化,这些因素都影响了学期起止时间的划分。各个学期的名称也反映了一个大学的传统。在牛津大学,这三个学期分别被称为米迦勒节(Michaelmas)学期、希拉里(Hilary)学期和三一(Trinity)学期。

由于中英学期划分的不同,中国留英学生在分享英国的学习经历时,普遍会提到和国内"很不一样"的英国学期的划分形式。从以下三位留英硕士生的访谈中,可以看到学期的英式划分和相应的学业安排。学生一般在秋季学期和春季学期上课,在夏季学期写论文。

我们有三个阶段,每个阶段分别是三个月。每个阶段之后,有一个月的假期,分别是圣诞、复活节以及暑假。(留学生 A5)

英国每年都是三个学期,所以我一月一号开始就是第二个学期了,三月份又结束了。第三个学期就不上课了,四门课的论文写到九月份,完成后提交就好了。(留学生 A2)

我们有三个学期,这个跟国内很不一样。英国以感恩节和圣诞节为节点。前两个学期就先是学习,最后一学期写论文。(留学生 A7)

从上述的学期设置中,可以看到各种因素的影响。如:气候决定一年中的某些日子不是读书天,因此,学校考虑给学生放假。同样重要的是一个国家的文化习俗,尤其是节日的影响。英国的学期划分都考虑了重大的节日——圣诞节和复活节。剑桥大学直接把第三个学期称为复活节后学期(Easter Term)。

此外,两学期制和三学期制各有利弊,但是各有其相适应的教育文化。学期的划分也可理解为英式教育文化的产物。与两学期制度相比,三学期制可扩大课程的范围,使得课程结构灵活化,增加课程的可选择性。在学分制体系中,学生也有了更多课程学习的机会。比如,本研究中的留英硕士生一般在前两个学期修完课程,在第三个学期写论文。但是,学生也可在第三个学期去上前两个学期没能选上的选修课。

如果高校采用三学期制,那么在课程时间被压缩之后,还要取得和二学期制相当的教学效率,这就意味着教师教学和学生学习方式都要与三学期制相适应才能取得良好的效果。正如在后面的章节中所讲述的,在英国的留学生教学中,教师只是一个引导的作用,与其说是知识讲授型的教学方式,不如说是"授人以渔"的教学方式,注重学生学习能力和智力等各项能力的发展;学生则在教师的引导下,充分发挥自主学习的能力,完成各门课程的学习任务。在这样的教育文化中,三学期制使课程的多样化选择成为可能,也处理了庞杂的教学内容;学生个体也能按照自身的意愿学习,充分发挥自身的学习潜力。在一个教师以知识的系统讲授为目的,学生只是以课堂上教师所讲内容为主要学习内容的教学模式中,或许一时难以适应三学期制。因为教师在原有的教学观念下,做不到知识的精简,不敢放手让学生去学习;而学生又没有足够的自主学习能力,重压之下难以如愿完成课程的学习,彼此都比较容易陷入尴尬的境地。最后,很可能为换取课程多样性而实行的三学期制付出课程质量难以保证的代价。可以说,英国的三学期制是教育文化的产物,它与人们对课程和教学的看法和实践有着密切的联系。

(二)学制短,专业课集中

英国的学制比较短,本科三年,研究生一年。但是在这较短的学制里,留学生的时间都用于学习,很少有与学习无关的可荒废的时间。

本科三年,除了最后三个月在写论文,其他时间都用于专业课的学习。研究生课程只有一年,前面有六个月的时间学习专业课,后面有三个月的时间写论文。这可能也是英国教育含金量的体现之一:虽然学制短,但是学生基本把时间用于专业课的学习。

英国本科一般是三年,中国一般都是四年吧。这三年,我觉得也是最关键的三年,能培养核心素养,就不会像国内,第四年就可能不怎么上课,有点荒废时间吧。……但具体看你选的专业是研究型还是授课型。研究型的专业第三年可能需要你去实习,授课型的话第三年还是在学校上课。有的专业在第三年还是会给你讲很多东西,但跟前两年(相比),可能会更注重实践。(留学生 A15)

这位留学生的观点是学制虽短,但是都用于课程的学习,较少有荒废时间的现象。此外,英国高校的课程设置突出了专业课的重要性。至于其中的原因,国内学者认为:"英国高校的课程设置一般为初级和高级的专业课,实战专业课,不设置中国高校通常开设的基础课(德育课、体育课、数学课)。英国高校认为这样的课属于基础教育,不应列入高校教育中。"①留学生的课程主要包括必修课和选修课。从学分的意义上看,选修课和必修课都是学分的来源课程,所以这两类课都很重要。此处更值得一提的是,这两类课程一般都是专业课程,不分文理。

访　谈　者:想问一下,必修课和选修课是不是都是你们的专业课啊?

留学生 A6:对,必修、选修都是专业课。

访　谈　者:你们选修的这些课程都是关于本专业的,还是说也可以是非专业课的一些课程?

---

①　杨爱英.中英高等教育教学模式比较研究及启示[J].黑龙江高教研究,2006(9):172-174.

留学生 A4：你是指非专业就是非教育专业的意思？

访　谈　者：对对对，是从这个角度来看。

留学生 A4：哦，那基本上就是本专业的课程，我们 UCL（伦敦大学学院）教育学院开设的教育相关的课程。……我选择了 Critical Perspectives on Learning and Teaching（学习与教学批判）和 controversial issues（争议性问题）这两门课。

　　选修课的设置是在一定研究方向下的课程模块规划。以格拉斯哥大学国际关系专业的研究生课程为例，除了国际关系理论和研究方法这两门核心课程，选修课程分三个方向（pathway）：第一个方向为国际组织、移民、人道主义干预和种族、性别等国际关系下的议题，第二个方向为中国的政治和国际关系研究，第三个方向为俄罗斯的政治和国际关系研究。每个方向下有 6—7 门课程。选修课的目的是让学生根据自己的兴趣选择。所以，选修课程不是不重要，在个人发展的意义上，它其实更有意义。教师建议学生选择同一个方向的选修课程，以便在"研究方向上更加深入"。

访　谈　者：你们专业的课程设置是固定的吗？

留学生 A9：教育学有很多分支，比如哲学、心理学、儿童心理、比较教育。每个分支的课程会有一些区别，但有一两门课是需要一起上的，比如我刚提到的 Source of Knowledge（知识的来源）和 Conceptual Research（概念研究）是大家都要上的。……我还可以选两门选修课。但是大家的考虑不同，老师会建议，如果你选了这个 pathway，那你最好也选修和这个 pathway 相关的选修课。这样你可能会在这个研究方向上更加深入。

虽然在理论上留学生可以跨专业选课,但是留学生倾向于选专业课或者和专业课相关度高的其他专业课程。如学习服装设计的留学生选修时尚管理。除了学业有专攻的考虑,还有以下原因:一是跨专业学习难度大;二是跨校区上课的不便使得他们放弃了选其他学院课程的念头。本科生和硕士生相比,本科留学生跨专业选修的比较多,大概是授课型研究生的学习时间短,用于专业课学习的时间已经很紧张了。根据本科留学生 A15 的说法,专业选修课的比例大概是 80%,非专业选修课为 20%。在本研究中,跨专业选修的本科生会出现这样的选择:学金融的学生选修日语、韩语和西班牙语等小语种,学生物的学生选修统计学,等等。

英国高等教育中"学制短,专业课集中"这一点,对于留学生不无吸引力。在留学生选择目的地国家的时候,往往会考虑教育质量和留学费用等。英国留学教育虽然学制短,学费昂贵,但是正因为学制短而减少了总体留学的费用,加上声誉良好,使之与其他欧美国家相比有了较强的竞争力。

(三)学分固定,课程资源丰富

学分制是教育模式的一种。它是以选课为核心,通过学分和绩点来衡量学生学习质量的一种教学管理制度。英国的大学实行灵活的学分制度,学生在相应的时间里修完一定的学分才能毕业。每个大学的规定有所不同,比较常见的是研究生阶段要修满 180 学分,由必修课、选修课和论文三部分组成。本研究中的访谈对象 A4 是硕士生,她需要修满 180 学分才能毕业。其中,必修课和选修课各两门课,每门课 30 学分,再加毕业论文 60 学分,总共 180 学分。本科生阶段,以本研究的样本来看,毕业所需的学分相差较大。

英国高校的课程容量比较大,可供选择的课程比较多,尤其是选修课。来自数学系的本科生和来自教育系的硕士生都认为学校提供的选修课"很多"。来自数学系的留学生 A6 是本硕连读的留学生。他在大三的时候没有必修课程,所以他在以下访谈中提到的"大三有40多门课"都是选修课。

数学的话已经有很多的选修课程了,像纯数学、应用数学和统计学之类的课程三个大方向……大一、大二每年是八门课,其中有四门纯数学、两门统计学,还有两门应用数学与数学物理。然后大三有40多门课,也是包含这三大类。你可以从这40多门课里随便选。(留学生A6)

我觉得选修课种类是比较多的,可以选的主题很多。比如我们Education(教育),其实它是一个大类,学习这个专业的学生,他的本科背景可能不是英语教育,而是语文教育或者历史教育,或者是数学、科学、教育等,选修课程覆盖面是很广的,你也有机会去学其他的一些理念,对于Education的理解有帮助,这是我觉得满意的地方。(留学生A4)

课程容量也是以课程资源发展为前提的。高校的自主权与专业课程的设置也不无关系。有学者提到:"英国的高校本身为独立的组织,可以自行决定开办的课程、教学和评审课程的方法,以及确定课程名称。"[1]其他学者在英国约克大学的调查发现有些不同:"新课程的开设,有严格的规定和手续。从程序上来说,一是学科审核,要征得系里由教师、学生代表组成的专门委员会和校外专业领域评估专家的同意;二是商业审核,要征得课程规划委员会商业运作的同意(衡量开发所需经费、所获效益);三是学术审核,要征得大学教学委员会的同意。"[2]

课程资源的丰富不仅能满足学生个性化发展的需求,也可以为留

---

[1]　杨爱英.中英高等教育教学模式比较研究及启示[J].黑龙江高教研究,2006(9):172-174.

[2]　李昕.寻访大学——中国大学校长的英国学习札记[M].上海:上海教育出版社.2013:65.

学生适应英国的教育方式提供缓冲和补救的机会。英国招收国际留学生的经验丰富。海外学生在英国留学必须完成教育文化的适应和跨越,在留学初始的前几个月,跨文化学习的挑战尤为严峻。因此,因一时不适应而挂科的留学生也并不罕见。但是因为课程安排的学分会多于毕业要求的学分,所以挂科之后,学生还有重修的机会,从课程资源的充足和课程的设置方式这两个方面看,英国高校为确保留学生到时能够顺利毕业提供了客观的外在条件。

(四)选课管理

1.课程信息介绍:"官网介绍"与"线下宣讲"

英国高校在留学生选课之前,会对该学期的课程进行一番介绍。留学生在选课程之前,可以通过各种渠道了解课程的情况。除了通过学长等熟人了解相关教师和课程,留学生也可以通过官网的课程介绍了解课程信息。另外,在英国高校,还有一种课程介绍的方式,那就是课程教师到场与学生面对面,就课程及其相关信息和留学生进行交流。

(1)学生看"官网介绍"

如果打开英国高校的网页,不难发现网页内容面面俱到,信息充足。文化人类学家爱德华·霍尔(Edward T. Hall)把文化分为高语境和低语境文化。划分这两类文化的界限主要在于意义是通过语境还是文字传播。他认为语境是:"围绕一个事件的信息,与这个事件的意义密不可分。"[①]在高语境文化中,意义很少存在于清晰的文字编码中。与此截然相反的是,在低语境文化中,大部分的信息都会通过清晰的文字表达出来。追究其背后的原因,西方学者一般从社会学的视角出发,倾向于认为高语境文化往往存在于比较传统的社会,人们的

---

① Larry A. Samovar, et al. Cross-cultural communication(eighn edition)[M]. Beijing University Press,2017:128.

相似性比较突出,因此交流中人们无须通过语言交流,而只要借助于社会地位、沉默、手势,或者通过同事、朋友等获得相关信息。低语境文化的产生和人口的多样性密切相关,交流中的人们缺乏共同的背景,因此需要依赖文字信息进行沟通。爱德华·霍尔的研究将分布于世界各地的 15 个国家从高语境到低语境进行排列。中国名列第二,英国位居第十。可见,中国在世界上是个位于前列的高语境国家,英国则偏向低语境国家的那一端。从这样的研究数据不难推断,英国和中国在文字交流的习惯上存在较大的差异。笔者在浏览国内和英国高校网站时发现这种文化在两国高校的网页上得到了充分的体现。国内一流高校的网站沿袭了交流中高语境文化的传统,文字信息相对较少;英国高校的网页则体现了低语境的文化,读者能够在很大程度上从网页上获得所需信息。

课程介绍当然不是例外,留学生到选课页面后,一般都可以看到备选课程的基本信息。

每门课都会写一下主要内容是什么,然后我们根据内容判断是否选择这门课。可以搜爱丁堡大学官网,或者从教务系统,即从"my ed"进去,然后选"optional courses(选修课)",里面也会有每门课的视频介绍。你可以看一看,然后再做选择。(留学生 A7)

选课的话,有些是必修课。到第二学期会有一些选修课。第三学期选修课就是网上选课了,有十几门课让你选。如果没有视频介绍的,就会有文字简介。你可以选了之后去上一节课,要是上完不满意可以换。(留学生 A5)

有些课程介绍会出具较为详细和完整的课程规划,如:每个单元的具体内容、考核方式等。笔者曾上过美国人为硕士生开的课程,在开学第一节课时,美国老师把整个学期的课程规划发给全班同学。上面的内容比一般教学大纲更加细致。学生看完之后,对课程的内容会比较有把握。这可能是文化相似度较高的英美国家的一个习惯性做法,他们有时候会做得比我们期待的更加详细,也更加注重以这样的方式开展师生之间的交流。

曼大官网上,选课系统里专业课是可以点进去看的,会介绍这个课讲的是什么、考核的方式是什么,甚至每门课、每节课讲什么都会给你列在那里,教授已经做好规划了。(留学生A1)

(2)教师"线下宣讲"

留英学生比较重视选课,因为课程不仅关系到学分,关系到能否顺利毕业;所选课程与自身兴趣的相符程度也会影响学习的动机、体验和成就。英国高校也同样注重课程信息的传递。英方的学校认为教师应该为学生提供面对面的宣讲服务。一般学校在学生选课前会腾出宣讲时间,由不同的老师对课程做整体性的介绍。介绍内容涉及课程表安排、教师的要求、核心教科书等。这个时候,学生见到的不是白底黑字的电脑屏幕,而是操着各自口音的教师轮番上阵宣讲。虽然教师可根据自己的计划到场或离场,有一定的灵活性,但是有时间参加的教师都默认应到场向学生解说,回答同学们的问题,并就选课问题进行交流等。有些课程介绍会也引进交流茶会的形式,便于在轻松的气氛中了解课程内容。

我们专业是留了一天时间,各个授课老师都来了,跟你讲他的课打算上什么,有什么内容,就类似宣讲一样跟你讲一遍,然后你再选。(留学生A1)

爱丁堡大学的专业课是学院统一安排的,我们在选选修课之前,学校会统一组织学生开会,即把所有专业的同学组织到一起,然后各门课的老师会针对课程内容进行介绍,让你更熟悉这门课程要上什么,最后同学们再选自己感兴趣的课。(留学生A7)

这种线下宣讲的方式在国内比较少见,为何在英国高校却成了惯例?除了上述高语境和低语境的文化差异,还有其他的因素在影响他们的交流方式。留学生教育为英国高校带来巨额利润。在英国学者的研究中,留学生的身份之一是高等教育市场的顾客。英国学者在研究和讨论留学生教育时,都很诚实地从高校如何吸引留学生、增加盈利的视角出发,来探讨留学生教育问题。比如:英国高校的文凭和留学生在就业市场的竞争力,个人导师的工作能够增加学生的归属感,学生顾客和商业顾客为何受到的待遇不同等研究来探讨英国高等教育的吸引力。本着提供留学生教育服务的意识,英国高校以认清学生潜在需求,满足顾客需要为己任,重视留学生的在学体验,不断改善留学生教育服务。此外,英美国家一般比较注重学生反馈,管理层一般对学生的声音采取开放的态度,愿意根据学生的反馈调整管理的手段和方法等。为选到满意的课程,留学生通过各种渠道了解课程与教师等。毕竟选课是一切的起点,学生通过课程学习才能得到学分;而且,每个留学生都知道课程背后是昂贵的留学费用吧。

2. 满足学生需求:"我们不用抢"

虽然英国高校的选修课很丰富,但是如果大家都热衷于某门课程,该怎么办呢? 英国的留学生也"抢课"。为了选到心仪的课程,他们早早地查看课程简介,了解相关信息,看是否限选,然后尽早提交选课表。在英国高校,针对部分课程资源紧张的情况,校方有不少变通的解决方法。

被访留学生反映,所在高校一般不会就选课人数多于预期的课程进行限选,而是通过扩大教室的方式增加班级容量,这样学生一般都能按照自己的意愿选到想上的课,而不会存在选不上的情况。

选课就是你想选什么就选什么,它不存在说有名额限制。哪门课选的人少,那么就这几个人去上;哪门课选的人多,他就把教室给你换大一点的。(留学生 A1)

此外,还有其他的办法——在不同的学期开同样的选修课,实行选课学生的分流;或者把一个班分成两个班,让所有想选这门课的学生如愿以偿。

访　谈　者：你们大三、大四一整年这个选修课占比是非常大的，那有
　　　　　　没有出现过在你选课的时候，某一门课非常热门，导致你
　　　　　　不能选上这种情况？

留学生 A6：根据往年是全部都能选上，因为我们学校现在给学生的空
　　　　　　间非常大，大家只要想选就能选上。我们全系一共 250
　　　　　　人，假如真出现这种 200 人都选一门课的情况，学校可能
　　　　　　会协调一下，比如说把 100 人分成两批来上。

访　谈　者：你认为这是你学校的特点，还是就你们专业是这样的？

留学生 A6：我觉得是整个英国教育的一个特点，老师给这几个同学上
　　　　　　课，也会给所有学生上。

　　在课程资源紧张的情况下，校方也会限定选课人数，让学生填写
选课志愿，以便校方根据学生的志愿进行调剂。学生在填写志愿的时
候，分梯队填写，比如第一志愿选一门课，第二志愿选两门课，第三志
愿选两门课。

访　谈　者：选课方面，爱丁堡大学的课程多样性和容量方面能不能满
　　　　　　足学生的需求呢？

留学生 A9：不能完全满足吧。因为还是考虑到有些课容量有限，有些
　　　　　　课特别抢手，所以出现你选不上的情况。但是基本上不会
　　　　　　出现选不上的情况，一般都会按照你的志愿来。

留学生 A7：我们专业（必修）课是统一安排，选修课是同学选自己感兴
　　　　　　趣的课，然后一般一学期是 3 门课，那你就按意向排序，然
　　　　　　后看学院安排，一般都能根据自己的意愿选到想上的课，
　　　　　　我还没听说有没选上的情况。

　　英国高校在选课这个环节上，校方的服务意识比较突出。正如留

学生 A6 所说,利用现有的教育资源,满足所有学生的需求是英国高校的特点。这不仅仅是"以学生为主"的服务意识的体现,也是教育资源如何公平分配的问题。完全以"手快"来决定教育资源的分配并非主流。在教育资源有限的情况下,从校方的解决办法来看,首先是想办法满足学生的需求,如果矛盾的解决难以令人完全满意,那么可退而求其次,学生至少能够选上比较喜欢的课,而不是无法选择。

3. 注重学生和课程的匹配性,"你为什么要选这个课""再慎重考虑一下"

留学生会根据自己的兴趣选课,某些课程会因选课人数众多而成为热门课程。为此,这些课程会以"适者生存"的原则,通过筛选的方式,控制选课学生的人数。学生的意愿和课程之间可能存在不匹配的情况。虽然留学生一般选择和本专业相关的课程,但是也有可能选其他专业的课程。据说,英国的课程体系比较开放,"英国的选修课非常多,而且所有的选修课都对全校学生开放,其中也包括一些非常专业化的课程。"[1]此外,留学生从本科阶段到硕士阶段跨专业学习的情况也比较多。有项研究对英国某高校的硕士生进行了调查,被调查的留学生总共有 23 名,在英国转专业的却有 20 名。[2] 转专业的学生占据了总数的 87%。为了确保学生和课程之间的匹配度,学生在表达自身的意愿后,校方还要考虑学生的动机、个人发展目标和原有的知识水平等是否适合所选课程。因此,学生在选课的时候被要求提供相关信息。为了确保学生能够用简短的语言来说明该说明的内容,以便沟通顺利进行,校方还规定了字数和具体内容。

---

[1] 杨爱英.中英高等教育教学模式比较研究及启示[J].黑龙江高教研究,2006(9):172-174.

[2] 薛惠娟.文化适应与国际教育中学业成功之研究——中国学生留英经历考察[J].教育学术月刊,2020(12):50-53.

选课有很大不同。国内不是抢课就好了吗？国外就没那么简单了。必修课肯定会让我上的，但选修课就很麻烦，我需要给对应的person in charge of course（课程负责人）写邮件，然后要按照他的要求写，不能超过250个字。邮件里写什么内容也是有要求的，比如说为什么要上这门课，你的 personal experience（个人经历）是什么，motivation（动机）是什么，你希望通过这节课得到什么。（留学生A2）

有一些课要求写一篇小文章，大概200字吧，就是你为什么要选这门课或者你觉得它会给你带来什么好处啊，什么影响啊。然后老师看了之后如果觉得你适合这门课，他就会接受。一般这种课就是比较热门或者是其他专业的必修课，但是在我们专业是选修课。（留学生A3）

我觉得选择难度最大的这门课应该是"英语国家的教育"。如果你要选这门课的话，你要写一个 statement（说明）或者 proposal（提议），介绍一下自己为什么要选这门课，你的相关学术背景，然后发给任课老师，他再决定你能不能上。（留学生A4）

一方面，学生表达了自身意愿，介绍了学术背景；另一方面，教师对选课学生进行筛选和匹配。在选课结果没有最终得到确认之前，学院助理和选课学生可能会就课程和学生的匹配性进行沟通和协商。如果有必要，还得听取任课老师的意见。

那个时候我们有些专业的人想去学国际金融。我们学院助理觉得，国际金融这门课可能太难了，不适合你上。他还专门给选课的人发了个邮件，说你想清楚了，这门课可能有点难，你要不要再慎重考虑一下。当然，你也可以跟任课老师直接交流一下，你跟他说我想学，但是我的基础是什么样，问他觉得适不适合。（留学生A1）

总之，在选课这个环节，学校在管理上通过课程介绍、选课系统程序、工作人员协调等各个环节和方式对学生选课实行有序的精细化管理，其目的是确保选课学生的兴趣、知识水平、个人发展目标和所选课程的难度和内容相互匹配,减少选课过程中的盲目性。这样的做法无疑是有意义的。我们在后续的章节中可以看到,学生在每门课的学习中都需要投入大量的时间和精力。如果学生不能选到符合自身兴趣和意愿的课程,那么在自主学习的环节会缺乏内生型动力,学习的质量也难以保证,进而关系到整个研究生阶段的学业表现,以及留学生对英国国际教育的满意度。笔者在查看文献的时候,看到一种有点奇怪的现象,那就是留学生并不厌恶学习,反而是一种乐学的状态。他们的个人生活比较孤独,但是他们的学习生活却让人感到充实。"说实话,我不喜欢我在这儿的个人生活,我享受我的学习生活,但是我的个人生活有点无聊。"①英式教育的根本价值观在于个人的发展。无论对于研究生,还是本科生,选课都是整个学习生涯的起点,他们在选择中塑造了自己的学术道路。对于校方而言,选课也是实行课程资源合理分配,实现教育效率最大化,提升留学生在学体验,保持英国高等教育声誉的教学基本措施之一。

二、教材

教材是联系课程设计和课程实施的重要环节。教材不仅仅是前期课程研究物化的结果,体现了课程设计的目标和内容,也是后一阶段课程实施的必要工具。但是,英国高校的教材和中国留学生熟悉的教材不同。

(一)只有阅读材料,"没有教材"

在原有的观念和经历中,教材是在某门课程的教学中,教师集中讲授、学生认真学习的教科书。所以教材又称为课本,它是依照课程标准编制的,系统反映学科内容的教科书。当访问者问到"用什么教

---

① Qing Gu. Maturity and Interculturality: Chinese Students' Experiences in UK Higher Education[J]. European Journal of Education, 2009(1):37-52.

材"的时候,留学生会不约而同地说"没有教材"。被访的留学生虽然以研究生居多,但是本科生和研究生一样,认为在英国的高校里没有他们在国内习以为常的教材。

1. 阅读材料的类别和特点

取而代之的是各种各样的阅读材料。这些材料是文献、书、论文、杂志、PPT、文件和报道等,但是以论文居多。

英国老师会准备一下他的材料,然后上课就这样讲。学生课前需要准备的时间,课后也需要消化的时间。这门课可能没有教材,课前老师会提前给你列很多文献让你阅读。课程教师根据自己的"知识点和阅历"来给我们罗列阅读材料。(留学生 A1)

我们是没有教材的,只有老师让我们看的 reading(阅读材料)。(留学生 A2)

学生课前需要阅读材料,我们一般是没有教材的。我们有部分课程会有一本每节课都要讲的书,但是也不会全讲,每本书会挑选部分章节阅读和讨论。教师还会补充好几本书让我们自行阅读,另外就是阅读期刊论文,这些论文应该都是该领域最新的研究结果。(留学生 A8)

从英国高校留学生教育中这些种类多样的阅读材料看,英国高校的一个共识是没有一本书能够涵盖一门课程,甚至是一节课的内容。这堂课的知识点在授课教师的头脑中,课程阅读材料是课程教师根据自己的"知识点和阅历"而指定的。如同前面一章所说,学术有专攻,每个任课教师都负责他所研究的那个领域的教学。所以,与其说教材在一本书中,不如说教材在任课教师对相关学识的把握中。因为参考书和材料不固定,涉及面又广,有些学者甚至把英国高校的教材比作整个图书馆。

在中国留学生眼中,这些阅读材料有什么特点呢?从以下的访谈片段中可知,阅读材料的内容和课程的性质相关,但是一般来说,阅读材料"比较前沿",反映"该领域最新的研究结果",并和当今的国际社会联系在一起。这与其他学者的观察一致："英国高校的教学紧跟时代潮流,追踪学科前沿,及时更新教学内容。教师总是选择最新的,最有发展前景的内容教。"①

哲学相关的课程中偏经典的材料比较多,比如杜威的作品。但是,在 Source of Knowledge(知识的来源)这门课中,材料都是比较新的。课程中需要批评和评价一篇论文的时候,用的论文都会比较新,比如我上的比较教育,论文都是比较前沿的,但是也有经典的材料,因为这些都要跟当今的国际社会联系在一起。主要还是看课程。但是在写论文的时候,老师会强调在引用经典论文的同时,还要多引用一些新的论文。比如说布迪厄理论或者女权理论可能 30 年前是这样的,但是现在已经过时了。如果只是引用经典论文,那么你的论文就会是过时的,只讨论了一些已经被讨论过的问题。(留学生 A9)

阅读材料不是以汇编和打印成册的形式发放,这些阅读材料都被放到网站和平台上,让学生自行下载或到图书馆借阅。这种方式不仅节约了成本,也便于学生获取,而且教师也可以时时更新。在下列留学生中,留学生 A12 是本科生。

研究生阶段没有教材,就是老师给的课前的学术资源,通常是论文。这些材料和给英国本土学生的是完全一样的,所有人都可以登录课程资源平台下载,而且在课堂中的讨论也都和本地学生一起进行。(留学生 A10)

没有教材,我们都是老师上课前把 PPT 放在平台上供我们下载,让我们看一些书然后做笔记,不会按照教材去讲,这些对英国本地学生也是一样的。(留学生 A12)

我们没有教材。老师会把下一课需要用到的材料传到网站上,自己去下载就行了。除了上课要用的材料,他还会提供一些辅助性材

---

① 刑殿普.感受英国高校教学特色[J].上海教育,2006:34-35.

料,如果你对这个话题感兴趣的话可以自己下载后打印出来或者存到平板上。材料主要都是 readings(阅读材料)。(留学生 A9)

2.阅读材料分主次:"核心阅读材料"和"补充阅读材料"

教师布置的阅读任务主要有两类阅读材料:"核心阅读材料"和"补充阅读材料"。前者相当于必读材料,是学习某个板块的内容不可或缺的阅读材料;后者相当于选读材料,部分留学生认为这些材料能加深对这个单元知识内容的理解。"必须得读"的核心材料的数目为一到六篇,再加上辅助性阅读材料,总共大概十几篇。老师为学生提供了较为充足的学习资料,阅读材料的核心和非核心的区分也是在把握核心知识的同时,鼓励学生发挥学习潜力,照顾了学生的阅读兴趣和阅读能力。

有些老师就很狠,他给你布置的核心阅读材料就必须得读,可能是五六个核心文献,也可能是一本书,你就认了吧。(留学生 A3)

(阅读文献每周)多到十篇左右,然后核心文件在三篇左右。学习是靠自觉的,像我这种不自觉的人,只看核心文献。(留学生 A7)

他会提前把这个课件都上传到网上。如果你想预习是可以的,那么在课件上他会告诉你这节课和新的 reference(参考文献)有哪些。还有一些(阅读材料)他可能会列十几个,其中重要的,比如说列两三个,你必须看。(留学生 A5)

核心阅读材料意味着是"必须看"的,再不想看,也得是"认了吧"的内容。留学生感受到的强迫是因为这部分是核心的重要内容,但并非是来自教师的压力。因为在个人主义的文化中,教师和学生个体界限分明,学生对自己个人的学习生活和工作有自主的权力。学生所说的"必须得读"背后的原因还在于英国高校的授课模式。课前阅读是随后在课堂上听懂教师讲课,参与课堂活动和讨论的前期准备。如果学生漠视了这部分阅读内容,就等于放弃了后面部分的学习机会。换句话说,课前阅读的强制性和英国高校的教学方式密切相关。这在后面教学一节将做详细的阐述。

(二)阅读量

在英国的留学生教育中,阅读量大是中国留学生感受到的一个主要特色。阅读难度也因为跨语言、跨教育体系学习等而有了不同于国内阅读的特点。

不同任课教师对于阅读量的要求有差异,少的是"一篇核心阅读,一到两篇选读文章",多的会"布置很多",发"很多文献"。但是留学生普遍反映阅读量大,阅读材料的页数从再正常不过的"几十页"到"一本书",再到"几百页"的量。因为阅读量大,所以留学生用于阅读的时间比较多,要"一直在看",而且"挺费时间"。

我们一周上一次课,会有 tutorial(辅导课)和 seminar(专题讨论课),它可能会穿插在里面。课前任课老师可能会给你发几十页阅读材料,这很正常。他们甚至会给你发几百页的资料,还挺费时间的。tutorial 和 seminar 也会有很多材料的。业余时间你可能就一直在看,自学还蛮重要的,而且确实挺忙的,特别是写论文的时候就真的很忙。(留学生 A1)

基于阅读材料,多则几百页。有些还好,就是给你发三篇论文,平均一篇论文二十多页,三篇就六十多页了,一门课就有很多阅读材料。(留学生 A3)

我们现在上课的话是分周来上,即每一周有一个板块,他这个板块里面会给你非常多的文献,多到十篇左右。(留学生 A7)

其他就是你自己要学的材料也很多。一篇 reading(阅读)可能十几页二十页,然后一门课一周,一般的话两三篇吧。两门课的材料可能就有一百页左右。(留学生 A2)

英国的留学生教育没有教材,只有阅读材料。从阅读量看,这本"教材"比较厚,知识容量比较大。英国的留学教育以这些阅读为根基,可见教学中设定的基础内容比较宽厚。每个任课老师又是这个知识板块的研究专家,对该领域的知识特别了解,所以很容易建立知识材料的链接。但是阅读量不是一个固定的值,而是一个几十页到几百页的区间。隐藏在阅读量背后的一个文化假设:所有的学生要保障基本阅读量,即以核心材料的阅读量划定的下限;同时为满足求知欲强,自学能力出众的学生的需求而扩大阅读量,抬高阅读量的上限。也就是说,学生根据自身的能力和意愿,吸收教师介绍和传播的知识。从知识的基本面掌握到比较全面的掌握之间因学生的个性、能力等特点而有所不同。教师是上限和下限的设定者,学生要用实际行动在阅读量的区间内进行个性化标注。

(三)阅读的必要性:"不读不行"

留学生意识到阅读的必要性,尤其是核心阅读部分。留学生认为"给你布置的核心阅读材料就必须得读"。这不是个人意志的作用,或仅仅是内在动机的驱动。这与英国留学生教育的各个环节,如教学、考核等不可分割。正是因为留学生处于这样的教学机制中,他们对阅读的态度才发生了根本性的变化。

原因之一:英国高校的留学生教育没有教材,只有这些阅读材料,而核心材料是其中的主干。如果学生不读这些材料,等于重要的知识留白。这些学术性的阅读不是一看就懂,而是需要付出理解的时间;他们也不能指望老师在课堂上对这些内容进行讲解,"教师不负责给你解释基础性的内容"。后面的教学一节提到英国老师在上课的时候,不重视知识的系统性讲授。所以,留学生意识到,得靠自己去夯实基础,他们认识到不仅课前阅读很重要,课后还有必要再认真学一遍。

国内一般不需要 pre-reading(课前阅读),但是在英国,研究型的教育一般要求学生在课前进行阅读,再到课堂上一起讨论,老师不负责给你解释基础性的内容。(留学生 A10)

我个人的感觉是你读完那篇文献去上课,比不读就去上那门课程会好很多。你每节课上完,如果你真要听懂这节课上了什么,还要来

复盘。（留学生 A1）

原因之二：很多课堂活动围绕这些阅读材料展开，比如讨论某个概念，如何运用知识，在原有的阅读基础上进行拓展等。所以学生"必须认真阅读"，因为"不读就参与不进去"。所以有留学生认为"有些老师就很狠，他给你布置的核心阅读材料就必须得读"，在英国的教育模式下，不读就没有办法上课。

必读的材料必须认真阅读，不然参与不了课堂。（留学生 A8）

不读的话就不行，不读就参与不进去，essential reading（核心阅读）就必须得读，很多活动都是围绕这个展开的。（留学生 A3）

看视频、看课本为主吧，课堂上更像是对课本知识的运用，不过课前预习一般都是自愿行为，老师不会强迫。（留学生 A11）

但是老师上课的内容和 reading（阅读）也不一定是完全一样的。上课他会讲同一个话题的东西，但是一篇 reading 里，会有很多 idea（观点），然后老师的 idea 可能会和 reading 里的 idea 不一样，或者有其他 idea。（留学生 A2）

就被访的留学生而言，英国高校的考核一般是论文。这些论文建立在平时阅读的基础上。学生平时的阅读作业，小组作业可能都不计入最后的得分，但是这些平时的阅读积累是写成学期论文的前提，无论这些论文是自主命题，还是来自老师的科研项目。

老师给的阅读材料难度还能接受，有时候量会比较多。老师会推荐一些经典的书籍给我们，在图书馆里都能找到；还会提供一些视频；还需要阅读一些教育部颁发的文件，但是他们的文件类似于 research（研究）和 report（报告），一般是很有价值的研究成果，老师会让我们看，我们的所有论文都是围绕这些文件展开的。这些是政府邀请学者进行的教育研究。（留学生 A12）

学习上，我个人觉得和国内不太一样。刚开始读研究生的前两个礼拜，我觉得是我上了十几年学最累的两个礼拜。就是因为英国的大学和国内不太一样,在我看来任务量太大。每周你需要看非常多的文献,然后进行很多的小组讨论,还有很多作业要做。虽然这些作业不计入期末总分里面,但是这些作业会很好地帮助你做期末的大论文。如果这些作业你不做的话,期末的大论文就会很累。(留学生 A2)

你想写一篇文章就要查阅特别多的文件,比如说你写一篇 5000字的 essay,那阅读二三十篇材料是最起码的。像毕业论文的话,字数一万二左右,那就更加需要阅读上百本书或者文献资料。(留学生 A5)

出于上述的原因,留学生自觉地去阅读。老师只是引导者,学习还得靠自己。而且,留学生也必须认真去读,因为无法蒙混过关。否则,怎么获得知识的基础,怎么参加课堂讨论,怎么写出期末的论文?在英国,虽然老师不会监督学生,学生看似完全靠自觉,但是不可忽视的是英国的教育机制在起着决定性的作用。不阅读就无法继续英国高校的学习。为此,它开启了留学生压力重重的自主学习进程,培养了学生的自主学习能力和科学研究的能力。

第二节　语言支持性课程与学习支持性服务

英国高校把留学生的英语语言能力作为录取的必备条件之一。在一般情况下,所有留英学生在录取前都得参加雅思考试。无论是有条件录取,还是直接录取,语言依然是已经具备一定英语语言能力的留学生面临的一个严峻的挑战。为了帮助留学生提升在各种学术场合和各项学习任务中运用英语的能力,校方为留学生开设了语言支持性课程。英国高校为留学生提供的支持性课程主要分为以下两类:学前课程(pre-sessional courses)和在学课程(in-sessional courses)。

一、学前课程

所有罗素集团高校都为留学生开设入学前就读的前期预备课程。学前课程开放申请的时间有所不同，开设较早的学校在 1 月份可开始申请，截止日期一般在课程开始时间前 3 个月。其特点为全日制、高强度和量身定做。雅思成绩、学段和专业等因素是影响课程设置的主要因素。其中，雅思成绩是主要的因素。卡迪夫大学（Cardiff University）明确指出："这些全日制的英语强化班为雅思成绩在 5.0，5.5，6.0 或 6.5，已经拿到录取通知书的本科生或研究生开设。"[①]有些高校用该课程的成绩替代尚未达标的雅思成绩——如果学生通过课程考核，则无须重考雅思。以谢菲尔德大学为 2022 年 9 月入学的研究生新生发放的录取信为例，因申请人尚未达到该校该专业"最低雅思分数 6.5，单项最低 6.0"的要求，该校发放了有条件录取的信件。信中说：申请人必须达到上述最低语言要求，"如果申请人的分数稍稍低于所学课程的英语语言要求，我们的英语教学中心会提供系列的学前课程选择"。也就是说，英国的高校一般不会放低语言入学的门槛，如果申请者不想重考雅思，就得参加学前课程的学习。所以，学前课程对于雅思尚未达到录取条件的学生而言是强制性课程。学前课程对于雅思成绩处于录取院校达标级别的留学生而言，没有强制参与学习的要求，但是有一些已通过雅思考试，自己觉得还有必要参加的学生也会参与该课程的学习。本研究中有很多被访留学生也没有参加学前课程的学习。与研究生相比，本科生参与语言班学习的人数似乎更少。

---

① Cardiff University. Presessional Summer Courses[EB/OL]. https://www.cardiff. ac. uk/study/international/english-language-programmes/pre-sessional-summer-courses. 2021-01-16/2021-01-16.

访　谈　者：上 pre-sessional 课程的同学是在学期开始前上的吗？

留学生 A10：对，我们九月开学，他们大概七八月份会来上语言班。

访　谈　者：哪些学生会上这个班呢？

留学生 A10：可以自愿报名，但基本上都是雅思成绩在某一项小分不
　　　　　　够的会来上这个班。

留学生 A12：有人参加了十周的课程，他们觉得挺有用的。有人参加
　　　　　　了四周的课程，尽管他们的语言成绩已经过了，但还是提
　　　　　　前过来。总体来说还是挺有用的吧，因为在之后的写作
　　　　　　中都能用到。

　　由于留学生的语言水平有差距，各大高校的学前课程开设的期数
和时长都不一样。根据 2020 年的高校官网数据，学前课程开设的期
数为 1—4 期，以 2—3 期的学校居多，课程持续时间为 3—22 周。课
程一般在正式开学前结束，即 8 月底或 9 月初。这个学前课程并非新
鲜事，而是由来已久。虽然我国大规模的自费留学在二十世纪末才开
始，英国留学的语言门槛也渐为普通民众所熟悉，但是早在二十世纪
八九十年代，雅思考试进入中国（1989 年），英国的雅思考试就已经在
得到政府奖学金的留学人员中开展。在"中英友好奖学金计划"资助
下，赴英的留学人员到了英国后也要接受语言培训。当时，"培训的时
间是根据雅思考试成绩而定的。考了 6.0 的人只需要培训 4 周，而考
了 5.0 的人则需要培训 12 周"。[①] 有时，学校为了鼓励学生多学习语
言，也会建议申请人延长学前课程的周数。一名雅思总分 6.5 的申请
人收到了曼彻斯特大学（简称"曼大"）有条件的录取信，学生如果不选

---

　　① 赖继年.三边互动下的留英教育："中英友好奖学金计划"的执行及其影
响[J].现代大学教育,2011(5):44-49.

择重考雅思后达到 7 分的入学门槛，也可以用参加学前课程的方式弥补语言能力的不足，曼大在信中说道："如果你现在的雅思或托福成绩达到参加曼大学前课程的资格，我们鼓励你参加 10 周的课程（即使你有资格参加 6 周的课程），因为这额外的 4 周让你有更多的时间在课程开始前学习英语。"

　　除了雅思成绩，学段也是影响个别高校学前课程设置的一个因素。利兹大学（University of Leeds）分别开设了针对本科生与研究生的学前课程，其他学校一般只提供一个同时面向本科生和研究生，或者仅仅为研究生开设的课程。另一个影响课程设置的因素是专业，在帝国理工学院（Imperial College London），学前课程分 3 周和 6 周两种类型，前者适用于雅思达到专业要求，但是有必要拓展和加强学术技能的学生，后者则仅适用于科学、技术、工程、数学或医学专业的学生。[①]

　　就其定位来看，前期预备课程是录取后和开学前的一个过渡。虽然它可能被称为"语言班"，但是它不单纯是语言课程，更不是专业课程。它主要有四个方面的目标：提升语言能力、学习技能、提升自主学习能力和加深对英国学术规范与文化的了解。第一，前期预备课程的语言培训目标是帮助留学生提升学术英语水平，更好地适应在英国高校的学习。虽然课程依然会关注语言知识和技能，但是语境的意识非常明确，即提高留学生在本校学术语境中使用英语的能力。这也许是为什么留学生把这类课程称为语言班的缘故。第二，正如剑桥大学所说，学前课程"实际上并非语言课程"，英国高校认为掌握必备的学习技能很重要，如：学会听讲座、做笔记、提问、理解讲座内容；学会阅读

---

① Imperial College London. About our Presessional Courses［EB/OL］.（2020-01-16）［2021-01-16］. https://www. imperial. ac. uk/academic-english/presessional/presessional-outline/.

和分析、培养批判性思维;学写课程作业、报告等高校常见的作业;学会学术演讲、参与研讨会和讨论的各种交流技巧;学会学术论文等资料检索,在综合、总结的基础上,形成自己的学术立场;提升数字素养,有效利用在线学习平台和虚拟课堂技术进行学习等。第三,成为独立自主的学习者。留学生要适应英国高校的学习生活,发展在英国高校学习必备的独立学习能力,成为自信的、自主的、能够完成各项学术任务的、独立的学习者。第四,了解学术规范与英国高校的学术文化。留学生应意识到基本的学术规范,并学会参考、引用、重写等避免学术剽窃的读写技能;此外,留学生通过介绍、体验等方式了解英国注重交流的学术文化。

在各项目标中,各类学习技能的培养为重中之重。以剑桥大学面向研究生而设的长达 5 周的课程为例,每周的主题分别为学术报告、写作、交流、写作编辑与润色、学术报告和反馈。[①] 课程内容主要依托留学生开学后即将经历的各项学术活动,如:讲座、学术报告、学术写作、交流和研究起步等。(详见附录 5。)根据对留英学生的观察,这些课程能够帮助学生起步,让他们对于学术英语的使用更加有把握,对引用等学术规范有更加明确的意识。

他们在语言班用一些学术写作的材料,这让之后正式上的阅读和作业更容易上手。(留学生 A10)

它们非常有用。因为在国内虽然也写了很多论文,但我个人觉得本科写的论文并不是很严谨,比如 reference(参考文献)和脚注,都没有严格按照格式来做。上完语言班后,对于写作的表达方式、句型和词汇都有大概的了解。尤其是在之后的写作中都能用到。(留学生 A9)

我没参加这类课程,因为我的高中是在英国读的,所以我就不用

---

① University of Cambridge. ADTIS: Pre-Sessional. [EB/OL]. (2021-01-16)[2021-01-16]. https://www.langcen.cam.ac.uk/adtis/pre-sessional.html.

去参加类似的课程,但是有一些,比如说在中国读国际高中的同学,他们过来会读 4—6 周的语言课,可以帮助学生更快速地了解英国的文化和语言习惯。(留学生 A6)

总的来说,他们如果去上语言班,就提前到英国这个环境,然后能提前去适应那边的生活。(留学生 A4)

留学生借助学前课程发展必要的学习技能,实现语言和文化的基本跨越,以便开学后顺利起步。学前课程就像一座通向新的语言、文化和学段的桥梁,能缓解留学生跨语言、跨文化和跨学段学习的压力。值得一提的是,虽然被访留学生普遍承认这类课程的价值,但是国外研究发现,学前课程并不能如学生所愿,如校方承诺的那样有效地解决留学生的语言问题。"它们非常有用"并不意味着这些课程能够促进英语为非母语的留学生的学术语言能力的快速发展,并达到完全能够胜任本科或者研究生阶段学习的水平。此外,国外学者也抨击英国高校在招收留学生的时候,对语言的要求有所下降。学生在校外机构购买论文校对服务时被发现写作能力欠佳、缺乏学术诚信、不守学术规范等。这在非理工、非医学等专业的学生里面比较常见,即使是来自罗素集团大学的学生也不能幸免。研究者认为生源质量有待提高,应该加强学位课程认证。[①]

二、在学课程与服务

"在学课程与服务"意味着它实际上是包括多种形式的,以提升语言和学习技能为目的的学习支持性活动,但课程仍旧是其主要的

---

① Malcolm Suther. Evidence of Poor Writing and Academic Standards Among University Students in the UK, and the Need for More Rigorous Accreditation of Degree Courses[J]. The Computer Games Journal,2020(9):91-120.

形式。为了明确在学课程的特点,以下先就学前课程和在学课程进行对比。

(一)在学课程

首先,各大高校的学前课程一般都是明码标价,但是不少高校也明确表示在学课程不另外收费。其原因在于前期预备课程对某些雅思没有达到要求的留学生而言是强制性课程,但在学课程对所有国际学生公平开放。有学者研究了伦敦大学学院为国际学生开设的写作课程时提到:"其国际学生可以免费享受联盟的语言和写作支持项目(language and writing support program)服务。不仅包括写作课程,还提供口语训练,形式多样……"①其次,学前课程一般只针对留学生,在学课程一般不限于留学生,本国学生也可参与其中。最后,学前课程一般对所有符合条件的留学生开放,在学课程因为资源有限会设有选课限制。有的学校限定一名学生可获得的每种课型的时数,有的学校则以选课模块的方式加以限定。限选的另一个原因在于:不少课程为诊断和指导型课程,教师希望学生在有限的帮助下,通过自己的努力克服学习上的困难。还有的学校采取每周或每个学期发放固定的课程,让学生自选。

写作中心的 workshop(工作坊)每周会有三四节,你可以去选。workshop 是免费的,但只有我们自己学院的学生可以选;每周三下午五点开始选,一般很快就没位子了,所以我们都会定好闹钟,到点了就去抢名额。不收费,选课无限制,只要你确保能到课,不计入学分,是课外的 workshop,我们学院开设的是 academic writing center(学术写作中心),因此只针对写作。(留学生 A4)

学校每个学期还会开设学术写作的课程,但是这个课程容量有

---

① 陈红梅.英国大学写作教学与服务一瞥——以伦敦大学学院为例[J].海外英语,2020(3):1-2.

限,经常抢不到,比如只有几十个同学可以上。如果能上的话应该也会很有帮助,内容应该和语言班的差不多,但我没有去上过。(留学生 A9)

访 谈 者:学术写作的课程是国际生还是英国本地学生去得比较多?
留学生 A9:主要是中国学生去。

除了语言方面的写作课程,留学生还提到统计等学术技能型的课程。同样,这类课程也要"抢"。

我在大一的时候学习过一门课程叫数据分析。这不算专业课,因为这需要跟其他专业同学一起上网,收集资料来了解。有很多非数学专业,比如化学或者生物之类的专业,大家合作比较多。这是全学校同届学生一起选的,所以各个专业的人都可能遇到。这是在学期内的课程,所以需要抢,数学系内的各门选修课都不用抢,想上都能上。(留学生 A6)

学前课程和在学课程在教学方法上有相似性,但又不尽相同。以剑桥大学为例,学前课程采用讲座、工作坊、个人辅导等方法进行教学,在学课程则在教师对学生的学习问题进行诊断后,分别以对话交流、在线学习、工作坊或研讨会、语音培训、面对面辅导和督导的方式构成留学生学习支持的模块。①

在学期间课程延续了前期预备课程在学术语言和学习技能上的发展,但是在学期间课程持续的时间长、模块多,更加丰富。影响在学课程设置的主要因素是纵向的学段和横向的专业。布里斯托大学分别针对本科生、在读研究生和研修生开设与其专业相关的辅导课程。

---

① University of Cambridge. ADTIS:In-Sessional[EB/OL]. (2020-01-16)[2020-01-16]. https://www.langcen.cam.ac.uk/adtis/in-sessional.html.

在帝国理工大学,该校的学术英语中心(CFAE)分别针对本科和交换生、硕士生和博士生开设相应的课程,博士课程又细分为低段和高段。在谢菲尔德大学,学术技能和语言发展分属不同的中心,学术技能课程逐级而上,分别为本科新生、本科毕业生和研究生开设,语言中心则提供与各专业合作的学术语言课程。

虽然语言技能的发展包括听、说、读、写四个方面,但是在留学生语言技能的发展中,英国高校很注重写。课程作业和论文要求学生有相当的写作能力。仅以帝国理工学院针对写作能力发展的课程为例,本科生的写作课程涉及学术写作、工程专业写作、试验报告写作、课程作业写作;研究生阶段的写作教学在强化本科部分内容的基础上开始针对学位论文写作,包括如何写引言、描述试验和方法、报告研究结果、展开讨论和撰写摘要等;博士低年级的写作课程强调表达的准确性和恰当性,高年级的写作课程则以发表为目的,探讨学术刊物论文的写作标准和要求等。

同样,在学习和研究技能的发展方面,初始阶段可能是时间管理、学习反思、图书馆查阅、交流技能、研究起步等在前期预备课程中提到的技能;到后来是培养研究能力(研究方法、数据分析等),了解出版和知识产权等。总之,在学期间课程与学生的学位课程并肩而行,它主要是针对学生在某个阶段的课程作业和研究、交流等的需求,用适当的方法,提高学生相应的技能,使其达到学习各阶段培养目标的要求。以下留学生就谈到学校的服务和他们所处的学习阶段相适应。当学生写论文需要掌握研究方法的时候,学校会举办相关研究技能的讲座。

刚刚说到学术写作课程分为两个学期,第二学期针对毕业论文,到了我们真正要写毕业论文的阶段,学校会组织一个 lecture。这个针对不同的研究方向和不同研究手段,比如你可以针对性地选择一个如何制作问卷、采访或进行 case study 的 lecture。但由于疫情原因,这些都转成了线上课程。这个不同于论文导师（supervisor）给你的指导，他们可能针对你论文的思路和框架，包括论述的展开，但如果一个学生想了解具体的研究方法，这个时候再去问导师，可能会觉得太详细了。所以如果有这样一个平台，也会让学生对毕业论文有更全面的准备，但是国内好像没有这样的服务，一般直接去找你的导师就可以了。（留学生 A10）

在这里，有必要指出的是，本节的资料主要来自高校网站的资料。这些资料对各自学校的在学课程进行了系统的描述。但是，在访谈研究的部分，留学生一般只提到其中的一项服务。如：英语写作课程、统计学选修课程、研究方法等。也就是说，某留学生只是接触了个别或者部分的课程。所以，高校对于在学课程的规划和留学生实际体验的课程有一定的距离。

（二）课程服务和其他学习支持性服务

在学期间学习支持性服务的形式多样。如前面课程部分所述，这些服务一般根据学生提升语言和学术技能的需要开设。

这些支持性服务可能由不同的院系和机构提供。在文献和访谈中最常见的是语言中心。语言中心除开设时间固定的课程和工作坊之外，也提供其他课程服务和辅导活动等。写作方面，为满足学生个性化需求而提供形式灵活的一对一写作辅导（writing tator）。伦敦大学学院限定每生每个学期的辅导次数为 3 次，辅导时间为 2 小时。辅导的形式可以随机辅导，也可以预约面谈辅导。学生可以在辅导时间内带上作文，和辅导老师就其中的问题进行交流和探讨。在口语练习方面，形式也比较丰富。语言中心或实验室等提供一对一口语、咖啡和会话等形式的口语练习活动。[①] 剑桥大学语言中心开展了形式多

---

① 陈红梅.英国大学写作教学与服务一瞥——以伦敦大学学院为例［J］.海外英语,2020(3):1-2.

样的语言学习活动。具体的形式有独立学习法、一对一法、相互咨询法、互换对话法、小组讨论法、反思法和自我评估法。在这些活动中，学生都离不开辅导教师的指导。①

此外，顺便提一下，英国高校还会有一些提供学习支持性服务的机构、学生团体等。比如，学校有专门的机构负责论文校对，有国际学生组织为留学生提供的语言学习机会等。

学校有"Student Support"（学生支持）的组织，如果你想校正自己的论文，就可以找他们，他们可以为你推荐正规的 proof reading（校对）的机构；学校里也可以提供这样的服务，但是帮忙校正论文的人是学生。（留学生 A9）

访　谈　者：很多学校都会有类似 Language Center（语言中心）的地方，你觉得怎么样？

留学生 A12：我们学校叫 Global Lounge（国际交流中心），是一个国际留学生交流的地方，你可以去和其他的留学生或者英国学生聊天，也可以学习其他国家的语言。你可以跟他们说你想要聊一下英语学习。

虽然这些支持性服务在留学生的学分课程之外，但是这些服务为留学生适应学习生活，完成学习任务提供了有力的支持。除了语言和学习技能的问题，留学生在英国高校学习，也会由于文化适应、学业压力和同伴竞争等各种原因有心理压力。英国高校一般比较会关注学生的心理压力，学校里有专门的机构和专业的心理辅导人员负责管理学生的心理健康。这些机构不仅会主动地、定期地给学生发邮件，询

---

① 李颖.自主"选择"的视角与SACs的软资源建设——英国剑桥大学语言中心自主学习模式的启示[J]. 中国外语,2011(6):11-17.

问是否需要心理辅导,还会注意工作的方式和方法。为了照顾学生的隐私,他们"很贴心地"将广告贴在厕所里,提醒学生若有什么不能解决的生活和学习问题,可以向他们寻求帮助。留学生认为英国高校对学生心理健康的关注"比国内高",他们评论所在高校"在关注学生心理健康方面做得很好",认为"英国的服务行业非常出色,他们会非常考虑你的感受,并及时提供帮助"。总的来说,英国高校心理健康服务的活跃度和专业性给留英学生留下了较为深刻的印象。

还有另一项值得一提的支持性服务是就业服务。毕竟,择业是学生求学生涯的最后一站。留学生认为英国高校有着比较完善的就业服务系统。学校里不仅有定期的就业指导服务,如写简历、模拟面试;还有和招聘相关的各种活动,如了解某个行业现状和前景的讲座。学生可以利用这样的机会和该行业资深人员进行接触和沟通。此外,还有校企联合,为学生提供就业机会等。学生也可加入校友会,如学长、学姐的网络,形成结对关系,了解本专业的就业现状和前景等。英国高校的个人导师,其主要的工作内容之一,就包括为学生提供就业信息、就业指导等,因为学生有这样的需要。

本章最后以国内学者对英国雷丁大学(University of Reading)的学生事务管理的评论来结尾,因为雷丁大学对学生事务的管理很有代表性,同时它也是我国教育部思政司高校学生管理事务培训项目的合作伙伴。雷丁大学的学生事务管理"体现英国大学对学生需求的全面支持,突出个性化服务并贯穿于学生学习、生活中。无论是残疾学生还是普通学生,无论是全日制学生还是在职学习学生,无论是心理咨询、就业指导还是学习,都能在学校支持下,获得有效帮助"。①

---

① 张昕.寻访大学——中国大学校长的英国学习札记[M].上海:上海教育出版社,2013:153.

师　资

教师是学校教学活动中不可或缺的重要角色。英国高校的教师可分为任课教师和辅导教师。虽然本章按照职能将这两类教师区分开,但是事实上,一名教师可能身兼数职:一边做任课教师,一边做个人导师(personal tutor)。在任课教师部分,主要从教师资源和教师职责的视角来论述英国高校留学生师资的特点。在辅导导师部分,则分个人导师和其他辅导人员展开论述。在传统的意义上,英国的个人导师在英国高等教育领域中享有"皇冠上的宝石"和"瑰宝里的明珠"的美誉。本章从任职资格、分配与更换以及考评这三个方面,分别从制度和实践的视角对个人导师进行分析。

第一节　任课教师

这里的任课教师指的是担任学分课程的任课教师,以下从教师资源和教师职责这两个视角来阐述英国高校留学生师资的特点。这两项与我国留学生师资的现状形成了较为明显的反差。

一、教师资源

谈到课程与教师,被访留学生会不约定而同地提到:在英国,一门课程由多位任课教师任教。虽然一门课程可能有一位负责课程始末的课程组长,但是其他教师会参与授课,主讲教师还会"带别的老师来上"。术业有专攻,各个教师以不同的研究方向见长,他们分别负责讲授课程的某一部分。这些教师大多为学院的师资,偶尔也有博士生和外请的教授等。根据被访留学生的反映,一门课的任课教师人数大概是 3—4 位或者 5—6 位。有时,任课教师的更换给学生带来了一种更换频繁的印象——甚至"每节课会换一名教师",或者每一个部分会请其他老师来讲。如同前面章节所说,留学生的学分内课程有必修课和选修课之分。就留学生的经验而言,必修课的任课教师数量比选修课的教师数量多。

一门课没有规定老师的,有时每节课都会换一个老师。比如必修课,我们有一个 develop fundamental(发展基础),即我们院里的老师,都会来讲。每个老师研究的点都不一样。这个星期讲贸易的老师来,下个星期讲国际发展的老师来。(留学生 A1)

我的必修课,因为它就是教你怎么做研究嘛,研究有好几个方面,所以每个老师讲一个方面。但是它有一个总的 leader(领导),然后这个 leader 可能上的课比较多,然后比如做介绍啊,最后结尾啊都是他上的,中间部分的话会请其他老师来讲。(留学生 A7)

有各种教授过来给我们上课,一门课由五六个老师来讲,不像国内一个老师讲到底。(留学生 A3)

比如说我们这节课讲教育评估,就会由教育评估方向的老师来上;我们要讲研究方法,就会由这个方向的老师来上。(留学生 A2)

一般一门课就由四五个老师来教。比如比较教育学,会由四个老师轮流来教,因为他们的研究领域各不相同。(留学生 A9)

英国的教学主要以讲授和讨论为主,所以除了主讲教师,还有负责组织讨论课活动的教师。根据留学生 A4 的经历,主讲教师一般有两种可能,一类是在本专业颇有建树的老师,也是留学生眼中比较"厉害"的,比较"出名"的"大牛教授",他们一般一个学期上三到四次课程,在通常情况下,"大牛教授"课后不参与学生讨论,但是也不完全排除这种可能性,"如果你幸运的话,可以碰到讲座人的情况";另一类是学院的常驻教授,他们在授课结束后,一般会参与其中一个小组的讨论,其他的小组则由其他的助教负责,这些教师虽为助教,但可能是教授,也可能是研究生,各个学校的情况有所不同。以下分别是研究生和本科生留学生的例子。

访 谈 者：关于辅导课的话，导师是如何分配的？

留学生 A14：学院的 tutorial（辅导课）也会分导师，一组是 13—15 个
人。导师课前给你布置预习作业，然后等上课以后再跟
你讲。

访 谈 者：所以这个 tutor 的话，就可能是研究生，是吗？

留学生 A14：对，大部分是研究生，也有一些是教授。如果你幸运的
话，你可以碰到 lecturer（讲座教师），然后你也可以选择
去调换。

留学生 A4：如果请的是一些比较厉害的，不是经常在学校逗留的教
授，他们可能上完课就走了。但我们学校也有一些常驻
教授，如果常驻教授给我们上课的话，那么他就有可能
会分在 group（小组）当中，然后带领讨论。像这种除了
在上面讲的大学教授，同时也会有 4—5 个助教。他们
虽然是助教，但也是教授，也会在下面听，等到分组讨
论的时候，他们会到指定的教室去，然后带着每个小组
的同学讨论。

　　一门课程意味着背后有一支专业的教师队伍，教师资源比较充
足。留学生也意识到了这点，在他们看来，教师资源的丰富实现了教
育的公平。无论学生水平如何，都能得到教师的帮助，而不仅仅是一
个班级的尖子生能够享有这个待遇。留学生 A6 从高中到研究生阶段
一直在英国接受教育。

　　给你讲课的一般都是教授。不得不承认国外的教育资源确实比
国内丰富。每个学校的师资力量都比较强，教师会让每一个学生都从
"不会"到"会"吧。而国内的教师比较注重拔尖的学生，就是让强的变
成更强的。国外教师是把所有弱的都变得很强，这应该和教育资源丰
富程度有关吧。（留学生 A14）

英国留学生教师资源的充足取决于很多因素。一是与我国国内的留学生师资受限于英语语言能力相比,英国的授课教师没有语言的限制,因为英国的留学生教育采用本国的语言,即英语授课。这与中国留学教育的师资困境形成了鲜明的对比。在我国,针对留学生进行全英文授课教师的人数有限,教师或者不能用英语自由地表达思想,或者具备英文教学能力却又缺乏相应的资质。一项来自上海的研究认为:"有些学科的教师没有在国外生活或学习过,虽然专业素质强且具有丰富的教学经验,但英语表达水平有限,无法与来华留学生进行良好的沟通。一些青年教师虽然英语表达能力非常强,但教学实践经验欠缺。"[①]二是英国的教学方式需要相应数量的教师配备。讲授这种一对多的教学形式并不是唯一的形式,同样重要的是讨论课,或者说辅导课。辅导课采取分组的形式,需要专业教师负责组织讨论。三是英国高校的留学生课程分各个主题模块开展教学。比如,一门教育学的课程,这周讲教育的目的,下周讲教育公平,再下一周讲无政府主义……在留学生的视角下,"不会由一个教师讲到底",也没有"规定教师"。这也是和国内的留学生教育不同的地方,虽然国内也有教师合作授课的情况,但是由一个教师负责到底的情况比较常见。一种可能成立的解释是:一方面,不同的模块应该由术业有专攻的教师担任教学,才能发挥课程本身的价值。教师团队授课的形式使得英国高校留学生课程的专业化程度比较高,课程容量也比较大。只要学生肯学,学习方法得当,就可以学得很充实。另一方面,如果学生自主学习能力不够,课程压力会很大。但是这样的师资和课程设置为学生留出了很大的学习空间。如果学生有能力、有兴趣,他们就有机会发挥潜力,在知识的海洋里遨游。

---

① 桂旻.上海高校来华留学生教育管理改革研究[D].上海:上海师范大学,2018:21-22.

二、教师的职责

教师的职责除了授课和辅导,也会在教学平台上为学生提供丰富的学术资源。如同后面的章节所说,英国的留学生教学没有教材,教材都是老师提供的阅读资料。教师会把资源发到相关资源平台上。此外,任课教师也会为学生提供与课程内容相关的其他学术活动。

再就是平时经常会有一些学术活动,有时候会是任课老师来提醒你,通常是这个学术活动与课堂的主题比较有关联,那么他会负责主导并发邮件提醒你;有的时候会是学院层面给学生群发邮件告知这些活动。(留学生 A10)

学生有问题,也可以问任课老师,在工作时间内,他们大多非常乐意帮忙。

选修课我选的是 teaching controversial issues(讲授争议性话题),其实那门课我不是很理解,因为它更偏向于哲学,有点超出我以往的认知范畴,我不是很明白老师每天在讲什么,我们要讨论的问题是什么。我会经常给老师写邮件,他也会及时回复,我觉得这是比较满意的。如果你问老师问题,可以发邮件,可以约时间,在他办公室见面,然后就这些问题进行讨论。(留学生 A4)

哦,看老师吧,工作时间是指她每天工作日几点到几点的时间范围内。如果你有疑问,你也可以选择跟他约时间出来,一对一解答疑问,这些都是可以的。(留学生 A14)

英国是个个体主义至上的社会。在人际的意义上,教师尊重学生的自主性,所以一般不会干涉学生的自由,给学生施加压力;作为教师,他们认为应在工作时间内回应学生的需求,为学生提供帮助。总的来说,英国的教师选择对学生放手。"教师不会反复强调学生的出勤,不会就作业的格式和如何查资料做详细交代,他们会直接把学习任务布置下来,同时告诉学生截止日期,剩下的就是学生自己的事了。"①

　　在英国的留学生教学中,有不少教学岗位,尽管本研究尚不清楚所有承担这些教学岗位工作的是否都是教职员工,但除了讲授教师和辅导课教师,还有课程的组织者、专业秘书等。课程的组织者帮助留学生解答和课程有关的问题,专业秘书为留学生解答选课和分组等方面的问题。国内的研究也发现了英国教学岗位分工的细化。"随着英国高等教育的发展,特别是进入大众化教育阶段以后,传统辅导模式面临新的挑战,一位导师负责学生所有问题的模式,开始发生变化。导师制度更加细化,出现负责学生一门课程学习的'课程导师'(course tutor),负责学生一年课程学习的'学年导师'(Year Tutor),负责安排和监督行业或专业实习的'实习导师'(placement tutor)。"②

第二节　辅导教师

　　这节主要探讨英国个人导师的特色,此外,对其他的辅导教师(或担任辅导工作的学生)进行略述。

一、个人导师

　　个人导师在英国高等教育中历史悠久。这种制度在牛津、剑桥大学建立之初确立,至今已有 700 多年的历史。导师制度起源于牛津大学。在中世纪,上流社会家庭把孩子送到大学学习神学、哲学、医学和

---

　　①　丁凤.教学环境下学习自主性发展空间的拓展[J].广东外语外贸大学学报,2012(6):95-99.

　　②　李永山,李大国.英国高校学生支持服务的历史演进和主要特点[J].比较教育研究,2009(9):62-65.

法律等学科。但是，这些孩子年龄比较小，有的只有 14 岁左右。为了便于管理学生，牛津大学让部分教师成为学生的监护人和保护人。那时各个学院对导师的要求不统一，也不明确，导师制度只是导师和学生家长之间的协议。虽然这只是导师制度的雏形，但是它为高校的师生关系提供了个人辅导的模式。在 1379 年，在牛津大学的"新学院"率先实行导师制度。从此，个人导师制成为一项正式的付薪制度。自那以后，导师制度获得了正规化和制度化的发展。到了 19 世纪，导师制摆脱宗教，成为现代意义的教学制度。导师制度成为学院的教学基础，以师生之间个别交谈和辅导为主要的教学特征。然而，在高等教育大众化、办学经费受到限制的现代英国大学，传统的牛津大学导师制面临着变革的压力。个人导师制度开始带上折中的色彩，教学上出现了小班教学、导师制、讲座和讨论等多种组合形式。而且，研讨会和小群体教学变得越来越重要，传统个人导师制度的个人指导时间在缩减，指导内容变窄，功能也发生了变化——导师从传统的角色变成了学生与其他人员和机构之间的中介人，成了学生的倾诉对象。如今，在英国大多数高校，发展了类似导师制的讨论课和小组教学，还有对学生的学习、生活和心理提供支持的个人导师制度，担任学生辅导的任务。以下从英国高校个人导师制度的各个方面来了解这项古老而传统，几经变革，却依然长青的个人导师制度。研究以文献和留学生访谈为研究资料，对个人导师制度中的任职资格、分配和更换以及考评进行分析。

(一)高级个人导师

英国高校的个人导师制度自成体系，实行高级导师指导制。高级导师分为总高级导师（Faculty senior tutors）和分高级导师（senior tutor）两类。前者主要为各部门的高级导师提供工作支持；后者为自身所在部门的个人导师提供工作支持。由此可见，个人导师辅导体系是有一定层级的体系。但是国内学者的研究认为高级导师与普通个人导师之间不存在管理上的隶属关系,而是业务上的指导关系。① 在帝国理工学院,各个系部有一名或者多名高级导师。在每个院系,通常是每个学段配备一名高级导师。

那高级导师一般是什么样的人才具有任职资格呢? 一般说来,高级导师和整个学院或系部的学生支持体系联系密切,熟悉各种提供支持和辅导的渠道,而且比较擅长学生工作,能够处理复杂的学生问题,能够为指导对象提供支持。

(二)普通个人导师

1. 个人导师的任职资格

高校网页资料显示个人导师由各个学院的教研人员(academic staff)担任,这些教研人员擅长为学生提供辅导,提出建设性意见。在访谈中,留学生也提到个人导师是所在学院的教师或者教授。他们可能是学生的任课教师,也可能是负责研讨会或某个单元讨论的教师;个人导师的任职资格不论职称和资历,某个领域的杰出教授和刚刚崭露头角的助教都可能成为个人导师。在个别的情况下,个人导师的工作也会由博士生负责或者高年级学生担任。虽然个人导师是一个辅导的角色,但是这个职位是由教研人员兼任的。

访 谈 者:我想了解一下你们的个人导师是一对一的吗?

留学生 B1:不是的,因为学生还挺多的,导师数量有限。我们应该是每个系里的教职工都有自己的学生。具体分配应该是学校随机的,我入学的时候就被分配到了我现在的 personal tutor(个人导师)。随机分就看运气,你可能被分到一个特别厉害的老师或者和你的专业方向特别一致的,也可能会

---

① 夏晓虹.从英国导师制看我国高校辅导员队伍建设[J].思想教育研究,2008(1):46-48.

被分配到那种没有什么共同爱好的老师。

访　谈　者：那他是在职的导师吗，还是类似研究生当助教的这种？

留学生 B1：我们是这样，有助教，但是助教都是博士生。我们所有
　　　　　personal tutor 都是在职的员工，要么是教授、doctor（博
　　　　　士），或者是 research assistant（助教）之类的。

访　谈　者：你们的个人导师是大一刚入学就分配了，还是后期分
　　　　　配的？

留学生 B1：这个是大一刚入学就分配了，我记得大一入学的第一个礼
　　　　　拜我们就要去见我们的导师。

2. 个人导师的分配与更换

个人导师的辅导队伍有自身的架构，以下有关个人导师的分析性
描述主要针对一般的个人导师，而非居于领导地位的高级个人导师。

（1）分配方式和时间

学生一般在开学两周内会被分配一名个人导师。分配是随机的，
所以留学生分配到的个人导师有可能和自己同专业，也有可能和自己
的专业相距甚远，有的甚至来自其他学院。"我们有两类导师，一是个
人导师，二是论文导师。个人导师在学期开学后两周分配给学生，但
是论文导师的分配要等到第三个学期。"（留学生 B10）

（2）师生比

师生比在各大高校都有所不同。一般来说，一名导师辅导的学生
为 3—10 名。本研究的访谈数据显示：帝国理工学院的师生比为 1∶
5，爱丁堡大学的师生比是 1∶3 或者 1∶5；有些甚至是 1∶10。

（3）师生结对时长

在一般情况下，个人导师会一直陪伴学生，直到毕业。在帝国理
工学院、伦敦大学学院、布里斯托大学、伯明翰大学、谢菲尔德大学、约
克大学等高校的网页上都明确表示在学生取得学位期间，个人导师保

持不变。

但是,无论有无理由,学生都有权利更换个人导师。埃克塞特大学声明:"学生可以在没有任何理由的前提下,在任何时候提出更换个人导师。"①有些大学则倾向于个人导师每年更换的制度,其目的在于建立学生和课程教师之间更加紧密的联系。曼彻斯特大学就提出:"学生个人导师要每年更换,因为个人导师队伍要体现出该年度负责课程教学的核心工作人员。这个变化在 9 月初生效。"②

3. 考评

个人导师制是一项具有英国特色的教育制度。为保证学生辅导的有效性,提升综合教育质量,学校会对个人导师的工作进行考核和培训。考评有学生评价、系部考核以及全英导师工作实行情况排名等方式。根据留学生的访谈资料,研究发现有导师会征求留学生对个人导师工作的反馈,以便改进下次的工作。尽管这种自评方式不很常见,但是导师的一项工作职责是对学生辅导做必要的记录。

访　谈　者:你们系部是否有针对个人导师的评价?学生的反馈有用吗?个人导师是否会根据学生反馈做调整?

留学生 B25:有,留学生会评价个人导师的工作。评价和学习辅导、辅导效率等相关。我们一般会开会讨论。每次会上,我们都要填写对那次会议的反馈,关于会上的讨论,自上次会议后的进步,以及有待解决的问题。导师会细读我们的反馈,然后为下次的会面做准备。个人导师会按照反馈

---

① Student Guide to Academic Personal Tutor [EB/OL].(2021-09-21)[2021-09-21]. https://www.exeter.ac.uk/students/personaltutoring/.

② General Information:Personal Tutor [EB/OL].(2021-09-21)[2021-09-21]. https://www. humanities. manchester. ac. uk/pgr-handbook-seed/programme/professional-doctorate/doctorate-counselling-psychology/general-information/.

做出调整,学生和个人导师都可以从调整中受益。

一项在英国雷丁大学的调研发现,每个院系内部会就个人导师的工作进行考核和指导。个人导师需要定期汇报指导学生的情况,也会就指导中出现的问题进行探讨或者寻求帮助等。在系部层面上,考评的另一种办法是发邮件询问留学生对个人导师是否满意,有无更换的必要,但是没有以任何形式要求留学生对个人导师进行评价。留英学生一般都知道如果个人导师的工作让人不满意,可以找相关部门投诉或者申请更换导师,这在官网上也明确说明了。

访 谈 者:我想问一下你们这边有没有对个人导师的一些评估?
留学生 B20:没有。但是我突然想起大一结束时学校是发邮件问的,问我对这个导师满不满意,如果不满意,你想要换的话,是可以换的。
留学生 B24:没有以发放问卷这样明确的方式让留学生去评价他们的工作表现,但是如果情况不妙,学生是可以到系部去说的。

与以上不对个人导师工作进行评估,但是可以投诉或者更换个人导师的做法不同的是另外一种正式评估的方式——发放问卷,让留学生去评价。只不过在有些学校,这些问卷的填写并没有强制性的要求,完全由学生自愿。

访 谈 者:你们会对个人导师的工作进行评价吗?
留学生 B21:他们是会评估的,但是采取自愿的形式。评价不是强制性的,和在中国不一样。留学生可以选择填写评估表格,或者不填。

留学生 B4：是的，每个学期对个人导师和教授进行一次教学和辅导质量调查。

留学生 B5：是的，针对导师的工作表现，我们在网上填很多评价表。

　　除了上述的评估方式，还有的研究发现全英范围内各高校组织的学联会组成专门机构，对各校导师制实行情况进行调研和排名。[①] 总的来说，英国各高校对于留学生个人导师的辅导工作质量采取了不同的评价方式。无论形式如何，校方基本上还是在把控辅导工作的质量。

　　在考核和评估之外，个人导师也接受培训，学习如何更好地指导学生。国内研究发现：在雷丁大学，针对个人导师的工作，校方和院方对个人导师队伍中的熟手导师和新手导师进行有差别的培训，培训内容包括明确工作职责、发展沟通技巧、开展特殊学生工作等。[②] 在普利茅斯大学，个人导师制度提出了以下的要点和步骤：了解角色、支持个人发展、管理学生期望、照顾学生幸福感、参考其他支持服务、互动、人际交往能力、尊重隐私。该校为了便于师生了解个人导师制度和实践，不仅为师生提供指导手册，了解职责范围，而且就不同学习的不同阶段撰写了最佳实践指南。[②] 类似的指导意识也出现在布里斯托大学有关留学生个人导师的官网说明页上。官网根据师生互动的不同阶段，列出了师生会面经常讨论的一些典型性问题。可见，英方留学生个人导师指导已经累积了相当的经验，而有些学校已经将这些内容应用在个人导师的培训中。

---

　　①② 李宏芳.英国高校个人导师制对我国高职教育的启示[J].教育教学论坛,2015:56-57.

　　② 窦可阳,徐秀玲.英国当代本科导师制度探析——以普利茅斯大学本科导师制为例[J].吉林省教育学院学报,2019(7):107-110.

二、其他辅导人员

除了传统的个人导师辅导的制度,还有朋辈支持的制度。不同的高校有不同的学生导师制度。

(一)学生导师

学生导师制度(mentor)不具备个人导师制度那样的普遍性,是部分英国高校为解决留学生学习和生活问题而创设的个性化的辅导制度。学生导师可分为三种基本类型:过渡型导师、校内生活导师和学伴型导师。

过渡型导师(Transition Mentor)的适用对象主要是一年级新生。他们的主要任务是帮助新生适应大学的学习和生活,回答与大学生活和学习相关的一般性问题。伦敦大学学院的过渡型导师为一年级留学生提供与学术、支持性服务以及行政手续办理等相关的建议。布里斯托大学设有同伴导师(peer mentor)制度。这些经过培训的学生导师来自与被辅导学生相似的专业。他们的主要任务是在留学生入学前到来年一月份的时间里倾听留学生的诉说并提供建设性意见。虽然彼此只是泛泛而谈,不涉及作业辅导或复习,交谈也受时间限制,但实践证明这有助于提升留学生在校的学习体验。

另外一类是针对住校学生的校内生活导师,他们为留学生提供生活和学习上的支持。在谢菲尔德大学(University of Sheffield),组建有宿舍生活导师(residence life mentor)队伍,他们帮助缓解留学生的学习焦虑等问题;在伯明翰大学(University of Birmingham),设有学生导师计划(The Student Mentor Scheme)。这些独立的学生群体为校内的学生提供免费服务:找讲座教室、解决学习问题、找图书馆、帮助学习和复习、管理考试焦虑、举办活动等。①

最后一类是完全以学习为中心的同伴支持性服务。布里斯托大学由高年级学生定期负责组织学习活动（Peer Assisted Study Session，PASS）。在全校 24 个专业中，每周由经过训练的高年级学生带领讨论。留学生可在友好的、非正式交流的氛围中自由提问。此类活动能够针对留学生的专业学习开展讨论，加深他们对教材的理解，帮助结交同专业朋友，获取实用的建议，提升学习技能，汲取学长的经验并提升自信心，等等。②

此外，如同在课程部分提到过的一样，留学生在语言中心学习的时候，常常会有辅导教师的帮助。担任辅导教师的是谁呢？以伦敦大学为例："与国内大学课程由全职教师任职不同，该校的写作教师来源丰富，有专职教师，更多的是经验丰富的写作爱好者。写作实验室的师资主要由各专业具有丰富写作经验的博士研究生、助教和少数专职教师组成。虽然专业背景迥异，但所有的教师都对写作有兴趣，在报纸上发表过文章，出版过书籍，个别教师具有语言教学经历。同时，任用专业博士研究生授课辅导的好处在于了解专业学术写作特点，亲历过写作的具体困难，能够提供切实的帮助。语言和写作支持项目的教师均由同龄学生担任。"③

既然学生导师作为一种制度被确立下来，那么它就有了严肃性，比如：为留学生提供多长时间的服务，具体的职责是什么。即使

---

① University of Birmingham. Student Groups & Support[EB/OL].（2020-10-06）［2020-10-06］：https://www.birmingham.ac.uk/study/accommodation/Our-Services/Student-Groups-Support.aspx.

② University of Bristol. Peer Assisted Study Sessions.［EB/OL］.（2020-10-06）［2020-10-06］：http://www.bristol.ac.uk/students/your-studies/study-supportpass.

③ 陈红梅.英国大学写作教学与服务一瞥——以伦敦大学学院为例[J].海外英语，2020（3）：1-2.

是聊天,也有时长的规定。一方面,这些规定保障了学生导师的个人权益;另一方面,也防止留学生滥用学生导师的辅导,如代写作业等。在英国,学生导师是一个辅助性的群体,是某些英国高校为解决留学生的问题,调动学生资源而设立的一项辅导制度。他们的重要性和普遍性远远不及由教师担任的个人导师。但是在世界上其他国家并非如此。在美国,也许很难找出和英国个人导师制一样的辅导角色。在日本,担任留学生个人导师的不是教师,而是在校注册学习的学生,包括本国学生和留学生。这种留学生支持的模式是朋辈支持优先的一种模式。高校将学生之间的支持看作解决留学生问题的主要路径,在制度上设定留学生遇到问题先寻求同学的支持(具体内容参见附录 6:日本高校留学生辅导制度研究)。也许,了解英国和日本这两个国家和留学生辅导人员相关的制度能为我们提供一个更广阔的文化视野,因为一种制度的设立离不开自身的文化土壤。国外留学生辅导制度能为思考、设计和改善中国的留学生辅导制度提供借鉴。

（二）图书馆员

图书馆员所能提供的服务也与国内有所不同。图书馆员不仅仅为学生提供图书借阅服务,还能为学生解答学习问题,如提供写作指导意见。本研究中的本科生和研究生都认为只要学生发邮件给图书馆员,他们就会做出回应。留学生认为他们给予了"一个比较有力度的学术支持",而且对自己"帮助挺大"。

访　谈　者:你们在学习上有什么支持性服务吗?

留学生 A10:学习方面,除了平时老师上课,学校会组织和国内一样的图书馆的讲座。基本上我们每个专业有一个对接的图书馆管理员身份的人。你在学术上遇到问题,或者在使用图书馆资源的过程中遇到问题,就可以联系与你本专业对应的图书馆管理员来寻求帮助,这是一个比较有力度的学术支持。

访　谈　者:入学后如果遇到学习上的问题,学校会提供什么支持呢?

留学生 A12:学院有专门辅导我们英语和论文的老师,有时候觉得自己论文写得不好或者想提高英语水平,可以发邮件给他们,进行一对一的辅导。这些老师专门辅导英语学习。他们应该是属于图书馆的老师,而不是任课老师,学生只要发邮件给他们就行,无论是留学生还是英国本地学生。

访　谈　者:他们会提供什么样的帮助呢?

留学生 A12:我联系过图书馆的老师,询问论文的格式和用词方面的问题,通过发邮件,他们会看我的论文然后指出其中的问题。他们不是助教就是图书馆的老师,在图书馆的网站上也有相关信息。他们还会举办一些 workshop(工作坊),在我们专业学习刚开始时,这些老师也会给我们上课,包括怎么利用图书馆资源等。

访　谈　者:他们对你的学习帮助大吗?

留学生 A12:挺大的,他们会告诉我格式问题或者指出不该出现的错误。这些老师会教你通过这个主题如何去构思和调整逻辑,只不过他们也不是专业的任课老师。

　　本章在辅导师资部分只从个人导师、学生导师和图书馆员这三类群体的视角进行论述,主要着笔于个人导师。在留学生的经历中,课程教师也会为学生提供课余辅导,其中答疑的形式比较普遍。在某些个案中,也有任课老师以小组辅导的形式为本科学生提供学习支持。此外,语言中心的教师也会为留学生提供语言咨询和辅导。总的来说,无论正式还是非正式,高校内回应留学生学习问题的校内机构比较多元(学院教师、图书馆、语言中心、学生组织等),辅导人员也较多

（个人导师、学生导师、图书馆员、任课教师、语言咨询师等），而且形式多样。学校也注重了解学生的心声、意见和需要等，留学生感觉自身的需要得到回应，因此觉得学校的服务比较完善，满意度也比较高。

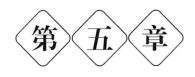

教学与辅导

这一章的主要内容包括任课教师如何教学，个人导师如何辅导学生。教学部分的内容包括教学目的、师生角色与定位和教学方式。个人导师的辅导内容包括工作目标、职责与师生会见等。

第一节　教　学

这里所理解的教学是狭义的教学，即为促进学生学习，教师组织学生进行有目的、有计划、有效学习的活动过程。①

一、教学目的

教学活动不是没有目的的活动，而是学校为了达到一定的教学目的才组织教学活动。教学的目的有一个体系，这些目的有近有远，有大有小，有抽象、有具体。但是在中英留学生教育文化对比的视野中，某些教育目标的差异开始凸显出来。留英学生认为在英国"没有什么要背的"，而且"一点也没有了"。其他学者的观察也证实了这样的说法："英国的大学对学生智力发展的要求很高，在各大学的社会科学和人文学科的院系里，基本不存在以考查学生所学之牢固性为目的的闭卷考试。对学生学业成绩的评定主要是考查学生的分析、批判和创造能力的发展水平，很少能见到死记硬背和机械训练的现象。"用留学生的话说，"一个人才的培养可能不只是从知识方面"。以下被访的本科生和硕士生都不约而同地谈到英国高校的教学更加重视的是解题的过程或者是思维方式，而不是对知识的记忆。

还有一个区别：国内我们还是会有很多要求背诵的内容，特别到期末考；国外就一点背诵内容都没有了，反正研究生期间是没有的。

---

① 文喆.课堂教学的本质和好课评价问题[J].人民教育,2003(3-4):13-16.

（留学生 A5）

　　教学目的性不是很强，教学目的可能就是培养你的思路。考试的时候，甚至会把公式全部都给你，不用去背公式。（留学生 A14）

　　那边好像没有什么是要背的。他觉得如果都是背的东西，你完全可以看，比如说知识点什么的，反正你资料也找到了，完全可以去看书。但是你的思维、你的想法得去发掘。（留学生 A1）

　　留学生意识到英国的教育在培养"解决问题的思路"，注重发掘一个人的"思维"和"想法"，而且，他们的经历凸显了英国高校对批判性思维的培养。"critical thinking"（批判性思维）和"critical analyze"（批判性分析）是访谈中被频繁提及的英国教学的侧重点。批判性思维是指"对于某种事物、现象和主张发现问题所在，同时根据自身的思考逻辑做出主张的思考"。[①] 学生在质疑前人的同时，启动自身的独立思考能力。如果学生没有心智自主，也难以形成批判性思维。

　　包括我们写 essay（文章）也是这样。我们很多 essay 就是让你去 critical analysis（批判分析），从老师给你的文献材料里，选一篇文章去 critical analyze。你同意文章里的什么观点，你不同意文章里的什么观点。然后你再去找别的材料佐证你为什么会觉得这是对的或者错的，对我（来说）还蛮有意思的。他们好像挺注重培养你的 critical thinking（批判思维）。我觉得他们在开发你的潜力，就是希望就是能把你的潜能激发出来。（留学生 A1）

　　这边可能主要是大家一起讨论，最后老师说个 ok 就好了，也不会有总结性的那种官方答案给我们，什么正确、错误这种也没有。我喜欢 critical thinking，你只要能自圆其说。其实上课就是为了让你讨论，然后自己有点启发。基于讨论，我们这方面的知识也积累起来了。

---

　　① 青年认知心理学家之会.认知心理学家谈教育［M］.京都：北大路书房，1993：65.

（留学生 A3）

　　在老师的眼睛里，没有标准答案，他们会教你用批判的眼光看待所有前人的思想，勇于得出自己的结论。在教学中，对一个问题的研究方法往往比那个问题本身更加重要。（男　工程硕士，留英一年）[①]

　　为什么中英高等教育有如此显著的差异呢？首先，这些留英学生大多在国内完成本科教育后，再到英国读研究生。在研究生阶段以培养研究能力为主的教学自然和本科阶段以学习学科基础知识为目的的教学有所不同。如果这些留英学生在中国高校读研究生，也会发现背诵的比例较本科阶段大大减少，或者"没有什么要背的"。更重要的是，英国的高校比较注重心灵的自由和心智的发展。这种价值观念对教育实践有直接的影响，不管是在中学还是大学，各科教学都强调智力的发展重于知识的获取。[②] 我国的教学一般比较注重课本知识，教师耐心地对理论和概念等进行讲解，学生认真学习，考试也可能和这些知识紧密相连，尤其在高等教育的本科阶段。这样的教学方式有其历史渊源："中国传统的教育方法中还有一个特点，就是只灌输知识的结果，不解释知识的过程，也就是学生知其然，不知其所以然。"[③]这里批评的是"中国的传统教育"，目前国内的教育也在不断革新和进步，只是传统的教育方法对现在的教学可能还会有些积极和消极的影响。如：考试可能和死记硬背、不求甚解的教学方式挂钩。但是，留英学生认为英国教师在介绍各种相关理论的时候，看重的是学生对某学科领域已有知识的个性化学习和思考。教学强调的不是找到标准答案的

---

　　① 　陈素燕.英国诺丁汉大学中国学生留学体验调查[J].全球教育展望，2004(10):73-76.

　　② 　李玢.英国的文化价值观念与教育[J].华东师范大学学报（教育科学版），1994(3):43-52.

　　③ 　顾明远.论中国传统文化对中国教育的影响[J].杭州师范学院学报，2004(1):1-9.

过程,即使是老师,也没有标准答案,教学是一个激发个体思维潜能,培养开放性、自主性和个性化的思维方式,理性审视他人的学说,进行批判性思考,并能够提出自圆其说的想法和观点的过程。但是,这样的教学也存在偏颇,学生对知识的系统性掌握可能更加依赖学生个体这个教学要素。

如果进一步从教学论的意义上去探讨,则可以看见日本教授佐藤学在其文章中提到的两种不同的教学本质,即由芝加哥教育学院教授菲利普·杰克逊(Philipe W. Jackson)提出的"模仿模式"(mimetic mode)与"变化模式"(transformative mode)。前者认为教学主要是知识和技能的传授和学习,后者则认为教学的根本在于形成学习者的思维和探究的方法。教学不是传授知识和技能,而是传授"无知之知"。中、日、韩三国的教学以模仿模式为根本,有效的教学是大量传授知识和技能的教学,再通过个人竞争掌握这些知识和技能并娴熟化;欧美的教学以变化模式为教学之基本,承认个体差异,鼓励个体进行个性化学习和探究。[①] 跨文化心理学家吉尔特·霍夫斯泰德(Geert Hofstede)在1980年系统地提出了个体主义文化和集体主义文化的概念。他认为在个体主义为主要特征的国家,其学术文化也带有强烈的个体主义色彩:要求学生有自己的见解,善于独立思考,学习的目的是学会如何去学。更通俗地说,教学不是授人以鱼,而是授人以渔,类似于前文所说的传授"无知之知"。

这样的教育理念和英国教育中对于应该培养什么样的人密切相关。教育的目的是要培养有理性的、自治的个人。个人自治意味着每个人都有自己的思想和行为方式,可以按照自己的思想和意愿自主行事,而不是由外在力量强加在他们身上。主张个人自治的个体主义者

---

① 佐藤学.教与学:寻求意义与关系的再构[J].全球教育展望,2001(2):50-56.

认为,每个人都是他自己命运的主人,可以自行决定自身发展的方向。但是,自治的个人离不开理性精神的培养。"除了注重智力的发展,英国的教育工作者还特别注意在教学中培养学生的理性精神。许多教师主张,教育工作不允许凭借权威的力量,实行各种灌输。他们认为,教育要以培养有理性的自治的个人为目的。这一教育主张已经深深地贯彻到英国的教育实践中。英国的教师们鼓励学生独立思考,大胆质疑,提倡有根据地对权威和教条进行批判和挑战。"①学校教育反对学生把知识看作无须求证就加以接受的教条,而是鼓励学生发展理解力、判断力和创造力,鼓励他们在学术上标新立异,自圆其说。我国的教育传统与此相悖。我国教育界著名学者顾明远先生在谈论中国传统文化对中国教育的影响时,指出中国传统教育所受制的传统文化既有优秀的内核,又有封建的糟粕。重伦理道德的价值取向影响了教育的目标。"有的学者说,中国几千年的教育就是两个字'听话',不是没有道理的。其结果是培养出来的人不敢想,不敢讲,不敢闯,缺乏开拓创新精神⋯⋯"②与英国不同,我们在传统上不是一个崇尚个体主义的国家。价值观会渗透到教育领域,影响人们对教育目标,即培养什么样人的思考。如果用文化相对论的眼光来看,文化没有好坏。选择本身就意味着得到或失去。英国教育文化中的个体主义思想也会给教育带来消极的影响。我们应该思考的是在时代更迭、教育革新思想层出不穷的今天,如何继承优良的传统,同时又注重变革,创造出什么样的教育文化,从而提升教育质量的问题。

注重批判性思维,注重个体独立思考能力发展的教育也与人们对于知识发展的看法有关。批判性思维对已有的知识不盲信、不盲从,

---

① 李玢.英国的文化价值观念与教育[J].华东师范大学学报(教育科学版),1994(3):43-52.

② 顾明远.论中国传统文化对中国教育的影响[J].杭州师范学院学报,2004(1):1-9.

主张用个人的才智重新审视一番。于是,知识在批判中得到继承和创新。教学中批判参与的模式(engaged critical model)认为:"批判性课堂应让学生对教学内容,教学过程本身和他们所处的社会进行批判性思考,教师应与学生共创对话,提出源自生活、社会和学术的问题。"[①]教师不应只传授知识,对学生批判性思维能力无动于衷。教师应该和学生对话,鼓励学生形成批判性态度和批判性思维,把所学内容和社会现实结合起来。这种观念认为学校不仅仅是传授知识的地方,也是促使发生社会变革和解放的地方。在知识经济的时代,批判性思维应该得到推崇,因为它是推动社会前进的主要动力。[②] 回顾历史,不难发现英国在资产阶级革命后,又经历了工业革命,重视科学技术的发展,是近代实验科学的发源地。在这样的发展背景下,批判与创新的精神也已成为历经数百年的民族精神。

在教学目的这一方面,大多数的留学生都意识到了思维培养的重要性,也有个别的学生认为教学是为以后的工作做准备,因为比较实用。对于这个较为小众的看法,此处不再赘述。但是,教学目的绝不是单一的,而是在跨文化的视野中,大多数留学生印象最深的是什么。

二、师生角色与定位

(一)英国教师的角色:在教学中"占到很小一部分"的引导者

中英在师生角色的问题上差距较大。

在中国,教师带有较为浓厚的知识权威的色彩,教师作为知识的传播者,在教学中占主体地位。他们负责向学生传授知识,学生认真

---

① E. lkolitch,A. V. Dean. 1997 Students ratings of instruction in the U. S. A: hidden assumption and missing conceptions about "good" teaching[J]. Studies in Higher Education,No. 24(1):37-43.

② 钟启泉."批判性思维"及其教学[J].全球教育展望,2002(1):34-38.

听老师讲课。在课堂上，师生之间在很大程度上是知识的给予和接受的关系。这些在课堂教学中被认真传授的知识通常会在考试中出现，在重视学科基础知识的本科阶段尤其如此。根据国内对来华留学生教学的调查研究，灌注式教学在研究生阶段也还没有过时。虽然，这种教学方式便于学生掌握系统的知识体系，但是他们也在学习中处于被动的、接受的地位。老师和学生在课堂的教和学中必须认真和努力配合，才能完成教学的过程，取得预想中的成效。

在英国留学生教学中，无论是本科生，还是研究生，学生都是学习的主体。主体二字不仅仅意味着学生自己选课，自学完成课前和课后的阅读任务，还意味着学生得自己安排学习时间。学校没有规定的早自习和晚自习，学生是否学习、在什么时间学习、投入多少时间学习，"全靠你的自觉，和外力没有关系"。而且，学生要负责理解、消化、吸收和批判所学内容，决定是否要在学习上取得成就，或者取得多大的成就，是力争上游、争取高分，还是不思进取、荒废学业。教师只是以引导者的身份贯穿始终。比如，在选课阶段，教师做介绍，至于选课，完全由学生自主决定；在课前阅读阶段，教师提供阅读指南和学术资源，学生读多少、怎么读看个人自觉；在课堂教学中，教师可能不会系统性地、详细地去讲每个知识点。他们的作用是控场、互动、启发、帮助和引导学生学习，让学生学会思考和创造等。

我觉得英国老师的角色，它就只起一个引导的作用，稍微地帮助你一下；中国老师就会讲得比较细，就是带着你完完全全地把课本上的内容讲给你听。（留学生 A8）

学生（讲得）多，老师是启发式教学，即引导式。老师以控场为主，希望学生多讲。（留学生 A3）

它是一种启发性的教学，就是循循善诱的，每一步都很紧密。（留学生 A5）

上课的时候很强调独立思考和学生之间相互讨论，老师只起引导

作用。(留学生 A9)

在留英学生看来,与国内教师在教学中举足轻重,让学生仰仗的地位相比,英国教师在他们的学习生活中"只占很小的一部分",起到的只是一个引导的作用,"稍微地帮助你一下"。老师即使在课堂上讲课,或者在疫情期间提供录播课,也并非学生要亦步亦趋跟随学习的主要内容。因为他们所能提供的只是引导,学习的路都得自己走。所有的教育活动都期待取得成效,但是如何定义成效则有明显的差异。这是一种学习促进型的教学观,该观念认为教师的职责主要在于满足学生的学习需求,帮助学生成为一个独立的学习者,这样学生能够主动完成学习任务,自行构建知识体系。

(二)学生的角色:"靠自己"的自主学习者

在这样的教师角色前提下,学习"肯定是要靠自己",留学生认为"感觉很多知识都是自学的"。本研究中大多数的留英学生大概是这样进行自主学习的:课前要看教师发放在平台上的资料,讨论前也要看相关资料;上课听老师讲课,参与课堂互动;下课后再次理解所学内容,弥补认知上的缺陷等。尽管留学生在课上、课后有不少讨论,但不少留学生认为学习最主要的方式是"以看文献自学为主",得"多读文献"。所以,留学生不是通过填鸭式或者灌注式教学完成学习,而是通过自己看学习材料,构建"自己的知识体系"而达到学习知识的目的。"以前是老师追着我学习,现在是我追着老师学习"①就是一个师生角色转换的生动写照。教师把该准备的准备好,其他的都让学生自己定夺。那些积极的学生一改往日被动接受的局面,成为追随老师学习的、积极主动的学生。

---

① 丁凤.教学环境下学习自主性发展空间的拓展——以中国留英学生为例[J].广东外语外贸大学学报,2012(6):95-99.

研究生特别注重自主学习吧。特别像 2021 年这种网课,老师就在网页上面把要学的内容录好,把视频放在上面,我们自主学习完成老师的任务。什么 reading(阅读材料)啊,老师也全部放在网上,让学生自己去学习。(留学生 A2)

有一个录播课,但并不是这个星期学习的重点;他的录播课,只是为了解释一下他给你的这几篇核心文件里面出现的,你需要掌握的一些学术术语和不懂的概念之类的。录播课其实并不是主要内容,还是以看文献自学为主。(留学生 A7)

本科生和研究生似乎没有什么区别,都是"特别注重自主学习",而且在这整个学习的过程中,"老师只是占到很小的一部分"。

访　谈　者:学习和获取知识的途径是什么?

留学生 A13:学习和获取知识最佳的途径肯定是要靠自己,我觉得多读一些文献吧,然后靠自己去构建自己的知识体系,我觉得老师只是占到很小的一部分。

访　谈　者:收获怎么样?

留学生 A13:感觉很多知识都是靠自学的,所以提升当然比较大了。一开始老师在 PPT 上显示的很多很多内容,你可能根本就没有接触过,都是要靠你自己去查论文啊,网上去搜啊,一点一点搜出来的。我觉得这样还蛮有成就感的,就是你看到一个完全陌生的概念,然后一点一点地查,从基础的开始查起,一直查到现在的最新研究,这个概念就了解得比较全面了。

中国的教学理念强调教师的权威性和主导性。也许,中国的教育观念在传统的意义上,比较缺少西方那种试错的文化。既然老师已经掌握了这门学科的基本知识,那么通过老师学习难道不是一条捷径吗？而且，教师在传统意义上是传道、授业、解惑的角色，在尊师重教的氛围中，教师的权威性和主导性也广为学生接受。在英国以及有类似教师角色观的西方国家则认为，教师不过是一个先行者，是能够为学生的专业学习提供指导的人。笔者在读硕士期间，美国老师在发邮件时的署名是"your guide in the journey"（学习生涯的引导者），和英国文化颇为相似的美国文化在教师角色的自我认同方面也很相似。而且，在知识大爆炸的年代，英国高校的教学所能提供给学生的知识面很广，教师也不是无所不知的知识权威，学生常被鼓励对前人的研究成果提出质疑。所以，教学在根本上是学生在教师的指导及各种教学方式的引导下，利用学术资源，完成自学的一个过程。教与学是相互统一的。因为承认学生的主体性，以促进学生内生型的个人发展为目的，所以教师尊重学生，鼓励学生在求知的过程中发挥个体的能动性，积极思考，勇于批判，形成自己的见解。但是这样的学习又不是随意和无序的，作为在这个知识领域有丰富学习经验和丰富学识的教师来说，他们又是学生的引导者，引导学生在学术的道路上前行。学生作为学习者，必须发挥个体能动性，在广泛阅读、听课和参与课堂讨论的过程中，完成学习的过程。学生不再是被动地接受知识，而是在自身和已有知识的个性化互动的过程中，完成个人在思维品质、学识、学习能力和研究能力等方面的成长。

英国是一个个体主义价值观盛行的社会，教育也深受这种价值观的影响，并在师生角色中得以体现——以学生的成长为主。中国在传统意义上是个"学而优则仕"的社会，需要筛选出学霸和精英，成为社会的中坚力量。有学者就中英的教学理念进行了比较，认为英国的大学注重通才教育。它"注重学生自身的特点，强调以学生为中心的教学理念，可喻为'根雕艺术'，即根据树根的不同形状进行作品加工成型，是一种'人性化'和'创新性'的开发。国内教育可谓'精英教育'，即以严格生硬的教育体制和教学模式去'生产'缺乏'个性化'的精英，犹如'石膏艺术'的模板作品,千篇一律"。① 这样的教学比较适合所谓的学霸和精英,因为他们生来就具有相当的学习能力。

中英师生角色的差异也折射出教学观的差别,即知识传递型教学观和建构主义教学观。我国的教育在传统意义上秉持知识传递型的教学观。教学被认为是传递知识和信息的过程,是从教师这个盛满知识的容器向学生这方的容器倾倒知识、信息和智慧的过程。在这样的观念下,教师很容易成为处于课堂教学活动中心的权威,教学变得以知识和信息为中心,学生成了一个被动的处于从属地位的接受者。在英国建构主义的教学观中,尤其是认知主义的教学观认为学习不是一个被动的过程,而是一个由学习者积极主动地去建构知识的过程。建构主义的教学观颠覆了人们对于教师、学生、教材和媒体这些教学要素的基本看法。"以学生为中心,在整个教学过程中由教师起到组织者、指导者、帮助者和促进者的作用,利用情境、协作、会话等学习环境要素发挥学生的主动性、积极性和首创精神,最终达到使学生有效地实现对当前所学知识的意义建构的目的。"②这样的观念势必引起师生角色的定位:学生成为学习的主体,教师则通过创造条件,引导和促进学生学习。

本文强调的只是不同,而不是孰优孰劣。正如何克抗教授所说,我国的传统教学有完整严密的理论方法体系和可操作性很强的独立学科,而且有大量的专著和教材问世。虽然传统教学设计有强调"教"、围绕"教",而忽视或很少涉及"学"的问题,但是也有很多的优点。③同样,英国的教学尊重学生的"学",而不是教师的"教",所以它也避免不了这种教学文化带来的弊端。

---

① 陈素燕.英国诺丁汉大学中国学生留学体验调查[J].全球教育展望,2004(10):73-76.

②③ 何克抗.建构主义的教学模式、教学方法与教学设计[J].北京师范大学学报,1997(5):74-81.

(三)英国师生角色的利与弊

学生自主、教师引导这样的师生角色定位有积极的一面,也有消极的一面。积极的一面在于学生的个性和自主性得以尊重和发挥。教师作为引导者不会去干涉学生的个人自由,但也并不意味着冷漠或者置之不理。如果学生有疑问,教师也会耐心地解答问题,或者"非常乐意"地提供学生所需的帮助,只不过学生在与教师的互动中,要让老师感觉到需求。

我觉得学术研究很个性化吧,可以自由发挥选择自己喜欢的课题或者形式,老师会耐心解答每一个问题,而且经常会开玩笑,学生之间那种小组的学术研究会比较有激情,大家都会积极去做研究。(留学生 A11)

平时其实任务挺重的,要看大量的预习(内容)和文献。相对来说,国外这种自由的 task(任务)比较多一点,挺看重学生自主性的。(留学生 A5)

我只能说,我对我们专业老师的印象是他们给学生很大的自主性,但一旦你有问题去找他们,他们会给你很细致的帮助。比如如果你有一本书找不到,写论文用到图书馆没有的资源,老师会很乐意帮你一起找。他们很乐意帮助你,和你探讨在你阅读后产生的问题。(留学生 A10)

但是,这样尊重个体意愿和选择的个人主体文化,也有消极的一面,会出现教师放任自流,导致学生学习自主失败的现象。

相对来讲,学生就会有更多的自主权。但是在英国,大家都还是相对更自由一些,环境也非常开放,可能不像在中国考试这么有压力。英国可能参差不齐,比如一场考试从 0 分到 100 分,啥都有。在中国,如果你通过一定系统的训练,可能不太会挂科。(留学生 A6)

有学者在自身的跨文化经历中曾听说外籍教师对西方师生关系的另一种解读,这对理解英国教师的敬业和学生的自由或许有一定的启发。在这位外籍教师看来,"西方文化中的人际关系是协约或合同的关系",因而"学习的过程就是执行合同的过程"。这种合同关系会激发教师和学生履行职责的自觉性,教师努力完成教学任务,学生努力完成学习任务。"但是教师没有权利和责任去督促和教育学生。"所以,在这样的文化背景下,在学习上自觉和不自觉的学生,出现了很大的分歧。[1]

三、教学方式

本文在这一节所指的教学方式比较接近苏联教学论专家对教学方法的定义,因为他们所定义的教学方法涵盖了教学模式和教学过程:"教师是和学生在教学过程中解决教养、教育和发展任务而展开有秩序的、相互联系的活动的办法。"[2]

英国是一个传统与现代并存的社会,这种特点不仅仅体现在教育场合明显可见的着装、学校的校舍,也体现在教学中。教学是由老师的"教"和学生的"学"组成的人才培养的活动。英国留学生教学有现代班级授课制的成分,也延续着传统导师制的特点。高校一般采取多种教学方式,有讲授法、讨论课、展示课、实习等,但是本科留学生 A13 认为教学方式以"讲授法和讨论法为主"。

这里借助财经专业本科留学生 A14 在 2021—2022 学年的各类教学形式的课时安排,对英国高校教学的基本形态略窥一斑。在总学时 400 课时的大前提下,讲授(Lecture)占 60 学时,辅导/专题研讨(Seminar/Tutorial)占 36 学时,终结性评价(Summative Assessment)时间占 8 学时,课程层面教学(Programme Level Learning and

---

[1] 李慧杰,赵毓琴.跨文化经历与反思[M].北京:经济科学出版社,2012:186.

[2] 邵士权.我国高等学校教学方法创新研究[D].武汉:华中科技大学,2011:11.

Teaching)占 8 学时,指导学习和自主学习(Directed Learning and Independent Learning)时间共占 288 学时。讲授、辅导、专题研讨和自学等具体的教学形式不是彼此孤立的,而是相互联系的、相辅相成的、为达成教学目标而设立的一系列教学活动。从时间分配来看,学生自主学习和在教师指导下开展学习的时间占了 72%。可以说,课时分配既说明了学生在学习中的主体性,也说明了教学形式的多样性。

(一)讲授

讲授,即英文中的"Lecture",大概有两种可能。一是一名教授一对多的,学生规模较大的讲座。二是教师的课堂教学,也就是留学生所说的"正课"。这是英国高校留学生的主要上课形式。经受访者描述,这一课型与国内的课堂比较相似。教师通常在第一节课时对课程进行一个总体的介绍,让学生对课程有一个大致的印象或了解,然后在接下来的教学时间按照专题和板块来讲课。课程内容涉及概念、理论等知识点。正课有时也被称为讲座(lecture),相对来说,它主要是老师讲授、学生倾听的一种形式。

但与国内不同的是,课程的知识面往往比较广,知识点也比较多,老师不会画重点,以至于"感觉所有的东西都是重点"。学生在课前已经阅读了很多阅读材料,上课的时候,老师会在这些材料的基础上继续发挥,旁征博引,比如说:"谁说过'任务型教学是什么……',就引用几个人的话,很多都是他自由发挥地讲一下他自己的例子。"总体的教学内容给人的感觉"范围很广"。还有一个因素是担任教学任务的通常是一个教师团队,而不是教师个人。一支教师队伍共同分享的内容和一个教师教到底的教学方式给人呈现的知识有很大的不同。本科留学生和硕士留学生都有这样的看法。

访　谈　者：一堂课里,老师的教学重点一般会在哪一方面呢? 采用的主要教学方式有什么?

留学生 A13：教学的重点太多了,感觉所有东西都是重点,因为考试老师也不给你画重点。

访　谈　者：你觉得英国大学和中国大学最大的区别在哪里?

留学生 A11：在于教学吧,也是学校的核心。教学内容、知识面、范围、广度、教学方式等都不一样,比如说没有统一教材,所以不同学校在同一专业上内容也很不同,但范围基本都很广。

比较多的留学生认为教师在讲课的时候可能不会就知识点进行面面俱到、细致入微的讲解,而是点到为止。"PPT 不会像我们中国的老师那样有很多东西","老师不负责给你解释基础性的知识"。而且,教师也不是非常在意系统性知识的传授。国内学者也认为:"在英国的高校的课堂上,由于学生可随时打断教师的讲课,有时候还就某一问题进行长久的讨论,导致教师往往无法完成预定的讲授内容。前半段的内容还讲得比较详细,后半段的内容往往蜻蜓点水,一掠而过。"[①]但是,在本研究中,也有另外一种较为小众的观点,来自数学系留学生的经历是教师讲课不是散漫,而是很严谨。学生听老师讲的时间比较多,课堂讨论少。所以,如同留学生 A13 所说,"教学形式可能和专业有关"。

我觉得教学形式可能和专业有关,因为我是学药学的,我们课堂的速度很快,老师讲 lecture(讲课)每张都过得比较快,这就需要你提前去准备,比如说把一些专业术语查明白。(留学生 A13)

老师会把自己的想法从头到尾地给你讲出来,就是因为数学都是很讲究逻辑的,老师会把自己的逻辑从头到尾像盖楼一样,慢慢给你

---

① 刑殿普.感受英国高校教学特色[J].上海教育,2006:34-35.

搭建起来,比如说你想了解一个非常难的定理呀,你得从非常简单的几个定理慢慢往上搭建,老师会在课堂上,慢慢地给你灌输,但他也会把这些整理成一份笔记。(留学生 A6)

以下就留学生反映的教师讲得不是很详细或缺乏系统性的原因尝试进行解释:一方面,老师认为学生已经在课外大量阅读的前提下有备而来;另一方面,知识的灌输不是重点,而且下课后,学生可以自行学习课程的相关内容,去理解和弥补自身的知识缺陷。毕竟,教师课前发放的阅读教材已经划定了这个板块或专题的核心内容和外围内容。而且,建构主义的教学观改变了教师对教材等的看法。阅读教材的内容并不是教师传授的内容,而是学生主动建构意义的对象。在中国,授课内容往往和考试内容密切相关;在英国,授课和考试的关系不是那么直接,在留学生 A14 看来:"考试的内容跟我平时学的内容是差不多的。然后压力会小一点的吧,因为平时都会讲过,但有些课程平时讲的和你考试内容没什么关系,而且考试常会引入校外专家评审。"所以,教师讲课的面会比较广,而不是细讲某个知识点。教师在讲授的同时,也注意与学生的互动,希望学生"去讲一下自己的看法",或者回应学生的提问,就某一个问题进行讨论,注重学生对知识的理解和消化。

老师会准备 PPT,然后给你讲一下知识点。互动会比较多,他很多时候会希望你讲一下自己的看法,然后也跟你分享一下他的看法。(留学生 A1)

比如他觉得任务型教学,他觉得为什么好,我们应该怎么去应用?接下来就大家小组讨论一下,你觉得任务型教学有没有用,或者它和这个交际型教学相比哪个好?(留学生 A5)

在课堂上,教师引导学生去讨论,学生若有问题,也会在课堂上积极提问。教师会默许和鼓励学生问问题,即使放弃讲课内容也无所谓,总体课堂氛围比较活跃。可见,英国的"正课"既有教师的个人讲解,也有师生和学生之间的讨论。与国内的教学相比,英国的教学更加注重交流。但是,有些期待老师在课堂上系统讲授知识的留学生也会难以适应这样的教学方式,感觉学不到东西。以下是留学生对课堂互动的印象和观察。

英国大学的课堂不大会遇见冷场的情况。除非他问的问题特别难。一般大家会的问题,都会有人回答,课堂氛围可能比较活跃,提问题的同学也挺多的。只有全场所有人都听不懂的时候,可能比较安静。(留学生 A13)

教学方法上主要以学生讨论为主。我遇到一个英国的老师,他也引导学生讨论,但是不太好的地方是,他只会按照 PPT 上的内容讲。但还有一些老师是不按照 PPT 内容讲的,或者他会另外讲一些内容,就是每个老师的教学风格都不太一样。但总体来说,每个老师都很nice(好),非常欢迎我们问问题,也非常喜欢我们上课讨论,课上可以自由发言,不需要举手,课堂氛围比较活泼。(留学生 A9)

挺满意的,我在英国上学的时候,自己的独立性提升了很多,性格也变得开朗了一些。可能经常会参与一些教学活动,有一些讨论,我觉得和国内的教学不太一样,感觉在国内很多时候都是坐着听老师讲课,互动性也不是特别强吧。(留学生 A16)

正式授课作为一种主要的教学形式,持续的时间为 2 个小时左右。这个时间有一定的灵活性,不是很严格。但是,教师课堂授课的时间相对较少,只占教学时间的 1/2,①②其余时间留给学生自学和开展讨论。如同以往的国内研究所说:"英国高校在总授课学时中,教师讲授占较小的比例,学生自主学习占较大的比例。这种自主学习要求

---

① 陈素燕.英国诺丁汉大学中国学生留学体验调查[J].全球教育展望,2004(10):73-76.

② 王来武.中英大学教学模式比较研究[J].大学教育科学,2004(1)90-92.

学生在课下用大量时间准备。例如：80 学时的课程，讲授和研究各 40 个学时，40 学时的讲授中，一半为课堂讲授，一半为指导作业……"①本研究的访谈发现，英国留学生无一例外的有讲授课和辅导课，但在时间的分配和具体的形式上彼此有所差别。如：文科留学生 A4 经历的讲授课和辅导课的时间分配是 1∶1，与以往研究中的发现比较一致。但是，理科留学生 A6 经历的比例是 3∶1。

我们专业也是，像必修课一节课是 3 小时，那么前一个半小时是在大礼堂里面，请一些很厉害的教授来讲课，然后后面一个半小时再分成小组，形成 6—8 组，然后大家围在一起，就刚才的内容进行讨论。（留学生 A4）

假如说我一年选八门课的话，大概前两个学期，每个学期选四门课。每门课在一个学期当中，是有 30 个小时，一共十周。每周 3 个小时是一共 30 个小时的正常上课来的，每周一个小时一共 10 个小时的习题课，就是 tutorial。（留学生 A6）

(二)辅导课和专题讨论课

英国高校在"正课"结束之后，一般会安排一堂讨论课，通常称作"tutorial"（辅导课，又称分组讨论）或者"seminar"（专题讨论会）。由于两种课型对应的教育目的不同，前者比后者更为常见。

1. 辅导课(tutorial)

以下分别从文科生和理科生的视角来看英国高校留学生的讨论课如何开展，因为与留学生学段这个因素相比，文、理科对辅导课教学形式的影响更大。

(1)文科生经历的辅导课

分组讨论课在字面上是辅导课，但是主要以小组交流互动的方式

---

① 杨爱英.中英高等教育教学模式比较研究及启示[J].黑龙江高教研究，2006(9):172-174.

来开展教学,所以这个课名在留学生的口中也就变成了分组讨论课。小组讨论作为"正课"的延伸,是一种常见的教学形式——"讲师会经常设置小组讨论,让大家参与到课堂中"。小组讨论课的内容主要是针对前一堂"正课"的主题,进行更为细化和深入的讨论。为了使讨论达到更好的效果,一个小组有3—6人。

　　小组讨论就是小班教学,十几个人,分成4—5个小组。(留学生A8)

　　小组人数的话,有几门课少则四五人,多则六人,最多六人。(留学生A7)

　　我们因为人比较少。一般小组讨论的话是4—6个人,有时候也可以pair work(双人讨论)。(留学生A5)

　　在小组讨论中,学生有一个准备的过程,教师会参与其中。参与教师的身份多种多样,有的是讲座教师,有的是课程教师,有的是博士生,但是课程教师最为常见。乍一听去,辅导课似乎技术含量不高,但是各种职称的教师都会参与其中。

　　正课就是老师站在上面讲,我们在下面听。下半节课,我们会分成6—8个小组,然后去小教室,每个小教室会有一个老师在场,然后我们就会在一起讨论正课内容。课前有时候老师会布置reading(阅读)让我们去看,如果老师课前在网站上布置作业的话,一般先提出一些问题,那在后半节课分成小组讨论的时候,老师会带领我们继续做一些深入的探讨。(留学生A4)

　　每一门课会有好几次小组讨论,在正课讨论主题上附加的材料,内容更细化。然后会有一个助教来带你,有些就是给你材料,让你做那个presentation(发言、展示)。还有就是,他会把资料准备好,然后给你们几个课题再进行讨论。(留学生A1)

　　助教如何带领?他可能会指导学生去关注一些知名教授和知名学者的论文、前沿的评论等。

访 谈 者：正课讲什么内容，tutorial 又是关于什么内容的，两者之间有没有联系？

留学生 A15：像当时我们讲了一个和时尚美学相关的课程吧。我们提问题的时候，老师会引入一些内容，比如说，英国当地特别厉害的一些教授的言论，还有英国的一些时尚杂志，他能从很多方面去给我们做一个指导。

助教还有另一个重要的职责是组织、控场。准备之后，学生开始讨论。小组合作讨论的意思是每个小组在准备完毕之后，推选小组代表陈述意见，然后小组之间互相提问、回答，形成"大家都参与到课堂中"的局面。这个时候，学生能够比较自由地表达自己的想法。

根据 lecture（讲授）的内容进行小组讨论，每个小组派代表发言。以学生为主，学生尽可能地多说话，老师能不讲话就不讲话。他们会很期待看到学生有观点冲突碰撞，进行 argue（争论）。（留学生 A8）

如同学生提到的，老师不仅允许，而且"很期待"看到学生讨论中不同观点的"冲突和碰撞"，乐意和学生一起探讨。对于这样的教学方式，英国学者认为"学生在辅导课上的参与很重要，能够让辅导课变得更有效，更有价值"；国内学者认为这种教学的"目的是锻炼学生的动手能力和分析问题、解决问题的能力，通过冲突来达到对事物的深层次的理解，同时培养学生的集体协作意识"。①

以下是来自教育学专业留学生 A4 的一个小组讨论的个案，它有助于进一步认识"正课和讨论课"之间的延续性，讨论课的课前准备，以及讨论课的主题和形式。

我们在上 what is education（教育是什么）的时候，第六周的主题

---

① 杨爱英. 中英高等教育教学模式比较研究及启示[J]. 黑龙江高教研究，2006(9)：172-174.

是 aims and schooling,即学校教育的目的。课前,老师给了我们两篇很重要的论文。论文是关于两个学者对于同一个问题而写的,但是两个学者的角度是截然相反的,两者的观点是相悖的。上课的时候,教授把自己的想法讲了一下,然后又讲到这两个学者的观点。

我们在上 tutorial(辅导课)的时候,小组老师就带着我们具体地去看了一下这两篇文章,他们对于这个问题,是怎么批判的,文章又有什么局限性,然后我们自己如何理解。

这个 tutorial(辅导课)要求我们提前分好小组,就是每周会有两个学生做 presentation(发言、展示)。你自己想主题,但是需要和这一周话题相关,或者和文章相关,你要有自己的一些理解,然后要说给大家听。大家再根据同学的发言,进行一些延伸的讨论。再由老师带领我们去做他教学任务中规定的一些内容。

值得一提的是,文科留学生的辅导课以小组讨论最为常见,但是辅导课并不仅仅意味着小组讨论,有时是小组讨论,有时是两人讨论,有时是师生之间的互动。

(2)理科生经历的辅导课

本研究的硕士留学生样本一共有 11 名,其中文科生有 10 名,理科生 1 名,而且文科生中有 8 名来自教育或者和教育相关的学科。因此,以上有关辅导课的描述更大程度上体现了文科的情况,尤其是教育学研究生所经历的辅导课。当笔者去关注理科生辅导课的时候,就出现了例外,因为他们的辅导课主要是习题课。但辅导课上会有教师在场,辅导的内容会更加"深入",是对他们现有水平的"拔高",这点又与文科生的经历相似。

访 谈 者: Tutorial(辅导课)主要是在做习题,还是说也会展开一些讨论?

留学生 A6: 像物理系都会做实验,我们主要是做题,或者有什么不会的就问。

访　谈　者：可不可以举一个例子，你们这个星期的正课讲了什么？你
　　　　　　们的 tutorial 有没有进行延伸？

留学生 A6：没有的，主要的内容还是在 lecture 里讲，因为 lecture 讲的
　　　　　　就是我们课程所有的内容。Tutorial 会有拔高，但不在考
　　　　　　试范围之内。老师和一些他的博士生会来帮助我们。

访　谈　者：就是这个时候，你们的老师一般也都在场？

留学生 A6：嗯，大部分时间都在场，如果老师实在是有事情的话，他带
　　　　　　的博士生会来帮助我们。

这里可以做一个初步的推断，补习只是辅导课上的目的之一。辅
导课是继教师的讲授之后，为了达到对专业知识更加细致、深入学习
的目的，由老师主导，确定教学内容和形式，还教室于学生，主要让学
生自行开展讨论或完成作业，老师在旁辅导、学生完成学习任务的一
种教学形式。

（3）其他辅导形式

说到其他辅导形式，不得不说的是牛津大学与众不同的导师辅导
课（tutorial）。针对牛津大学本科导师制的学生体验研究指出牛津大
学的导师制在性质上是"教育系统中的主要构成部分"，导师负责学生
在"某课程领域的学术成长和能力训练"，这与英国其他高校承担学
业、就业、生活等综合辅导的个人导师的职责不同。[1] 以化学系的学
生为例："在本科的三年学习中基本的安排是一天两节大课，一个星期
两次导师辅导课，一个星期一天半的实验课，还有一些随意的选修

---

①　陈晓菲，刘浩然，林杰.牛津大学本科导师制的学生学习体验研究[J].比
较教育研究，2019(3)：39-45。

课"。① "大课"应该就是前面所说的,英国其他高校的"正课"吧,没有固定的教科书,只有阅读书目和材料,课前需要大量的阅读,课后需要时间消化。牛津大学本科生的导师制教学大概包括辅导前的阅读准备,辅导中的学术交流,辅导后的反思、评价和总结等。它给予学生充分关注,借助师生之间个人互动来取得教学效果。这种教学方式在多达上百人的"正课"和开展各小组讨论的辅导课中难以实现。此外,牛津大学的本科导师制在规模上"以 3—4 名学生为平均单位","倾向于个性化的人才培养方式",而不是趋同于现在广为流传的班级授课制。② 为了进一步了解牛津大学的导师制,笔者请教了牛津大学的毕业生。就她的见闻和经历而言,牛津大学的本科导师制(tutorial)"绝对是个性化的教学",每次小班上课,学生所在的班"非常小,有时候就两三个人对应一个 tutor(导师),基本相当于一对一的,(辅导)是定期的,而且是比较频繁的。"虽然不同来源的研究资料在规模小到什么程度上有出入,但是这些研究资料都能说明导师制教学的超小规模足以开展个性化教学。这样小规模的本科教学似乎在其他欧洲发达国家也不太可能。有讲述牛津见闻的作者提到:"我的德国学友非常羡慕牛津大学的本科生。本科生一个人一个导师这在德国不可能,太奢侈了。"③国内研究认为牛津大学导师制的目标内涵是帮助学生"解答疑惑","提供学生探究知识的方式""培养学生跨学科的分析能力""实现师生之间观点碰撞与新想法的生成",体现了"个性化的指导方式、平等、包容与权责清晰的师生关系、重视原著阅读的研导内容,多元背景

———————

① 张剑.走进牛津大学[M].北京:中国轻工业出版社,2012:36。

② 陈晓菲,刘浩然,林杰.牛津大学本科导师制的学生学习体验研究[J].比较教育研究,2019(3):39-45。

③ 张剑.走进牛津大学[M].北京:中国轻工业出版社,2012:135。

的同伴作用这四个特征"。① 在本研究的样本中,作为教学形式的导师制基本没有出现,被访留学生只提到作为辅导的,有可能包括部分学习辅导在内的个人导师制度。其中的原因大概在于样本的有限性。在教学部分的研究中,没有包括牛津和剑桥大学的留学生样本。在这节的其他教学形式部分,只讨论访谈数据中出现的学生展示课程和教授讲座。这些形式的课程可能在学分课程内,部分游离在学分课程外或者完全游离在外。无论如何,这些形式与前面从(一)到(三)中提到的普遍的教学形式相比,独具特色。

2. 专题讨论课(seminar)

专题讨论课和辅导课有一个共同点——注重交流。

但是也有不同点。首先在时间的安排上,辅导课是在正课之后,就其教学主题对学生开展的进一步辅导;专题讨论课是学习到一定的阶段后的分主题研讨。两者的频次也有差异,根据本研究的资料,编入课程教学时间的专题讨论课会大概一个学期 1—2 次,但是辅导课可在每次正课之后开展。而且,两者对学生知识把握程度的要求也不同。专题讨论会建立在学生对相关主题知识把握的基础上,学生到专题研讨阶段已经能够呈现自身的学习成果或者科研成果,而辅导课一般还在相关主题的初学阶段。这也是费孝通先生在《留英记》一书中认为习明纳(Seminar)"在欧洲各大学指导高年级学生时被采用"。②

以下是留学生 A4 所经历的一次令人印象深刻的专题研讨课。

我印象最深刻的是 what is education(什么是教育)这门课里,在第八周还是第十周的时候有一个 seminar(专题研讨)。我们分成小

---

① 陈晓菲,刘浩然,林杰. 牛津大学本科导师制的学生学习体验研究[J]. 比较教育研究,2019(3):39-45。

② 费孝通. 留英记[EB/OL]. (2017-05-12)[2021-11-10]. https://www.sohu.com/a/142232222_507402.

组,做一个 poster(海报)。每个 poster 的主题,比如说 group 1(组 1)的主题就是我们第一周讲的主题,group 2(组 2)的主题是我们第二周讲的主题,根据你的理解,把它做成一个海报。每个小组做成一个海报,然后在一起探讨,会有老师跟你去讨论,同学之间有交流。做完海报之后贴起来,大家再一起去看,再去讨论。你要说目的的话,我觉得可能是对本学期上的所有内容的一个回顾,更深入的一个思考,对你感兴趣的 topic(题目)的深入思考。

在这个个案中,学生的任务是分组呈现对某一个主题的理解,然后和全班同学交流。在这个过程中,学生能以各种各样的方式展开交流。首先,组员之间为完成海报制作展开的交流;然后,老师和各小组成员之间也有交流;最后,是各个小组成员和其他班上同学之间的交流。交流不是形式上的交流,而是实质意义上的,出于兴趣、疑问和信息交换等目的的交流。仅以第三种交流为例,当学生把海报贴起来的时候,其他同学会出于自身的兴趣和疑问等被某组的海报吸引,这个时候,制作海报的同学和对这一海报感兴趣的同学之间就有了交流的契机,交流就自然发生了。学生在各种交流中对所学内容进行回顾,完成专题研讨,从点到面,相互学习,共同进步。

作为一种教学方式,专题讨论似乎不是很常见,但是作为一种学术活动,专题讨论在有些学校很常见,每周一两次。这种专题研讨听上去和学术会议的研讨就比较相似了,更多的是科研人员之间的学术交流和研讨。学院里的教授和研究生举行专题讨论会,交流研究成果或者研究心得,等等。对于本科生来说,这种高端的学术活动能让他们思考未来研究的方向,预知学术道路的前景,理性地思考和规划自己的未来。

访 谈 者:那你们会不会专门开一个专题研讨课?

留学生 A6:对,我们每周三下午全校都是没有任何的 lecture(讲授)或

者 tutorial(辅导),专门给 seminar(专题研讨)或者是那种
演讲留出时间,在那时学校可能隔一周或者隔两周会组织
一场 seminar。相对来讲,seminar 内容就比较高深,主要
还是由教授们或者说一些学生,展示自己的研究成果的。

访　谈　者:你们会不会参与讨论,还是以观看倾听这种模式为主?

留学生 A6:对。

访　谈　者:目的是什么呢?

留学生 A6:如果你是在研究纯数学,你是在研究应用数学,你如果要
是去听另外一个人的 seminar,那你可能会有一些共鸣,你
可能会找到一些学术研究的共同点,然后怎么学,你去线
下讨论啊之类的。对于本科生来讲,可能是你去听个大
概,对以后的这个发展,或者说你以后读研,或者未来读博
呀,可能有一些帮助。因为很多大学生在上大学之前和上
大学之后的想法会发生变化,可能是你认识的数学和真正
研究出来的数学是不一样的,随时都会变。

　　早年留学英国的费孝通先生认为习明纳(这里所指的专题讨论
会)之所以没有被翻译成讨论会,是因为这样的翻译还不足以传达习
明纳这种教学组织或者教学方法的精神,所以音译的方式一直被采
用。他在留英经历中提到人类学家马林诺夫斯基善于搞习明纳,而且
他的习明纳为他的弟子们所喜爱。在他眼中,马氏的习明纳有如下的
特征:在一个固定的时间里开设习明纳;在一个固定的,摆放好几张沙
发的,不那么严肃的房间里开展研讨;参与习明纳的人不论学术资历,
"凡是要和他谈学术的朋友就在这个时候到这里来";马氏作为组织
者,在每次的习明纳中确定一个大致的方向和问题,安排一两个发言
人,在此谈论的都是一些"书本上没写""课堂上没有讲""一般人类学
家没有想到"的新问题;参与各方都可从这些实地研究中带来的新问

题的讨论中受益。①

习明纳是具有共同学术或者学习兴趣的人们之间开展的研讨,在相互交流中通过个人的分享和彼此的讨论,让参与者从中获得启发,深入思考,拓展视野,了解前沿进展的一种教学形式。

(三)专业实习

有的留学生认为英国高校"特别注重实践"。学校在本科和硕士阶段都可能安排有实习的课程。留英学生的实习也以学校安排或者推荐的为主,而且实习一般都是专业实习。英国的硕士教育学制较短,大多只有一年。本研究中的部分留学生表示学校会安排大约十天的实地调研或长则一个月的实习。以往的研究显示学生可能有长达一个学期和一年的实习时间。如:"一些英国高校实行 one year industry project placement,即学生在企业工作一年,企业付工资,企业和校方都有导师。一些英国高校实行 sandwich(三明治)课程,即校、厂、校交替课程。"②在本研究中,留学生的实习内容可能是参与企业项目,参访当地机构,到私立学校观摩和任教,远距离跨国实践,或者自行开展课外调研,等等。

我们 King's(国王学院)的话,是去一个机构或者私立学校叫 International House London(国际豪斯语言学院伦敦校区),可能类似于国内雅思机构之类的。他们有很多语种的培训,我们去那边实习会拿到一个证书,一个比 TESOL 更高级的证书。实习一个月,会有一个导师跟着你。你每天会上课,每节课都有导师听,会记录你的一些优缺点。然后每节课会写一个教案,他会对你的教案进行点评或者修

---

① 费孝通. 留英记[EB/OL]. (2017-05-12)[2021-11-10]. https://www.sohu.com/a/142232222_507402.

② 杨爱英. 中英高等教育教学模式比较研究及启示[J]. 黑龙江高教研究,2006(9):172-174.

改。一个导师带四个学生。（留学生A5）

像我们专业的话，一般都是lecture（讲授），有workshop（工作坊），然后还有professional practice（专业实习），即比较偏就业的那种训练。我感觉不仅仅要求你学一些理论上的知识，还要注重技能上的培训。（留学生A13）

比较满意吧，因为我觉得英国的学习，特别注重实践。我当时学的摄影，我们就常去欣赏一些作品，比如最开始会走进一些博物馆，一些画廊学习一些摄影家的作品，从构图、色彩方面，自己去试拍。老师会讲很多关于色调、搭配方面的知识，我觉得它整体的研究比较专业一些，而且它会从很多方面，包括艺术、艺术的历史、原理，还有一些哲学表现去共同讲一个话题。（留学生A15）

从以上的访谈资料可以看出，英国的留学生教育对实习的重视不分学段和专业。无论是本科生，还是研究生；无论是教育、艺术还是药学专业，都有实习的经验。英国高校的实习课似乎总有办法找到合适的实习地点，建立成熟的实习项目。而且，这些场所不仅仅在英国。以格拉斯哥大学为例，在该校面向包括国际学生在内的研究生开放的2021年度的国际关系硕士（International Relations MRes）项目中，学生有三天参访布鲁塞尔的机会。这个实习的目的是让研究生亲身体验实践国际关系问题的处理，学生也可借此机会目睹这个炙手可热的就业市场。以往该项目研究生参访的机构还包括欧盟委员会（European Commission）、欧洲议会（European Parliament）、北大西洋公约组织（NATO）、世界银行（World Bank）和苏格兰豪斯组织（Scotland House）等。[①]

---

① University of Glasgow. Postgraduate Taught. International Relations Mres［EB/OL］.（2021-10-06）［2021-10-06］. https://www. gla. ac. uk/ postgraduate/taught/internationalrelationsresearch/.

　　本研究中国际发展专业的留学生 A1 有飞往另一个国家实习的机会。在留学生的印象中,学校的实习项目不仅多——"经常让我们去实践",而且在组织上比较成熟、"完善",校方比较注重建立和开展与实习机构的合作。

　　如果没有疫情的话,我们第二学期就会去非洲实地考察。我们有些课程研究发展中国家的国家政策、经济问题,他们会希望你去实地考察一下,感受一下。每年会在非洲选个国家,乌干达、卢旺达呀。一般去十天,然后给你活动安排表。可能是跟当地政府有合作的,会有人给你讲解那边的情况,也会带你去领略一下当地的风土人情。(留学生 A1)

　　对于专业实习的目的,国内研究认为:"英国高校的实习时间有的长达一个学期,使学生能在实践中更好地消化课堂所学知识,增加在课堂里和书本上难以学到的实际生活经验。"[1]还有的研究也认为英国硕士课程设置比较偏向于实用专业,有利于学生毕业后直接就业。

　　从教学的视角看,实习是一种情境教学。发生在真实的情境中,有利于真实学习的发生,是对非真实课堂环境的有益补充。有效教学的情境学习观认为学校里的学习和现实中的学习有着本质的差别,如果学校学习更加接近真实生活情境中的学习,那么学习会变得更高效,因为学生在真实的情境中,对相关知识产生和运用的条件更加了解,对学习的目的和意义有更加切身的体会,等等。因此,教师应该在教学中为学生提供接近真实情境的学习任务。[2] 英国留学生教学融合了这样的教学观,注重学生的专业实习,在教学管理上也比较完善。

　　实习的时间可能不长,却让人收获不少。英国巴斯大学口/笔译专业的留学生回顾了自身的实习经历并谈了自身的感受:"我从伦敦

　　① 杨爱英.中英高等教育教学模式比较研究及启示[J].黑龙江高教研究,2006(9):172-174.

　　② 司继伟.学习理论研究的主要取向及其教学含义[J].宁波大学学报(教育科学版),2000(6):1-7.

飞到维也纳,开始了在联合国实习的日子。这段实习时间很短,仅仅一周左右,却是非常辛苦、非常充实、非常有收获的一周。"①英国留学生教育中折射出的英国人务实的特点在中外文学界国民性的研究中多有提及。储安平提到"英人最务实。他们大都脚踏实地,实事求是。他们都注重实际的问题而不空谈理论"。② 卡莱尔·托马斯(Carlyle Thomas)认为英国人性格中的务实(practicality)是可贵的品质。③

(四)其他教学形式

1. 学生展示课

展示课在英国高校中是一种教学形式,留学生们通常称为"pre"。这样的教学形式在国内也比较常见,主要是学生围绕某个主题确定自己的发言题目,并就该题目进行资料收集,用自己的理解力和创造力,借助 PPT 等辅助媒介呈现内容,在同学们面前陈述并解答疑问,展示自我。有时,展示课也是教师对学生进行评价的一种平时作业形式,教师和学生组成的考官团就学生的展示进行评分。但是英国个别高校的 pre 会有和国内不同的地方,留学生会被推出熟悉的教室,面向全校师生展示学习成果。

爱丁堡大学做 pre 就是一件非常锻炼胆量的事。虽然我们本科英语专业也经常做 pre,但是一般都是在一个班里,同学之间也比较熟悉了。爱丁堡大学是每个人都要做一次公开的 pre 的,就是全校同学都可以挑选感兴趣的主题去旁听,pre 的时候可能会有四五十人在下面听着你讲,所以还蛮紧张的。(留学生 A8)

---

① 北京步一步教育科技有限公司.留学实录——15 位中国留学生亲身纪事[M].北京:机械工业出版社,2012:173.

② 储安平.英国来风录[A].张新颖.储安平文集(上)[C].上海:东方出版社,1998:331.

③ 纳海.寻找英伦的神话:《霍华德庄园》中的"英国问题"和国民性[J].外国文学,2017(4):14-25.

全校同学都可以旁听其他同学的 pre,这使留学生认为这是一件"非常锻炼胆量的事"。英国会设置这种公开展示课的形式原因有很多。第一,从管理的角度看,系统比较开放,全校比较能实现资源的共享,而不是局限于某个班级或者专业。第二,在价值观上,重视个人选择的自由,全校同学都可以"挑选感兴趣的主题去旁听"。第三,在学生观上,英美国家和我国传统对学生的看法不同。笔者在硕士阶段跟美国教授学习,在两年半的研究生学习中,参加了不下三次的真正意义上的国际会议,与来自世界各国的学者进行学术交流。但是,不妨想想那时的我们,还只是刚刚进入研究领域的硕士生而已。在英美人的观念中,"厚积薄发"这样的观念似乎比较淡薄,而是欣赏敢于在其他学者面前表达自己学术观点的学生;论资排辈的观念也比较淡薄,而是比较平等。师生关注的还是学术本身。

2.教授讲座

英国高校的讲座资源比较丰富。"英国的大学每学期都有许多外部专家讲座,学校开学之初就排出时间表,多数是自由参加。但是也有部分讲座是专门为某门课程开设的,在这种情况下,有关课程的学生就必须参加了。"①平时如果有和课堂的主题比较相关的学术活动,任课教师会负责主导并发邮件提醒,学院层面也会告知学生这些活动。留学生认为英国的讲座和国内的讲座一个明显的不同在于"研究方向丰富,涵盖面广"。

还有一个就是他们的研究方向非常丰富,讲座的涵盖面广。比如××大学的讲座要在指定的几个方向里选,一般比较有限,但讲座研究方向非常丰富,分得也很细致,你可以自己选。但有一个通病是有一些讲座并不如想象中这么让人有收获。(留学生 A10)

---

① 王来武.中英大学教学模式比较研究[J].大学教育科学,2004(1):90-92.

(五)英国留学生教学反思——基于多种理念的教学

以上包括讲授、辅导、专题讨论等在内的教学方式都有一个共同的特点——重视师生和学生之间的交流。如同留学生 A10 所说:"我们国内的课程不怎么重视和同龄人的交流,但是这边很多东西都是和同学讨论出来的。除了论文,所有的东西和作业都需要学生分组完成。"交往教学观认为教学的本质是由师生和学生之间形成交往关系,进行交往活动后产生的交流。不难看到,在英国留学生的教学活动中,无论是哪种教学方式,都比较注重交流。从表象上看,教学以有利于交流的方式进行组织。即使在班级规模较大的前提下,也不乏交流。其他辅导课和专题研讨会更是以分小班或分组讨论的形式出现。在学生自主学习的时间里,也常需要和组员互动完成学习任务。因为师生都习惯了互动和讨论式教学,所以在疫情的冲击下,当线上课程无法如愿开展讨论的时候,留学生就感到失落。线上课程无法像线下课程那样开展有效互动,以致失去了教学通过交往获得的最有价值的部分。师生都认同交流和互动的重要性,如同在"讲授"这一节提到过:虽然教师也许不会系统地讲授知识,但是会停下来倾听学生的问题,并进行相关讨论。也就是说,教师的一言堂随时愿意为课堂互动让位,这在知识教学观支配的课堂中不太会发生。这也反映了英国的课堂教学理念,知识教学观不是主流,注重对话和理解的理解性教学和交往教学观比较突出。

此外,本章也从教学目的、师生角色的视角看到留学生学习经历折射出的多种教学观。英国的留学生教学鼓励学生对他人的观点提出质疑,注重培养学生的批判性思维,具有批判参与的模式(engaged critical model)的教学特色。英国教学注重实践的特点和情境教学的理念密切相关,因为这种理念认为真实的情境能让教学更加有效。在英国留学生教学中,教师只是促进学习、引导学生学习的人,学生才是学习的主体。教学具有满足学生学习需求,促进学生自主学习,自行建构知识等促进性教学和建构主义教学观的特点。是否可以说,在英国,留学生教学实现了各种教学理念的融合,有综合吸收、博采众长的特点,而非知识型教学一枝独秀的教学模式?

本研究主要是从留英学生经历的视角去了解英国的留学生教学,对英方视角的了解比较有限。但是,笔者看到剑桥大学官网以即将到来的国际学生为对象,简要地说明了英国高等教育的基本哲学:一是学习是师生之间的共同责任,老师和学生都有各自的职责和角色。二是学习者必须诚实,互动、讨论、辩论和对话是英国高等教育的核心。(这里顺便提下"诚实"所蕴含的中英文化之间的差别。中国人在课堂上有较多人情的顾虑,但是英国人不太有中国人的面子观念。加上师生之间的相对自由和平等尊重,学生比较容易诚实地表达自己的观点。)三是学生在学习中要积极主动,相互合作。在英国的高等教育中,学生很少被告知他们应该读什么,写什么,想什么,怎么做。因此他们要有自主性,自己调动自己。他们还应和其他学生共同参与活动,如专题讨论会、学生小组展示和其他项目。四是在批判中学得最好。基于批判基础上的判断是英国高等教育学习观的核心所在。学生要去判断某种论点是否一致,是否有据可依。五是如果有可能,学习应进入"真实世界"。英国高等教育特别注重理论联系实践。理想情况下,一个人在学校所学的技能能够有效地融入个人的职业和生活。六是学习是毕生的过程。学习没有止境,所以英国高校提供了越来越多业余和远程学习的课程,或为当地和其他人群提供课程。① 上述科普版本的教育哲学凸显了互动交流的核心地位;协作学习的重要性;学生自主学习的重要性;批判性学习的核心地位;情境化学习的重要性;等等。这与前文在解释教学方式时提到的教学形式及其观念基本不谋而合。

---

① University of Cambridge. Passport to Study in the UK and at Cambridge: A Preparatory Guide for International Students[EB/OL]. (2021-10-06)[2021-10-06]. https://elo. langcen. cam. ac. uk/passport/.

第二节　辅　导

第二节主要探讨作为留学生辅导教师的个人导师如何开展辅导工作。第一部分内容包括个人导师的目标与职责等;第二部分内容包括师生会面,具体包括联系方式,会面次数、时长和方式。

一、个人导师的目标与职责

个人导师群体有高级导师和一般导师之分。因为居于指导地位的高级个人导师在工作目标和职责方面与一般的个人导师有所不同,以下分别进行论述。

(一)高级个人导师(senior tutor)

国内学者认为高级导师的工作职责包括:为学生安排个人导师,完成自身的学生工作,然后就是帮助其他导师开展工作。[①] 他们是如何为其他个人导师提供支持的呢?

首先,高级导师监管学院个人导师的队伍和发展。他们对个人导师的工作提供指导。因为他们对各种支持渠道、学校的政策等比较了解,所以他们能够回应个人导师在工作中的诉求;他们也能为个人导师提供岗位培训和工作指导等。其次,他们能够填补普通个人导师在各个方面留下的空缺。如:学生的个人导师缺位,导师因能力不足无法提供帮助,等等。[②] 帝国理工学院认为:"高级导师的工作是监管个

---

① 李宏芳. 英国高校个人导师制对我国高职教育的启示[J]. 教育教学论坛,2015(33):56-57.

② Grey D, Osborne C. Perceptions and principles of personal tutoring[J]. Journal of Further and Higher Education,2018:1-15.

人导师的工作。而且,他们可以提供进一步的建议,或者在个人导师由于某种原因不在而代其履行职责的人。"①伦敦玛丽女王大学也指出学生可在个人导师无法提供帮助和不能提供帮助的时候向高级导师求助。这种情况大概也包括"当导师与学生之间发生冲突或者遇到无法解决的问题时,可以向高级导师寻求帮助"。② 以上或许能够帮助我们更好地理解爱丁堡大学对高级导师职责的总结性陈述:他们为个人导师的工作提供支持,确保个人导师体系能够有效地运转。

(二)个人导师(personal tutor)

1.目标

个人导师的工作目标是为学生提供学习类和非学习类辅导。但是根据英国各大高校的描述,个人导师更倾向于提供学习上的帮助。而且,不少大学认为个人导师是那个能够帮助学生在学术道路上取得最大成就的人。爱丁堡大学宣称:"在你大学学习期间,你的个人导师会帮助你在学习上取得最大的进步。"③布里斯托大学认为:"你的个人导师了解你,而且会帮助你在学习上取得最大的进步。"④利兹大学认为:"个人导师能够帮助你将自己的成就最大化,并且让你感觉到自

---

①　Tutors. Imperial College London[EB/OL]. (2021-05-03)[2021-11-07]. https://www. imperial. ac. uk/students/success-guide/ug/getting-started/what-to-expect/tutors/2020.10.

②　窦可阳,徐秀玲.英国当代本科生导师制度探析——以普利茅斯大学本科导师制为例[J].吉林省教育学院学报,2019(7):107-110.

③　Personal Tutor. The University of Edinburgh[EB/OL]. (2021-05-03)[2021-11-07]. https://www. ed. ac. uk/studying/undergraduate/student-life/academic/tutor.

④　Personal Tutors. The University of Bristol[EB/OL]. (2021-11-07)[2021-11-07]. https://www. bristol. ac. uk/students/support/personal-tutors/.

己是学院里生机勃勃的学术共同体中的一员。"①为什么个人导师被认为能够发挥这样的作用呢？原因在于：其一，个人导师的学术背景和工作职责，他们精通学术，工作上有义务帮助学生；其二，个人导师因工作关系对学生比较了解，能为学生提供个性化的帮助；其三，由于个人导师的工作特殊性，他们与学生保持长时间的联系，因而最有可能发展稳固的师生关系。因此，学生有可能通过个人导师和学院建立更加紧密的联系。

除了学习上的帮助和辅导，个人导师还为学生提供学术以外的支持，比如情感支持和生活适应等。伯明翰大学所描述的个人导师的功能涵盖了学术和非学术支持。该校认为个人导师能帮助学生实现学术潜能，让学生在一个充满不确定的、变化的、有挑战性的环境中感到安全，并能够经受挫折。

2. 职责

据研究，个人导师的辅导主要有三种基本模式。第一种是教牧模式（pastoral model），导师为学生提供学术和个人事物的支持；第二种是专业模式（professional model），在这种模式下经过专业培训的教职工，其根本任务是为学生提供学术建议；第三种是纳入课程的模式，这种模式把结构化的，以小组为单位的辅导活动纳入正式的课程。② 在美国，与英国个人导师比较相似的职位是学术顾问（Academic Advisor），但是学术顾问和个人导师不同——"在英国高等教育的语境中，个人导师的角色和职能比学术顾问定义的内涵更加广阔，因为

---

① Your Academic Personal Tutor. University of Leeds[EB/OL]. (2021-11-07)[2021-11-07]. https://students. leeds. ac. ukinfo10109/study_support/797/your_academic_personal_tutor.

② Earwaker J. Helping and Supporting Students：Rethinking the Issues [M]. London：Society for Research into Higher Education,1992.

个人导师源自 16 世纪牛津和剑桥大学作为父母代理人的导师体系。"①

总的来说,个人导师类似于综合导师。他们能为学生提供各个方面的帮助。根据英国高校网站的描述,个人导师的职责主要有促进学生学业进步、帮助职业发展以及提供教牧关怀等。在进行综合辅导的时候,他们有时是直接为学生提供帮助,有时是作为中介人为学生寻求帮助或者搭建问题解决的桥梁等。以下的分析分别对应个人导师在学术和非学术类两方面的功用,探讨他们在辅导工作中经常履行的职责。

(1)为学习及其相关事物提供辅导

个人导师促进学业进步。个人导师关注学生的学习情况,为学生的学习现状提供反馈和建议,促进学生学习技能的发展,加强学生的归属感,帮助他们取得更大成就,等等。这项职责也是高校网页中最为普遍描述的。

杜伦大学认为个人导师的职责是与学生见面,监督学生的学业进步,提供一般性反馈,处理和学习相关事物,为学生提供支持。同样,帝国理工学院认为:"个人导师能够就学术发展为你提供建议,辨别你的强项和弱项,为提升学业表现提出方法性建议。"②爱丁堡大学也认为学生在个人导师的帮助下,通过回顾学业进步,反思学习过程,参与学习共同体,处理任何对学习有影响的事物而获得进一步的发展。还有些高校特别指出了个人导师在发展学生学习技能方面提供的帮助。伦敦大学学院在个人导师的网页上说明他们"将帮助你发展独立学习

① David Grey，Corrina Osborne. Perceptions and Principles of Personal Tutoring[J]. Journal of Further and Higher Education，2018(15)：1-16.

② Tutors. Imperial College London[EB/OL]. (2021-11-07)[2021-11-07]. https://www. imperial. ac. uk/students/success-guide/ug/getting-started/what-to-expect/tutors/2020.10.

的风格,帮助你在学习技能的发展方面寻求专家的进一步帮助"。①
布里斯托大学的网页上也说:"他们表明个人导师将帮助学生获得归
属感,为学术技能的发展提供建议,对学生的学习进行反思,并形成学
习计划,为课程学习提供建议,及时回复邮件信息和要求,等等。"②综
上所述,个人导师是和学生一起对学业进行回顾和反思,为学生发展
学习技能和独立学习的能力,处理学习相关事物,加入学习共同体等
提供建议和指导的人。

在留学生访谈中,学生认为个人导师在选课、课程学习、论文写作
等方面都能为学生提供指导。

事实上,在我们选课的时候,我们的个人导师不断给我们发邮件,
这样我们可以确认和调整所选课程。(留学生 B10)

我们在一对一见面的时候,他们会指导我们的毕业论文、必修课
程或者回答我们的问题。个人导师在线上更新课程进度和作业要求。
他们也有义务指导学生的毕业论文。比如说,个人导师会叫学生上交
10 份论文修改稿,然后在一封邮件里回复,提出指导意见和建议。她
非常严格,有很多详细具体的要求,尤其是对我们的论文,她甚至明确
我们发邮件的格式。(留学生 B17)

个人导师帮助职业发展。虽然一个学期见面的时间有限,但是个人
导师有义务在留学生学习期间给予回应。无论是本科生还是研究生,在
学习的不同阶段都有亟待解决的问题。如:在开学初期,主要是对环境
的了解和适应;到了最后阶段,则面临继续升学、择业等问题。因此,个
人导师除了促进学生学习进步,也为其职业发展提供建设性意见。这其

---

① Personal Tutoring. University College of London［EB/OL］. (2021-11-07)［2021-11-07］. https://www. ucl. ac. uk/students/academic-support/personal-tutors/personal-tutoring.

② Personal tutors. The University of Bristol［E B/OL］. (2021-11-07)［2021-11-07］. https://www. bristol. ac. UK/students/support/persnal-tutors/.

实是个人导师在留学生后半段的学习生涯中一个较为常见的辅导任务。贝尔法斯特女王大学认为个人导师的职责是促进学生的反思,在学生课程学习期间为其学术发展提供支持,此外,个人导师还为其他与学生学术、个人、职业发展相关的活动和经历提供支持和指导。同样,利兹大学在说明个人导师帮助学生回顾学业进步,形成反思,发展自主学习的能力之外,也说明个人导师会考虑如何就学生的个人和职业发展,提供最初的建议和职业建议,以及提供课外学习机会等。

个人导师对职业发展支持所能做的包括为打算继续升学的学生写推荐信,为参加工作面试的同学提供口试模拟练习,为学生提供实习机会,等等。"导师会仔细审视自己手里的资源,为学生提供比较好的实践发展空间,把最合适的机会介绍给学生,鼓励他们参与课外活动,促进个人发展。"[1]此外,留学生也能从个人导师那儿获得有关职业规划和硕士、博士申请等方面的指导。

以下留学生的访谈也证实了上述的说法。

是的,在许多方面,我对职业选择感到困惑,他能以自己为例,为我提供一些意见,并提供一些资源。(留学生 B14)

是的,我从导师那儿获得了一些帮助。有一次,我就英国的博士申请发邮件征求个人导师的意见。她就在那个星期的周会上提了这件事并告诉我,她将再召开一个以博士申请为主题的小组会议。她甚至推荐了一位中国导师,帮助我获得更多的信息。(留学生 B17)

(2)为学生幸福提供教牧关怀

在英国的罗素集团大学,如帝国理工学院、伦敦大学学院、布里斯托大学、谢菲尔德大学、爱丁堡大学和约克大学等都提到个人导师要为学生提供教牧关怀。伦敦大学学院指出个人导师将致力于学生的

---

① 窦可阳,徐秀玲.英国当代本科生导师制度探析——以普利茅斯大学本科导师制为例[J].吉林省教育学院学报,2019(7):107-110.

幸福。同样,剑桥大学的个人导师与服务于留学生身心健康的护士保持联络。帝国理工大学的个人导师在各个方面帮助学生,如:福利、金融或教牧关怀。牛津大学的个人导师不仅会"监督学术进步",也会"谈论你所经历的任何个人困难"。

留学生反映个人导师会关心学生。师生见面,导师会问:"最近过得开不开心";学生无论是遇到"心理上的问题,还是身体方面的困难"都可与个人导师交流。他们"帮助学生缓解学习的焦虑"。在留学生B12看来,个人导师更有可能帮助学生进行"精神上的排毒"。当英国人描述导师职责的时候,依然会用教牧关怀(pastoral)这个词。也许,这个词沿袭了英国传统导师制的职能特点。早期英国的个人导师主要是学生的监管人,对当时年幼的大学生实行纪律的管束和人格的塑造等。但是,随着导师制的发展,导师制度逐渐脱离了宗教的色彩,成为一种具有现代意义的教学制度。导师的角色逐渐从牧师转变为教师,但是身份转变后的个人导师依然在关注学生学习、职业发展的同时,关心学生的生活、心理健康等。

总的来说,个人导师在身心发展的意义上是成熟的个体,在学术发展和职业生涯上有相当的经验。留学生在交流过程中,可与个人导师展开求职、学业、身心健康等方面的谈话,获得指导。个人导师是留学生的支持者和引领者,是他们在学习、工作和生活领域的顾问。国内有研究曾经用16个隐喻的方式调查了英国个人导师(N=32)对该角色的认同度,研究发现英国导师最为认同的前三位隐喻角色为:良师益友(3.78)、登山向导(3.41)和教练(3.34),再是并列第四位的咨询师(3.13),朋友和哥哥姐姐(3.13)。① 由此可见,英国教师心目中的师生角色是亦师亦友,他们认为个人导师应该为学生取得更高的成

① 窦可阳,徐秀玲.英国当代本科生导师制度探析——以普利茅斯大学本科导师制为例[J].吉林省教育学院学报,2019(7):107-110.

就,获得更大的发展而提供指导、训练和咨询等。

二、师生会面

(一)联系方式

在大多数英国大学,邮件是师生联系的主要方式。如果要见面,就得通过邮件提前预约。谢菲尔德大学、伦敦大学学院、埃克塞特大学等都鼓励学生以邮件和会面的方式和个人导师多交流,使自己从这段师生关系中受益。学校还提醒学生要及时回复个人导师的邮件,如果不能参会,应及时完成导师布置的任务等。在伦敦国王学院,学校还设有学生和个人导师联系的平台。个人导师会在这个系统上联系学生,学生也要定期到学校平台查看是否有来自个人导师的信息。

学院的网站会显示所有教师的上班时间,每个老师每个礼拜会腾出 1—2 小时和学生交流并回答学生的提问。我们要做的就是看文件,然后发邮件和导师约见面时间。(留学生 B19)

个人导师一般按照自己的时间表行事,可能不会及时地回复学生信息,因此有些高校告知学生有关个人导师回复快慢的信息。曼彻斯特大学在官网上发布:"导师会回复 3 个工作日内收到的邮件,如果他们在休年假,会告知学生。"[①]爱丁堡大学则提醒学生可在 5 个工作日内收到导师的回复。但是,因为中英两国的时间观念差异较大,尽管校方有这样的提示,也并不意味着学生和个人导师的交流会很顺利。这将在本书的第八章满意度解析(二)中进一步说明。

(二)见面次数、时长和方式

在不同的大学,师生见面的次数不同。先看校方在官网建议的师

———————

① 窦可阳,徐秀玲.英国当代本科生导师制度探析——以普利茅斯大学本科导师制为例[J].吉林省教育学院学报,2019(7):107-110.

生见面次数。在帝国理工学院,官方建议师生一学期会见两次。谢菲尔德大学认为一个学期至少应有一次师生会面,分别在十月份和三月份。爱丁堡的学生与导师有三次见面的机会,即第一个学期初始、第二个学期初始、第三个学期写论文之前。利物浦大学在师生会面的细则中表示每个学期的十月份和四月份举行师生见面会,但是三年级学生例外,他们应在九月份与导师见面。从上述高校的例子中可见,校方一般认为个人导师和学生每学期至少见一次。从访谈的资料看,留学生所经历的师生会见较官网显示的数据更加频繁。资料分析发现有下列五种可能:每学期一次(曼彻斯特大学、贝尔法斯特女王大学),每学期两次(华威大学、约克大学、爱丁堡大学等),一个月一次,一周一次,或者是一个学期三四次。不过,因为研究期间刚好是疫情在英国蔓延的时候,所以留学生和导师的见面也发生了改变,如:从线下改为线上,次数发生改变等;从师生见面的地点看,最常见的是在个人导师的办公室,其次是线上交流,最后是在校园里的某个地点,如教学楼或图书馆等。虽然个人导师和学生的见面一般有次数的限制,但是如果学生需要,也可以自行和个人导师在工作时间内约谈或者开展在线交流。留学生反映他们与个人导师见面交谈的时间是10—20分钟。

学生与个人导师见面交谈的方式主要有两种:一对一交谈,一对多交谈,在必要的时候,两种方式会切换。在英国,一对一交谈的情况比较常见。在受访对象中,一对一交谈的占比近一半。以往的研究也指出,所有的学生都会有一位个人导师,并进行个人谈话。[①] 值得注意的是,个人导师为会见多个学生付出的时间是单个学生见面时间的倍数。如果是一对一的交谈,假设每个人10分钟,一个导师带的学生为1—10人,那么个人导师为每次会见付出的时间就可能为10—100

---

① Grey D, Osborne C. Perceptions and principles of personal tutoring[J]. Journal of Further and Higher Education,2018:1-15.

分钟。这份工作对于个人导师来说,可能并不轻松。当被问到这样的付出是否有必要时,有个人导师认为这份工作是学校的规定,此外,导师也在这个过程中了解学生,以便日后为学生写推荐信。①

个人导师制是英国高校最重要,也是最有特色的辅导制度。但是,这并不意味着英国高校的辅导教师仅仅限于个人辅导教师。"随着英国高等教育的发展,特别是进入大众化教育阶段以后,传统辅导模式面临新的挑战,一位导师负责学生所有问题的模式,开始发生变化:导师制度更加细化,出现负责学生一门课程学习的'课程导师'(course tutor),负责学生一年课程学习的'学年导师'(Year Tutor),负责安排和监督行业或专业实习的'实习导师'(Placement Tutor)。"②因此,留学生在谈论学习问题时,尽管个人导师能回应学习上的问题,但是有些留学生会选择其他类型的导师去咨询。如留学生 A9 所说:"别的问题比如关于课程设置的问题,我们会去找 course organizer,就是课程的组织者来解决,或者向学院的管理层寻求帮助。"可见,英国教师的辅导角色分工细,职位比较多。学生遇到什么问题,可以多方求助。但是,学生在拓宽求助渠道的同时,是否个人导师的辅导不再那么必不可少了呢?这个问题在第七章和第八章的留学生满意度部分,能够得到一定程度的解答。

---

① 李慧杰,赵毓琴.跨文化经历与反思[M].北京:经济科学出版社,2012:105.

② 李永山,李大国.英国高校学生支持服务的历史演进和主要特点[J].比较教育研究,2009(9):62-65.

考核与评分

课程考核是教学活动中的重要组成部分,是教学回馈的重要机制。英国留学生教学在考核类型、评分等级和标准、查重和批改形式等方面都有其特点。

第一节　考　核

一、考核类型

从被访留学生的情况来看,英国高校的考核大致可分为两大类:单一型和综合型。前者主要是以论文为主;后者则是包括多种考核形式在内的综合考核形式。这两种考核的共同之处在于试卷不再"一统天下",而只可能作为考核的一种形式而存在。

(一)单一型考核:"论文"

很大一部分文科留英硕士生发现自己在英国高校所经历的考核都是论文考核。学生所写的论文篇数有所不同,教师就先对课程论文进行评分,然后再结合论文数量及其权重进行评分。至于论文数量怎么定,是否分期中和期末,主要依所学课程而定。

我们的考核都是写 essay 的,打分几乎就是 100% 看论文了。论文分期中和期末,如果他只让你写一篇,那就 100% 一篇了。我除了一门课是期末 100%,剩下的课都是期中和期末,然后期中的分会占 25% 或 30%,期末是 75% 或 70%,也有对半分的,就看那边怎么安排。(留学生 A1)

考核是写 essay。就是到学期末的时候,以一篇 2000—4000 字的 essay 来评判你最终的期末成绩。(留学生 A7)

有的课程是期中 2000 字、期末 2000 字,有的课程是直接期末论文 4000 字。(留学生 A10)

虽然"你的论文是什么成绩,你的总评就是什么成绩"(A4),百分之百以论文作为考核的形式并不意味着学生平时没有作业。除了论文,这些留学生平时的作业主要还有课前核心、非核心文献阅读和小组作业。这些作业在留学生学习的过程中发挥各自的作用。如同教材部分所述,课前文献就相当于教材。因为教师在上课时不一定会系统、详细地讲授这些知识内容,但是知识的建构又离不开这些基本的阅读,所以学生对这类平时作业有着高度的自觉。这些阅读作业不仅仅是课堂学习的准备,也是课程论文的前期基础。常见的小组作业也是与英国高校以讨论课形式实现课程内容理解、消化和吸收的教学方式密切相关。每个小组先完成作业,如用理论分析实例、阐述对阅读内容的理解等,然后在师生共建的学习共同体中进行分享和交流。与课前阅读一样,这些小组作业在根本意义上只是学习的一个环节,而不是考核的依据。

访　谈　者:一般用什么形式进行考核?

留学生 A10:我不知道其他专业是怎么考核的,我们的成绩是完全按照最后的论文来定的。平时的 group work(小组作业)只是帮助你更好地理解课堂的内容,比如课堂上引进了一种课程的概念,那课后学习小组就需要研习这个概念,比如制作一个 poster(海报),贴在墙上然后互相交流,实际上是不计分的,只是供大家互相学习和讨论。

除了课前阅读和小组作业这两项主要的作业形式,还有一类作业是学生在期中阶段的学习反馈。这虽然是一篇论文,但不过是教师通过学生反馈进行自我诊断和反思,以便日后调整教学方式的手段罢了。

至于其他中国留学生在本科阶段考核中可能计入平时分的课堂发言次数等也不会作为考核的依据。英国老师对课堂参与的认识有所不同。

每个学期里的课程安排是非常紧凑的,要写各种论文。国外觉得平时成绩是不公平的,不会说老师看得到你人,关系好一点打高一点,看发言次数的情况也是没有的。他们会觉得多发言也是你自己的一个收获吧,不会拿平时成绩来鼓励你多发言。(留学生 A5)

由于上述种种原因,留学生不太有平时成绩,而只以论文作为评分依据。而且,在一个注重学生自主学习、个人自治的文化中,教师对学生是否平时在用功也不是很在乎。

考核全部都是论文。我们一共四门课,这学期两门课,下学期两门课,每门课都是 5000 字的论文。毕业论文是 2 万字。你平时做的作业不算入最后成绩,它会有一些问题让你回答,每周有一些问题。每门课只有最后的论文算成绩,所以平时作业就是你想做就可以做,如果你不想做,不做也没有关系。你甚至不上那些课老师也不知道,你只要写了最后那篇论文就可以。每个专业不一样,我们专业可能自由一点。(留学生 A2)

(二)综合型考核

虽然绝大多数的文科硕士生最后的考评成绩就只看论文,但还是不能根据学段、文科和理科等因素来判断考核的类型。以下的综合型考核形式的出现就不能以某因素一概而论。

1.多样化考核形式与考核目的

还有一部分留学生反映自己经历的是综合型考核,其中包括研究生和本科生。有个别的研究生认为综合考核在学分高的课程中出现,但大部分经历综合型考核的是本科生。他们不约而同地强调考核不是"直接用考卷",或者"真正在考试卷上的考核并不多"。那如何理解"综合"两字？可能有哪些形式呢？

这些多样化的考核形式主要分两类,一类是通用型,另一类是专业特色型。前者包括实践报告、研究成果汇报、论文、案例分析等,后者是一类具有专业特色的考核形式。如：艺术专业学生以"做电影,做漫画"为考核形式,医学院学生的 OSCE（客观结构化临床考试）是考核形式,等等。这些考核主要是考知识的记忆和理解。在英国全国大学生调查（National Student Survey）的问卷中,关于考核这项,特别设置了考核是考记忆还是考理解这样的题项。可见,知识的理解比死记硬背更加重要。这些考核形式也考学生的实践能力。比如研究能力、动手能力、表达能力,看是否学有所思、学有所用、学有所成。留学生对这些综合考核持比较正面的态度,认为比较"人性化""觉得可以""都还不错"。综合型考试在留学生看来是以学生本身发展程度为考核对象的,考查学生各方面知识和能力发展为目的的考核类型。在以下被访的留学生中,有来自文理科和各学段的留学生。先看两位分别来自摄影和时装设计专业的本科留学生。

访　谈　者：在英国就读期间,最常见的是哪种考核方式？你对这种考核方式有什么看法？

留学生 A16：结课论文、实拍考试,还有报告,比较综合吧,不仅考查知识,还要考查应用和表达能力。我感觉比较人性化吧,对于学生的考查也是多方面的,不仅是最终的考试成绩,各方面比较综合。肯定不会说直接以考试卷定成绩,还要看平时一些实践,包括一些交际啊,表达演讲啊。

访　谈　者：你们一个学期的总评成绩,是怎么构成的？

留学生 A15：应该是 30％、30％、40％这样——平时课堂成绩、平时作业和期末大作业。

再看研究生经历的考核形式，其中包括文科生和理科生。

访　谈　者：那你在英国就读期间，考核形式是怎样的？

留学生A11：其实有很多吧，比如有实践考核、研究成果汇报，真正在试卷上的考核并不多。

访　谈　者：你觉得这些考核方式怎么样呢，能不能测出学生的知识水平和应用能力等？

留学生A11：我觉得可以！毕竟应用能力肯定不是单单是对知识的吸收程度，最重要的是理解程度，这在实践中才能表现出来。

访　谈　者：你们平时的作业具体有哪些形式？

留学生A6：Course work（课程作业），你知道这个东西吗？我们绝大多数课90%都是最后期末的考试，就是第三学期内考试，然后10%是平时的course work，可以以各种形式出现。要不就来一次小考试，或者说让你做一次小作业，就做几道题，那种可能是难度稍微大一点，可能需要讨论或者是拿电脑写一些代码。比如数学问题的转换，用计算机模拟出各种形式的操作。……数学必须有清晰的思路，没有思路只有答案是不给分的。基本上就是九比一，最后考试的成绩占九成，平时作业占一成。

访　谈　者：主要是以什么形式来考核呢？

留学生A9：都不太一样。10学分的课程一般就是百分之百以论文为打分依据。但是更高学分的课程的考核方式也会更加多样化，一般是一个presentation加论文。还有一些课程需

要在课前阅读材料然后回答一些问题，会有专门的 App，
这些也会计入成绩。别的形式还有做电影、画漫画等。但
主要是论文加 pre，论文一般占百分之六七十，大部分课程
都是给分数。

由于英国高校众多，研究的访谈对象数量有限，笔者参阅了其他
学者对英国高校考试的评论。从这些学者的观点中，可以进一步认识
或证实英国高校考核的特点。他们的基本观点有以下几方面。(1)考
核形式中闭卷考试"很少"，属于"个别"课程的考核现象。考核形式主
要是论文，其次是课程设计、案例分析等。有学者在研究了英国利兹
大学（University of Leeds）和布拉德福德大学（University of
Bradford)后，指出："英国高校中的闭卷考试很少，以写论文和课程设
计为主，有利于学生综合能力的培养。"①还有学者对英国桑德兰大学
(University of Sunderland)研究后发现只有个别课程采用考试形式。
除了期末的论文，考核的形式主要是个人作业和小组作业。小组作业
为论文和小组陈述(presentation)，这部分作业占个人总成绩的 40%。
个人作业占比 60%，理科生一般做设计，文科生一般做分析案例和写
论文。② (2)注重培养创新能力在内的综合能力。在英国诺丁汉大
学，对学生的评价包括平时的科研水平、实践表现、科研成果和最后的
考试。"考试的答案注重科学性、灵活性、开创性。只要言之成理、自
圆其说，有创新意义和研究价值的都会得到认可和鼓励。"③在曼彻斯
特大学，学生的学习成绩不是以知识的掌握作为衡量的标准，而是以

---

① 杨爱英.中英高等教育教学模式比较研究及启示[J].黑龙江高教研究，
2006(9):172-174.
② 王来武.中英大学教学模式比较研究[J].大学教育科学，2004(1)90-92.
③ 陈素燕.英国诺丁汉大学中国学生留学体验调查[J].全球教育展望，
2004(10):73-76.

解决问题的能力,所以考试题没有标准答案,对于学生不同的解决问题的方案,教师根据"学生的设计方案,分析思路,逻辑性,运用所学知识的能力方面综合考查后评定成绩"。[①]（3）不少高校将平时成绩计入考核总评成绩。上述英国桑德兰大学就已经把平时作业计入个人总成绩。在英国雷丁大学（University of Reading）,平时作业还包括出勤率、个人作业（如:设计、案例分析和论文）。[②]

以上国内学者的研究基本是基于作者本人的观察和体会,只有个别的实证研究说明了人口统计学因素,如来自诺丁汉大学的研究,但是这个研究的样本也是跨学段、跨文理科的样本。如果拿以上基本以个别大学的考核案例作为研究对象而得出的研究结论与本研究的结论相比,不难发现有以下的共同点:考试只是考核的一种形式,而且闭卷考试不多见;文理分科因素对考试形式有明显的影响,而且在考试形式上有一定的规律;采取综合型考核的高校不在少数;考核注重考查学生的综合能力。

2.综合型考核个案

下面以本科留学生 A13 作为一个案例,来看综合型的考核方式如何在医学院学生身上得以体现。她在不同的课程中经历了各种考核的方式。比较常见和通用的考核形式是实验报告和研究论文。此外,她们的学科背景也决定了其他考核方式的多样性。虽然都是考试,但是形式多样。总的来说,这些考试不仅测试学生基础知识的识记和理解、观察记录等技能,也测试学生临场应变、思考问题和解决问题的能力。

① 黄根哲,许金凯,于化东.中英高等教育比较研究——以曼彻斯特大学为例[J].科技教育,2018(28):142-144.
② 刑殿普.感受英国高校教学特色[J].上海教育,2006:34-35.

（1）探望模拟病人

该留学生首先提到的是大一和大二期间比较常见的考试——探望模拟病人。这就是临床医学生奥斯卡（osce），即客观结构化考试。资料显示，这种评估概念始于 1975 年，由英国邓迪大学的 Dr. R. M. Harden 提出。在留学生看来，这种考核方式主要看学生知识积累的深度和临场应变的能力，因为学生在考试中，需要对"很多事情在很快的时间内做出应答"，是知识、技能和态度并重的临床能力评估方法。

（2）机考选择题

考卷上一个题目有七八个选项，难度系数很高，学生不仅需要对相关内容有准确的记忆，还得在规定的时间里答题。根据留学生 A13 的描述，这种"就是几乎都是选择题的那种考试，那种考试就是我觉得是必须得背得很熟才能对。即使它是选择题，但是每一个选项都差不多，就是可能小数点的区别而已，其实还是考查了你平时是否能真正把知识记熟"。

（3）回答问题

这种考试要求学生在两个小时内回答几个问题，对学生平时的积累有很高的要求，临场考查学生的批判性思考能力。

（4）实验报告

在留学生 A13 看来，实验报告相对比较轻松。这种考核方式以记录实验过程为主，同学们普遍都能拿到理想的分数。

（5）论文

论文也是一种考核的方式。留学生 A13 对自身研究能力的提升持保守的态度。但是这种考核形式让她对论文写作有了一个清晰的概念，并且大致知道自己应该往哪个研究方向走。

二、考核难度

无论是单一型考核，还是综合型考核，要在考核中过关似乎不是很容易。对于以论文为主的单一型考核,在写出期中和期末论文之前,需要大量的阅读、讨论,历经个人作业和小组作业,然后再到期末的论文。对于综合型考核,以留学生 A13 为例,虽然她认为这些考试"都还不错,都还比较综合",但是这些考试并不容易,尤其是对于初来乍到的留学生。

此外,中英在教考分离方面存在差异,国内有学者的研究也指出,在英国,"任课老师不负责该课目的考查和成绩评定",①国内的教学,在某种意义上,比较系统和严密。教师和学生、授课和考试之间的联系都很紧密。学生已在一个既定的教学和测试的系统中,只要学习应该学习的内容,考试就没有什么大的问题。但是在英国,教学体系更加开放,学习的知识面广,学生的学习更加自由,考试内容也更加难以控制。英国高校更加倾向于教考分离,这也是造成考试难度较高的原因之一。

国内的课程数量多,这样留给学生自己去思考、去面对疑问的时间就少吧。反正我在国内的学校不会给你布置还没有学过的作业,但是在国外就会给你布置还没有学过的作业。(留学生 A14)

第二节　评　分

中英高校之间的差异也体现在评分方面。这个小节将从评分等级、评分标准和评分方式等各个方面探讨英国高校的特色。总的来说,英国留学生教学的评分等级和标准比较精细和严格,评分形式多样,体现了校方注重公平、注重区分度的评定原则。

---

①　陈素燕.英国诺丁汉大学中国学生留学体验调查[J].全球教育展望,2004(10):73-76.

一、评分等级与标准

在国内,百分制的考试一般以 60 分为界,判定及格和不及格。如果要继续确立在百分制中的等级,一般 90 分以上为优秀,80—90 分为良好,70—80 分为中等,60—70 分为及格,60 分以下为不及格。但是在英国,及格线不同,各个等级的分数线划定也不同。从留学生访谈资料和以往学者的研究看来,各个档次的具体划定分数存在差异。但是,总的来说,各个档次所对应的分数比国内设定的标准更低。一般来说,及格线在 40 分的比较多,偶尔有认定 50 分为及格线的;对优秀的分数认定标准以 70 分以上居多,偶尔出现以 80 分以上为优秀。以下的访谈材料同时涉及本科生和研究生,但是他们反映的情况基本一致。

最大区别就是教学制度的区别,这个制度也包括很多方面,比如说考试成绩,可能英国 40 分就是及格,它可能会给你分成很多的等级,中国一般 60 分及格吧。(留学生 A16)

100 分制打分数的,80 分以上是优秀吧,60 分以上是良好,40 分以上是及格,40 分以下是不及格。(留学生 A7)

50 分是及格,50 多分就只能说写得不太好、缺点比较多,60 多分是良好,即他觉得你整体的框架还可以,但是有一些缺点。70 分以上就很少见,我们这个专业打分挺低的。毕业也是这样,50 多分是 pass(及格),60 多分是 merits(良好),70 多分是 distinction(优秀)。说实话,外国同学我不知道,中国同学我没有看到 distinction 的。(留学生 A1)

国内的学者在研究中英教学模式之后,也意识到了这个差别,并且更加准确地说明了四个档次及其对应的分数:"与我们的百分制不同,英国考核分 A、B、C、D 四个档次。70 分以上为 A,55—69 分为 B,

40—54分为C,39分及以下为D。"①为什么英国高校划定的不同档次的分数线会比较低呢？一种猜测是和评分所站的立场有关。评分以学识和能力为依据,将老师和学生,也将各国学生置于一个平等的位置。所以,学生在某方面表现出的认识和能力,可能会处于一个相较于教师或者其他学生更加逊色的位置。国内的评分,尤其是论文,老师可能会站在学生的立场打分,比如学生写成这样在学生群体里面处于哪个档次。以下被访的留学生似乎也是从对复杂性问题的解决和论证能力出发,来理解为何中国学生得到高分不容易。当然,她还引入了一个语言和教育文化背景的因素。不过,这也从另一个侧面印证了评分的立场问题。

因为本来那些教授也都是一些大咖,那个问题又很复杂,确实拿高分不太容易。贸易那种可能还好,发展问题对中国学生就不容乐观了。我们讨论的是非洲的发展中国家,主要是你在政治上的文化涵养低,这方面可能真的不如英国学生。一方面,英语是母语嘛,他们学起来就本来会简单一些;另一方面,他们一直比较注重培养学生这方面的能力,是在文化素养方面确实有这个底蕴,会强一点。数理化是我们好一点,文科类的,确实是他们优秀一些。他们的确很有自己的观点,很有自己的想法。(留学生A1)

英国高校教师如何评分呢？留学生反应教师在考核之前会发给学生评分标准,学生觉得这样"非常不错",因为教师评分有依据,不会根据印象评分,另外,学生也可以根据评分标准完善自己的作业。评分标准不是一个粗略的标准,而是在每个等级下明确列出相关要求。

我们会有一个评分标准,这边分为四五个等级,每一个等级都有一定的要求。最后的给分也是按等级给分,其他专业可能有所不同。(留学生A12)

---

① 王来武.中英大学教学模式比较研究[J].大学教育科学,2004(1):90-92.

他会发评分,比如说 A 等,你的 grammar(语法)要怎么样,critical thinking(批判性思考)要怎么样,但是你最后看到的也只是一个等级。(留学生 A3)

不少学生认为评分标准很重要,因为它能在相当程度上保证评分的严格和公正。英国和美国的教学在这点上一致:不仅有评分标准,而且是明确的、可以遵照执行的标准。笔者曾经研究过哪些文化差异会影响美国留学生在中国的跨文化人际适应。其中一个很容易发生的中美师生冲突是教师对学生的评分没有标准。美国留学生觉得难以接受,尤其是在感觉自己应得的分数比实际所得的分数更低的时候,容易发生师生冲突。这些美国学生会去找老师理论,问老师没有标准如何保证公平,甚至找上级管理部门解决这个问题。英美国家相信规则,认为规则比人际关系更加重要,他们奉行的是普遍主义(universalism)价值观。也就是说,评分标准是师生都应该重视和遵守的规则。在中国和一些其他国家,情境因素会考虑得比较多。有时处理一个问题不是完全看标准,而是看具体的情境如何。在传统上,更加倾向于特殊主义(particularism)的价值观。这种价值观有它的长处,比如,在某些情况下,它会做出一个更加人性化的判断,避免一刀切。但是,从现有的研究来看,无论是来华的美国留学生,还是留英的中国学生,似乎都更加认同普遍主义的价值观,即在规则面前人人平等。在全英大学生调查中,是否告知评分标准,评分是否公正都被看作评价一个高校的标准。由此可见,英国高校在考核环节有自己认同的价值观和相应的操作规范。

英国高校如何给各个等级的分数确立标准呢?研究发现英国高校一般按照四个档次评分:单纯对事实或者过程描述的只能得 D;有简单的分析和比较的只能得 C;有批判评论的能得到 B;只有那些有创造性新

思想的论文才能达到 A。① 可见,在评分标准上,学校注重学生的批判性思维和创造性。学校注重的是创造性人才的培养,而不是能记住多少前人的知识。只要学生的论文有创见,在论证上有理有据、自圆其说,就有可能得到比较好的分数。或者说学生的独立思考和创新能力比简单的事实描述和分析更有价值。这与他们的教学目的一致。

二、案例:文科硕士生学期论文评分标准

论文是一种常见的考核形式,尤其是对于文科学生来说。以下以英国伦敦大学学院教育学专业的硕士生学期论文的评分标准为例,看英国高校对留学生学期论文如何评判。它与前面国内学者所说的既有相同之处又有不同之处。相同之处在于看重学生的理解能力、批判能力、创新能力、实践能力,不同之处在于评价的维度更加多元。

该学院的评分标准共有六个档次,前三档 A、B、C 为通过(pass),D 为及格(marginal fall),最后两档为不通过(fail)。也就是说,通过和不通过分设不同的情况。尤其是对于不通过的学生,又根据其交作业与否、做作业与否加以区分。

教师主要从三个基本维度进行评分。第一个维度是教师需要判定的是学生对研究领域的掌握。这个维度又分为三个方面:对所学领域的理解和洞察能力,文献回顾的能力,创新和独立思考的能力。第二个维度是学生对研究和方法的理解和评价。这个维度也被分成三个方面,它们分别是对学术研究和方法的理解,对于问题与研究如何创造知识的理解和实践,对资料的处理、呈现和推断的能力。第三个维度是论文的结构、表达和呈现。主要是看组织结构、论文焦点、是否有说服力等。

纵向上这三个维度的各个方面,分别对应于横轴的 A—F 这六个

---

① 李玢.英国的文化价值观念与教育[J].华东师范大学学报(教育科学版),1994(3):43-52.

等级。每个等级下都有相应的具体描述，以便评分教师对号入座。具体情况如表 6-1 所示。

表 6-1　学期论文评分标准

A	B	C	D	E	F
通过	通过	通过	及格	不通过	不通过

研究领域的掌握

A	B	C	D	E	F
能全面透彻地理解，有卓越的批判力和洞察力	能准确地理解，较好地洞察	有基本的理解和洞察力	理解和洞察力不够	对所学领域知道的很少	没写，没怎么写，没交作业
有广博的、批判性的、有洞察力的文献回顾	有宽广的、连贯的、批判性的文献回顾	有基本的文献批判能力	文献回顾不聚焦、不准确	知识基础薄弱，或对产出的知识没有理解	
有高度创新和独立思考能力	有创新和独立思考能力	少有思想	知识应用混乱	没有或少有批判能力，分析欠缺，不一致	

对研究及其方法的理解和评价

A	B	C	D	E	F
对学术、研究和方法的综合与精确地理解，卓越的批判性评价	对学术、研究和方法的统一性理解和批判性评价	对学术、研究和方法有足够的理解和批判性评价	对学术、研究和方法缺乏理解和评价	没有展现自身研究和其他学者研究的技巧	
透彻理解研究问题，研究过程如何创造和解释知识，如何用于自身研究/实践	完全理解研究问题，研究过程如何创造和解释知识，如何用于自身研究/实践	基本理解研究问题，研究过程如何创造和解释知识，如何用于自身研究/实践	对研究问题和研究过程如何创造和解释知识，如何用于学生自身研究/实践缺乏理解	不理解如何通过研究问题和研究方法创造知识和解释知识	

续 表

A	B	C	D	E	F
对资料的创造性和批判性处理、呈现和推断	对资料的批判性处理、呈现和推断	对资料基本的处理、呈现和推断	对资料的处理、呈现和推断不够，或者产生混淆		

论文的结构、表达和呈现

A	B	C	D	E	F
非常清楚、聚焦、有说服力	清楚、聚焦、流畅	基本清楚、聚焦、合格	结构散乱，不聚焦	不能论证/或讨论/应用文献中与本研究相关的例子,本领域的最新研究;文献/证据的参考、学术规范有问题/不相关	

英国留学生的考核评价标准比较精细。校方将研究生培养的目标分解成论文评价中各个有层次的维度,并在每个维度下精细地划分出各个档次的要求。这样,教师在评分的时候,有了切实的依据,能够对每个同学的论文进行较为精确的定位。英国高校在考核方面的精细化管理不仅仅体现在评分标准方面,也体现在学位评定上。学业表现优秀和一般的学生在毕业时拿到的毕业证书并不相同。在曼大,一般平均成绩高于70分的是一等学位,60—70分的是二等学位,50—60分的是三等学位,40分不到的只拿到一般的毕业证书。① 在帝国理工大学,根据留学生A1的经历,该校的毕业证书会根据学生的平均成绩分成三个等级:均分70属于第一个等级,60—70分是二等一级,50—

---

① 黄根哲,许金凯,于化东.中英高等教育比较研究——以曼彻斯特大学为例[J].科技教育,2018(28):142-144.

60 分是二等二级,40 分是三等学位。牛津大学的学士学位文凭也分等级:一等、二等上、二等下、三等和通过。总的来说,评定标准的精细化带来了较高的区分度。毕业于同一所大学的学生也可以在学位上分档定级,体现其学习成就。

三、查重

英国重视学术诚信。从留英学生的访谈资料来看,查重的规定有所区别。他们重视的不是重复的部分有多少,而是重复的部分是否涉及抄袭。留英学生在英国怎样去界定抄袭? 在论文中,谈及别人的观点可以,但是要理解性地去阐述别人的观点,而不是换几个字或者词就可以绕过抄袭的指控。在留学前期为适应和过渡而设的学前课程(pre-sessional courses)中,也在强调这些基本的学术规范,并让学生学会参考、引用、重写等避免学术剽窃的读写技能。

每篇论文都要查重。嗯,我们好像是没有一个具体数字说你超过多少,就算重复这种,是看你具体重复的部分涉不涉及抄袭。(留学生 A2)

要求比较严格。不要说复制粘贴,就算你复制了一句话,然后同义词去转换都是不允许的,因为这个其实也属于抄袭。我们必须有自己的理解,比如说两句话并成一句话,或者说一句话拆分成两句话,要改写一下,而不是简单地把这句话不经过思考,只是同义词转换一下,或者主动变被动,这种都属于抄袭的。(留学生 A5)

笔者在读研究生的时候,美国老师也在写论文前提醒全班学生不要抄袭。我还记得他的原话:Plagerism is a dirty word in western countries(抄袭在西方是一个肮脏的字眼)。在外刊发表文章时,那一道道投稿程序中定然不会忽视的,格外能引起注意的是版权的归属。经过一番耳濡目染之后,中国留学生对学术规范有了战战兢兢、如履薄冰的敬畏之心,因为知道教授对这些学术规范很"认真",而且也有抄袭后被发现、降分处理的前车之鉴。

我觉得大部分老师都很认真,他们对待学术研究都比较严谨,尤其是那种比较有名的教授。他们批你作业的时候会非常注重其中的细节,可以看出他们严谨的态度。我们能做到的也就是保证查重的时候不会太难看。平时我们会特别担心自己的论文被判抄袭,尽管你没有抄袭,但是你很害怕,就是怕不小心跟谁的论文重了之类的。(留学生 A13)

如果你要得高分,比如 70 分,这是挺难的。但如果你要通过,拿个 50 多分还是挺容易的,只要你不抄袭。我很少听说有人挂科,但是我听说有人因为抄袭论文成绩被降到 10 分。(留学生 A9)

有的学者认为英国高校对于少数铤而走险的作弊者,会照章办事,但是并非简单开除了事,而是留有机会——"在惩戒措施上做技术处理,包括对作弊科目及相关数门科目进行追溯,取消分数或者减低等级等。"[1]这种观点和留学生对于作弊后果的了解比较相似。但是也有学者认为学生作弊和抄袭的后果可能比留学生所担心的更加严重,"为了培养学生的诚信、严谨的工作作风,英国高校的考核制度非常严格,一旦学生有考试作弊或论文抄袭的情况,不但该门课程无法通过,还有可能面临被开除的危险"。[2] 无论如何,在杜绝抄袭和剽窃的背后,是对他人知识产权的保护、对公正原则的坚持,对论文原创性的要求,更是对学生诚信学术品格的严格要求。

四、批改形式

一种文化一旦确立了价值观,那么具体的相关操作都会在这个

---

[1] 李昕.寻访大学——中国大学校长的英国学习札记[M].上海:上海教育出版社,2013:63.
[2] 张健如,胡继连,周玉玺.中英高等教育比较分析:教育理念、学制及教学方式[J].山东高等教育,2015(10):34-40.

价值观的指导下出现某种相应的形态;反之,人们在一种文化中看到的具体做法,也都是心理层面价值观的体现。正所谓"文化即交流,交流即文化"。评分环节的公平公正不仅仅体现在评分标准的有据可依,查重环节确保的无抄袭、无剽窃上,也体现在批改形式的考究上。综合学生的访谈和国内学者的研究,总的来说,英国高校的批改形式有三个主要的特点:首先,作业和考卷一般由两名或者两名以上的教师批改;其次,教师在评分时采用盲改的方法;最后,教考分离,任课老师不一定参加评分。

(一)盲改

学生和教师之间的亲疏远近可能有所不同。从人情上说,人际距离会影响教师对学生学业成就的判断。有些留学生认为中国老师在打分上可能会受人情因素的影响。相比之下,英国的教师就会不留情面,就事论事。即使师生彼此认识,关系良好,学生也不能借人际关系从分数上获得评分教师的恩惠。在英国学者的研究中,引用了中国留学生的这么一段话:"在中国,如果你和导师的关系很好,那么你在分数上就有了灵活性,但是在这儿,即使你的导师是你的父亲和母亲……你知道……你导师总是给你应得的分数。"[①]在本研究中,留学生的作业采用了盲改的形式。

我们的作业提交上去时,名字是盖住的,他看不到,只能看你这次作业到底写得怎么样。我们学校比较公正的哦。(留学生 A1)

英国有些大学,如约克大学等,学生以 ID 码识别,这也是类似于盲改的一种形式。

(二)两人评分

除了盲改,确保公正的另一个方法是二轮批改或者分别评定

① Matthew Bamber. What motivates Chinese women to study in the UK and how do they perceive their experience? Higher Education,2013(1):47-68.

(double marked),也就是由不同的老师再次进行批阅。这样做的假设在于,即使在有评分标准的前提下,不同的老师也可能就同一份作业、试卷和论文等给出不同的分数。根据留学生观察,英国教师之间的个体性很明显,每个人都能独立判断。这和中国的文化也有一些差别。留学生说:"这里,个人导师和讲师之间也彼此独立。"①所以,由两名以上不同的教师批阅,比较客观和公正。

第一轮是由一个老师给出一个分,再换一个老师给你打个分,也不要担心课题写得跟那个老师研究的方向不一样,他就给你打低分,他们还蛮注重公平的。(留学生 A1)

最后评分由两个老师来评,有点像我们的毕业论文。先由课程教师评分,然后由另外一个教师评分,两者综合起来才是我的分数。(留学生 A3)

在留学生看来,必修课的批改比选修课更加严格。如果两个老师给出的分数差距比较大,那么第三位老师会参与评分。

如果是选修课的话,比如说我一门选修课总共有四个老师,然后这篇论文就是可能随机分给其中某一个老师,如果是必修课则分给整个学院的老师。我们教育学院,你的论文可能随便发给两个老师,让两个老师同时改分,如果他们的改分有一定差距,他们会讨论后再交给第三个人,然后再去改;如果他们两个改的等级是差不多的,那就是这个等级。(留学生 A4)

在英国的雅思考试中,为了确保客观公正,也采取了这种两人评分的形式。如果两次误差比较大,比如差距大于分值的 5%,那么评分教师就有必要进行讨论,找出原因,再慎重地给一个分数。与前面提及的美国留学生一样,在英国,留学生也可以就评分缺乏公平和公正

---

① Matthew Bamber. What motivates Chinese women to study in the UK and how do they perceive their experience? Higher Education,2014(1):47-68.

性找学校相关部门进行理论。无论出于内化的价值，还是外在的压力，教师都需要慎重地对待教学中的评分环节。

(三)教考分离

根据其他学者的研究，英国高校还存在教考分离的特点。教考分离存在不同的情况，任课老师可能负责出卷，但是不一定参与课程评分。比如，在诺丁汉大学，任课老师不负责该课目的考查和成绩评定。[①] 这让人联想起英国教师授课的特点，知识面广，不画重点。这个和教考分离不无关系吧。一旦教考分离，教师若不负责出卷，那么讲授的内容就不能太狭窄，否则学生禁受不起其他教师出的考题。当然，这里强调的是考核与评分的客观公正：学生学完该课程后，接受统一的检测，在脱离了熟悉的任课教师的前提下，无论是考核内容本身，还是考核评分环节都会比较客观公正。教考分离的其他可能性是，参与评阅的老师不一定都是本校教师，校外教师也参与评阅或抽查。比如，在英国雷丁大学，"上交的试卷要密封，要经过两位教师独立评阅，一位是本校教师，另一位是校外教师"。[②] 在英国桑德兰大学：论文一般是由本校导师和一名由该导师选定的校外导师共同评定分数。[③] 即使参与评阅的都是本校教师，外部考官也会抽查。"作业或考卷由两位教师评分，还要有外部考官进行抽查，以确保公正。还有一点与我们不同的是学生只知道自己的成绩，这就很好地保护了学生的个人隐私，以免伤及学生的自尊心。如果学生认为教师评分不公，还可以向学校有关部门投诉。"[④]

总之，在评分环节，英国高校为了做到客观、公正、公平，想出了各

---

① 陈素燕.英国诺丁汉大学中国学生留学体验调查[J].全球教育展望，2004(10):73-76.

② 刑殿普.感受英国高校教学特色[J].上海教育，2006:34-35.

③④ 王来武.中英大学教学模式比较研究[J].大学教育科学，2004(1):90-92.

种各样的办法并付诸实践。留学生在感受到公正性的同时,体会到了考核和评分环节的严格。因此,师生都按照约定和规则行事。作业按照约定的时间准时交,因为教师不接受学生迟交的理由;还有对学术不端行为的认证等,教师不会对违反规定的学生网开一面;在评分环节,即使师生熟悉,也自觉不受人情的干扰。最后,值得一提的是,对于那些在某方面有学习障碍的学生,怎么办呢? 有学者对英国雷丁大学进行考察后发现,学校方面会"有专业机构做出评估,根据评估结果对学生的课程安排、学业成绩判定标准做相应的调整和照顾,保证合理对待学生"。①

---

① 李昕.寻访大学——中国大学校长的英国学习札记[M].上海:上海教育出版社,2013:154.

第七章

留学生满意度解析（一）

　　本书的第一章已用相关机构的定量研究数据说明了留学生对英国高等教育有较高的满意度。除了机构的调查,其他学者对留学生满意度的研究也基本证实了这一点。一项以 139 名留学英国普利茅斯商业学校(Plymouth Business School)本科学生为对象(中国学生 99名,欧洲学生 25 名,其他国家 15 名)的研究中发现留学生对总体课程(89.9%)、学术支持(87%)和计算机设备(89.2%)较为满意。但是,他们对课程的性价比(39.6%)、专题研讨会(48.2%)、课程的内容(48.2%)的满意度比较低。[①]

　　英国学者用问卷调查的方法调查了留学英国罗素集团高校的中国女留学生(硕士生)对英国高校教学的满意度。该研究发现:留学生总体上对英国的高等教育感到满意(3.77,75.4%)。当留学生被问道:如果还有机会再一次选择留学的目的地国家时,会怎么选? 虽然有 16% 的留学生不会再选择留学英国,但是其他学生还是会由衷地选择英国(4.40,84%)。除了对高额学费感到不满(2.48),留学生对上述英国高等教育的各个方面的满意度数值都达到了中上水平。她们对英国的师资(3.92)和教学质量(3.89)尤其感到满意。[②] 在本研究中,当访谈者问及留中国学生对教学和支持性服务的满意度时,留学生的满意度也比较高。留学生对英国高校教学的哪些方面感到满意呢? 具体体现在什么地方?

　　[①]　Rong Huang. Mapping Educational Tourists' Experience in the UK: Understanding International Students. Third World Quarterly, Tourism and Development in the Global South,2008(5):1003-1020.

　　[②]　Matthew Bamber. What motivates Chinese women to study in the UK and how do they perceive their experience? Higher Education,2014(1):47-68.

第一节　令留学生感到满意的
教学要素及其特点

以下从师资、课程、教学与辅导和评分来说明令中国留学生感到满意的特点。

一、师资

按照职能划分,英国高校教师有任课教师、辅导教师、论文导师和个人导师等。以下从留学生常常提及的任课教师和个人导师这两类教师角色来分析留学生的满意度从何而来。值得一提的是,一位老师可能同时当任课教师,又承担个人导师的工作。以下先从负责教学的任课老师开始,再到承担学生辅导工作的个人导师。

(一)师资充足,专业化分工明确

本书在第四章的师资部分曾提到过英国留学生教育的特点是师资充足。比如,一门课程由3—4位不同的老师任教;有在校外聘请的老师,也有校内的老师;有讲授教师,也有辅导教师;等等。留学生也意识到了英国留学生教学中由多名教师协作完成某门课程教学的模式,这给他们留下了这样的印象:在英国,一门课由多人承担教学任务;在中国,一名老师完成所有教学任务。

访　谈　者:和中国的任课老师相比,他们在职责上面会不会有什么区别?

留学生 A15:中国一门课好像就一个老师讲授,英国会设置助教。比如这个老师更多的是负责授课,然后做一些总结,那个老师主要负责回答学生的问题。

上述留学生的印象和英国留学生教学的模式、管理的理念有关。这也说明了国内外大学的生师比有所不同。英国大学可能有较高的生师比。国内研究发现曼彻斯特大学的生师比为4∶1。[①] 只有在师资充足的情况下,才有可能采取多人协作的教学模式,各司其职。

给你讲课的一般都是教授。不得不承认国外的教育资源确实比国内丰富,每个学校的师资力量都比较强,教师让每一个学生都从"不会"到"会"。国内的教师比较注重拔尖的学生,就是让强的变成更强的。国外教师是把所有弱的都变得很强,这应该和教育资源丰富有关吧。(留学生A14)

(二)教师学术水平和资历

谈到英国的教师,留英学生对大多数教师一般都有很好的印象。一方面,教师比较专业,业务水平比较高。学生不难遇见学术水平高的教授。留学生会用"大牛""大咖""特别厉害的"这些语言来描述一些老师的资历。其中,留学生A6在英国完成了高中阶段和大学阶段的教育,目前在英国继续攻读硕士学位。他遇到过的授课教师,资历让人惊讶。

每个国家的老师都有很有责任感。但是比较令人惊讶的就是,我在高中的数学老师,他是剑桥大学毕业的。我大学的老师就是菲尔茨奖(Fields Medal)获得者,就相当于诺贝尔奖获得者,这是比较令人惊讶的,他们会给你上课。(留学生A6)

另一方面,是学术背景。令留学生感到"非常满足"的是这些教师"能把东西讲得很清楚,讲明白,对自己有很大的提高"。教师的业务水平不仅仅体现在学术能力上,也包括教师的资历,如下一小节中留学生A12所说的教师,是在教育领域多有实践,能把理论和实践相互

---

① 范晔.大众化进程中的生师比与大学质量关系——世界世界一流大学生师比研究的启示[J].教育发展研究,2012(23):8-15.

结合的教师。

(三)教学能力

留学生对教师教学能力的满意度主要来自教学态度和方法。

首先,在教学态度方面,留学生在无意中透露这些老师的教学态度认真敬业。

老师备课用心,准备的课程质量也很高。就算学校安排的那些内容,我觉得也都很用心。(留学生 A13)

我觉得这些老师很认真,他们的思想很深刻。我们专业是小教,很多时候需要与小学教育实践相结合,包括我们的一位老师以前是小学校长,他们都多多少少有小学教学的经验,能够把理论和实践相结合。(留学生 A12)

国内学者对英国教师的观察也证实了这一点,认为"英国老师做事认真的态度是有目共睹的"。如在上一章的考核与评分中,由于考核方式的多样化,批改和登记带来了课外额外的负担。但是,他们少有怨言,而是把这看成工作中不可或缺的一部分,认真完成。①

其次,在教学方法方面,留学生印象比较深的是教师会关心学生,用心调动学生的积极性。他们不是一味严肃,而是会和学生开玩笑,通过玩游戏等方式活跃课堂气氛,调动学习积极性。

这里的老师会关注每一个学生,他们会时常停下来问学生是否有问题,并且很耐心地解答。他们会有不同的课堂形式,也会玩游戏,让课堂更加有趣。(留学生 A12)

在硕士生的课堂上,英国教师也不忘将游戏引进课堂。国内学者在描述英国高校教学的特点时,尤其是在谈到教师的特点时,常常会提到英国教师与学生的互动、轻松愉快的一面,而不是一本正经、不苟

---

① 李慧杰,赵毓琴,等.跨文化经历与反思[M].北京:经济科学出版社,2012:191.

言笑的形象。师道尊严似乎离英国的教学文化甚远,也不符合广义上的英国国民性。文化人类学者凯特·福克斯(Kate Fox)写了一本有关英国国民性的畅销书。她在谈论英国人交流的特点时说:"英国人交流中一个最基本的潜规则是排斥'一本正经'的态度。尽管我们不是唯一幽默的,甚至是善于讥讽的民族,但是英国人或许比其他国家的人更能敏锐地感受到'认真'和'郑重其事','真诚'和'诚挚'之间的区别。"①前者是可以被接受的,后者是违反文化潜规则的,过度地强调自我的重要性、自我认同等,在英国文化中都不太合适,老师也不例外。

有些老师的教学风格,我也比较喜欢。每节课你会回答问题,他会给你发一张小纸片,然后每节课结束后,哪个组纸条最多,他会给你一个黑色的袋子,里面装了很多让人意想不到的东西。你可以去抽奖,每个人抽一个。有时候我抽到巧克力,我觉得还蛮快乐的,这可以提高你的学习积极性和互动参与程度。这是我觉得满意的地方。(留学生 A4)

(四)个性修养

留学生的好印象也来自教师的个性修养:细致、耐心、有趣、友善、乐于助人。留学生认为英国教师尊重学生,会"听取学生意见",课堂上总是在第一时间肯定学生,从不打压学生。在他们眼里,没有愚蠢的学生。

一般老师接受度会比较高,他不会说你这样是做对了或者做错了。就算你讲得再怎么烂,他一定会找出你的优点,然后再委婉地说一下你的缺点,希望你可以改进。而且他们永远先说你的优点,再说你的缺点。(留学生 A1)

---

① Kate Fox. Watching the English[M]. London:Hodder & Stoughton Ltd,2014:79.

我感觉国外老师更懂得鼓励人，不会说你不好。老师点评基本都是评论 good(好)，不打压学生。(留学生 A3)

你随便问一个奇奇怪怪的问题，或者看起来有点傻傻的很简单的问题，他就会说：啊，That's a very good question(那是个很好的问题)，然后他再回答。老师很鼓励你问问题，不管什么样的问题，你都可以问。因为如果你有这个问题，说明别人可能也会有，所以他就鼓励你提问。(留学生 A2)

在英美等个人主义的国家，一切以个人为本位。在葛特·霍夫斯帝德(Geert Hofstede)全球价值观的调查中，英国在个体主义和集体主义维度上，个体主义的倾向非常明显。它在 53 个国家中位列第 3，仅次于美国和澳大利亚。① 孩子们从小的教育就比较注重个人自我良好的感觉(self-esteem)，这种自尊能够帮助他们健康成长，日后养成自信独立的品格。所以，他们的教育向来注重肯定和鼓励。在课堂教学中，诚实的交流是被鼓励和提倡的，所以即使学生的发言听上去不怎么样，也应被认可，所谓"没有问题是愚蠢的问题"。学生在这样的教学人文环境中获得了情感安全，更能自由自在地发言。

留学生对于英国任课教师的好印象还在于教师能够"很乐意"地帮助学生。在个体主义的文化中，个人自治的观念比较深入人心，教师一般都很尊重学生的主体性，但是如果学生有需要，教师也乐于提供帮助。

感觉他们人很 nice(好)，非常乐意帮助我们。(留学生 A9)

我们专业的老师给学生很大的自主性，一旦你有问题去找他们，他们会给你很细致入微的帮助。比如你一本书找不到，写论文用到图

---

① Geert Hofstede. Culture's Consequences：Comparing Values，Behaviors，Institutions and Organizations Across Nations，2nd ed[M]. Thousand Oaks，CA：Sage Publications，2001.

书馆没有的资源,他们会很乐意帮你一起找。他们很乐意和你探讨在你阅读后产生的问题。(A10)

在英国学者以中国留学生为对象的研究中,也回应了上述的研究发现。在所有留学生感到满意的教学特点中,留学生感到特别满意的是英国的教师。他们的好印象来自教师的学历、备课程度、投入、幽默、亲切、热情以及性情好。教师在教书育人的双重角色上表现上佳。[①]

(五)个人导师

留学生对个人导师的满意度来自他们的态度与个性、个人导师制度的可靠,以及个人导师能够提供的帮助。

态度是个体一种稳定的心理倾向,会影响个体的行为倾向性。同留学生对任课教师的印象一样,对于英国的个人导师,中国留学生的积极体验之一是他们的态度和个性。中国留学生认为个人导师"很高兴看到我们""对我很好",很乐意帮助学生。在所有用来形容个人导师个性的词汇中,有泛泛而言的"人比较好",或是具体描述的仁慈、耐心、礼貌和平等,其中,比较突出的特点是"耐心"。

英国的个人导师一般比较好,他们会毫不犹豫地帮助你,尽管你的问题可能和他们的职责无关……我的个人导师是个在国外照顾我学习和生活的仁慈的女性。(留学生B12)

是的,我对他们感到满意,因为他们很有耐心。有时候,我同样的问题问了又问,他们都会回答。我遇见过三位个人导师,他们都很有耐心,学识渊博。(留学生B13)

他是个合格的导师,耐心地听我的问题,做笔记。我必须说他很有礼貌,对我们学生抱以平等的态度。(留学生B10)

---

① Matthew Bamber. What motivates Chinese women to study in the UK and how do they perceive their experience? Higher Education,2014(1):47-68.

在前期受访的 17 名留学生中,有 14 名留学生对个人导师的态度和个性表示认可和满意。留学生 B7 认为"英国在人际关系的礼节上做得非常好""人和人之间有更多的尊重"。英国人中也有一种说法叫"礼貌造就人"(Manners make the man),可能教师群体就更不缺这样的素养了。

在个体主义的文化中,个人导师和任课教师一样,把学生看成独立的、独特的个体,对学生的独立性和自主性予以尊重。个体主义也影响了老师和留学生之间的交流方式。如果任课老师总是肯定和鼓励学生,那么个人导师常常耐心地倾听学生的问题,而且这种交流方式具体体现在:导师虽然"专业",但是会和学生进行"平等"的交流,他们倾听和理解学生的想法,就学生的需求,以"朋友的视角"和学生谈话,提出自己的意见和建议,他们不会将自己的意愿强加在学生身上,或者代替学生做出选择。如果他们的学生有错误,他们也不会急着去纠正,而是给予空间,让他们自己去思考、求知,最后做出自己的选择。

更多的是我告诉他我的选择,他来告诉我一些建议;他不会主动告诉我哪里比较好,哪个比较适合我。(留学生 B1)

我的个人导师只会告诉我,我犯了错误,但我得自己去寻找答案。这对我很有帮助。(留学生 B14)

留学生对这样的交流方式更多的是赞赏,而不是排斥。从他们期待的辅导方式中,也可看到对交流型辅导的认可。留学生 B9 认为教师在辅导中"不要硬生生把学生掰过来",要和学生进行交流。留学生 B16 则认为辅导"要专业,但是要友善,要关注学生真实的需求,理解他们要求和问题之后的想法和理由"。在留学生不认可的辅导方式背后是对师生交流的认可和赞赏。

二、课程

留学生对英国高校课程的满意度取决于不同的方面。如同在课程一章中所说:英方选课管理比较精细,可供选择的课程多,留学生发现在选课的时候"不用抢",而且"覆盖面广"的选修课对研究课题的进一步理解很有帮助。这是令不少留学生"觉得满意的地方"。

但是,留学生在谈到课程满意度时,主要是谈到了课程的实用性。课程的实用性和课程的综合性有关。英国高校的课程教学没有统一教材,但是知识面广。用留学生 A11 的话说:"没有统一教材,所以不同学校在同一专业上内容也很不同,但范围基本都很广。"课程的综合性有助于学生将所学知识运用在实践中去。比如,学设计的学生,不仅学习原理和设计,也学习原材料等,各学科融合后,视野比较开阔,学生在设计实践中也更有把握。此外,课程实用性还体现在课程的培养目标和培养内容结合了企业和社会的需要,符合市场需求。以下的留学生既有本科留学生,也有硕士留学生,他们都认为课程比较实用。

学到的很多东西可以运用到现在的工作中。像我们提到很多的,比如说任务型教学,这在我们的公开课上用了很多,还有交际性教学,也是会用到的。我们的教研员会让学生多说,然后设置一些活动,还要以学生为主体,把课堂还给学生,这是我们平常会用到的理念。(留学生 A5)

在中国大学学到的很多知识,并不能完全用到社会实践中,但我觉得英国大学的教学内容非常实用,课程设置、教学大纲都以社会需求为基础,也经常做一些学术研究,感觉融入社会以后可能不会有那种特别不适应的情况发生。(留学生 A11)

从课程设置的话,我觉得还算满意吧。它可以从各方面去学习,不光只学习平面设计,还能了解一些服装用料方面的知识,让我更了解这个产业和这个专业。未来从事相关工作的时候,也能更有针对性地去做相关的一些实践。其实,课程设置也比较偏重于实践和艺术,就是设计和艺术的结合,所以还是比较满意的。(留学生 A15)

在学分内课程之外,还有学习支持性课程。留学生提及比较多的是写作课程。因为资源有限,这种课程需要留学生抢着上。虽然这些支持性课程未必能一次性解决留学生的语言问题,但是他们认为这些课程比较有用,能够教会他们如何写作、完成作业和论文等。以下两位被访硕士生来自不同的高校,但同样认可写作课程的实用性和有效性,"觉得挺有用"。

学校每个学期还会开设学术写作的课程,但是这个课程容量有限,经常抢不到,比如只有几十个同学可以上。如果能上的话应该也会很有帮助。(留学生 A9)

我觉得还有一个是关于学术写作方面。我们专业有个学术写作中心,每周会有课程列出来,你可以在网上报名参加。内容主要关于学术写作,比如说怎么样 planning and structuring(规划和构建),怎么样 building and argument(论证),一节课大概是两个小时,我觉得对我学术写作上的提高也是很有帮助的。(留学生 A4)

英语培训有各种各样的理念和方式。比如:常见的英语教材一般是根据语言的难易程度,选择不同的话题,循序渐进地开展教学。这样的培训虽然以语言技能的提升为目的,但是和实用的目的相距甚远。英国学前课程的定位是学术用途英语,课程设计直接以留学生学术场合的英语应用能力为目的。所以,尚需适应全英语教学的留学生会觉得这类课程很实用。

三、教学与辅导

中英在教学方面的差异比较大。留学生对教学的满意度也来自教学的各个方面:教学方式、教学效果、教学环境和教学资源。留学生对个人导师辅导感到满意的地方来自师生结对的制度带来的益处和个人导师提供的各项帮助。

(一)教学

1.教学方式

(1)注重互动交流,气氛好

爱德华·霍尔(Edward T. Hall)认为文化和交流是统一的。所谓"文化是交流,交流是文化"。英国的教学有注重交流的理念,也有便于交流的形式。首先,英国的教学以学生为中心,注重互动和交流,课堂互动的形式也比较灵活。不仅是师生之间的交流,也包括学生之间的交流,而且交流的形式可以多种多样。同样,英国的教学方式便于交流。虽说讲授课是大课,但老师也会在授课时间内与学生互动,提问和回答(Q&A)的环节很常见。在后续的辅导课上,更是以小组互动交流的方式开展"讨论课"。研讨课也是便于参与者开展交流型学习的一个例子。这样的教学方式会创造出活跃的气氛。有些教师还会通过聊天、游戏等调动学生的积极性,有意活跃课堂的气氛。学生在这种"有氛围感"的交流型学习中,整体的学习状态比较好。这种氛围感很难描述,但是可以体会。不同文化的交流会带上各自的氛围和情感色彩,一旦有了氛围感,上课可能出现的枯燥乏味都不见了。

　　学习的气氛特别好,而且经常有一些小组分工的讨论,每个人都参与了,所以大家的效率都特别高吧。……课堂整体比较灵活,以学生为中心。国内的课堂可能由于人数太多,大部分是以老师为中心的。……在英国上课的话会边聊一些专业的东西,聊一些家常,这可以活跃气氛嘛,而且也不会让自己犯困。(留学生 A16)

　　有头有尾,国内的话,下课就下课了,不会像英国,还有一个小结。英国的老师会特别注重每个人的参与感,比如说有些课程会让我们小组讨论、小组交流,在这个时候你会感觉自己是特别融入这个课程的。不会说你对这个课程不感兴趣,然后上课的时候一直想睡觉。(留学生 A15)

英国学者在定量研究中发现中国留学生很享受参与,而且希望参与更多。调查显示互动式小规模教学明显受到学生的欢迎(4.21),高于其他两项的得分:没有互动的小规模教学(2.30),以及没有互动的讲座(2.27)。[①] 他还在访谈中发现,很多留学生认为小规模的、个人参与性强的教学是区别中英教育的关键。留学生会说:"都是小班授课,我还是很满意的。"此外,还有英国教师的专业性,课前充分的准备都有利于提高课堂的学生参与度。

但是,这种教学的困难在于:班级太大,学生太多;中国学生因人数多,以至于他们在讲座和讨论课中有压倒性优势,这不利于讨论。[②] 本研究中受访的留学生,对班级人数和班级参与的反映有所不同,学段是一个比较重要的因素。有的本科留学生所在的班级人数少,是小班化教学,非常有利于全班参与的讨论,而且他们和英国本地学生一起上课,文化背景比较多元。有的研究生留学生所在的班级有 50 人左右,中国学生所占的比例很大,因此,不少中国留学生希望他们的班级是个具有文化多样化的班级。

(2)注重知识的理解和运用

留学生课前的阅读量大,课堂教学的知识面广。虽然教师也讲授知识,但是他们随时愿意停下来和学生进行一番讨论。作为引导者的教师不会担心学生没有系统地掌握知识,因为学生可以发挥自主学习的能力,建构知识体系。但是,他们会通过讲解、讨论、实践等方式,引导学生去理解问题,实现书本知识的消化。师生、学生之间的对话促进了精神的平等交流,促进理解。理解性教学观认为:"教师的职责现在已越来越少地传授知识,而越来越多地激励思考;除了他的正式职

---

①② Matthew Bamber. What motivates Chinese women to study in the UK and how do they perceive their experience? [J]. Higher Education,2014(1):47-68.

能,他将越来越成为一位顾问,一位交换意见的参加者,一位帮助发现真理而不是拿出真理的人,他必须集中更多的时间和精力去从事那些有效和有创造性的活动;互相影响、讨论、激励、了解、鼓舞。"①

在情境中学习也能帮助学生在实践中更好地理解和应用所学内容。从情境性教学观看,学校里偏理论化的学习和现实世界中的学习有本质的差别,因此学校应该让学生在趋向真实化的情境下学习,以便让学习更加有效。在留学生 A4 的研究方法课上,学生通过亲身实践去理解各个不同的研究方法之间的差别,体会应如何运用不同的研究方法。留学生 A11 和 A4 分别从以上两个不同的教学方式——讨论促进理解的理解性教学、理论联系实际的情境性教学说明了在英国课堂上如何实现知识的理解、消化和应用。

访 谈 者:你觉得英国大学的课堂教学形式怎么样呢?

留学生 A11:感觉比较有效吧,课前预习要求会很到位,课堂上主要以同学之间交流讨论为主,知识在脑海里得到消化。……研究、演示、讨论,重点在于对某个问题的解决方式和分析过程,重在过程。

访 谈 者:在你看来,老师上课的重点放在哪里?

留学生 A4:我觉得,他们比较注重让学生亲身体验他们讲的东西,比如说讲到了很多的研究方法,case study(案例研究)、questionnaire(问卷)之类的,他们会让学生亲身去体验。他们把学生作为研究对象,然后让学生来给学生发问卷,给学生做 case study,让我们来体验不同研究方法的区别和它们的重点,怎么样更科学地去实践。我觉得他们不只

---

① 张天宝.试论理解的教育过程观[J].陕西师范大学学报(哲学社会科学版),2001(1):160-164.

是从理论层面来讲课。

上述这个例子中的教学理论联系实践,帮助学生理解所学内容,也帮助学生运用了所学知识。知识的理解和运用在教学中得到了重视。以下的留学生对于教学侧重应用能力的培养印象深刻。

访　谈　者:英国大学课堂的教学侧重点主要在哪一方面?

留学生 A16:我觉得肯定是应用能力的培养。比如说你的思维怎么去思考一个问题,即学的东西如何在未来应用到实际的生活当中。这也是为什么我特别支持英国教学模式的一个原因。

教师在讲课中重视知识的运用和英国课程的实用性密切相关。国内学者的研究认为:"英国大学专业课程的设置实战性很强,如法律专业,本科阶段设置多门专业课,教师运用大量教学案例来阐述专业的原则,帮助学生提高本专业实践的意识、沟通和表达的技巧。教学模式注重培养学生的实践工作能力。"[①]再比如地理课,客观的知识都在那里,但是为什么学这些知识呢? 实用性目的为这些客观知识的教学抹上和一个社会的前生今世的重要经验息息相关的色彩:"……学生不仅要记住有关的地理特征,更重要的是要能分析和评价这些地理特征在历史上和在现在对该地区经济、文化、宗教、政治、军事等方面的影响和意义。"[②]

回顾上述课程和教学方面令学生感到满意的特点,再结合英国全

---

①　杨爱英.中英高等教育教学模式比较研究及启示[J].黑龙江高教研究,2006(9):172-174.

②　李玢.英国的文化价值观念与教育[J].华东师范大学学报(教育科学版),1994(3):43-52.

国大学生调查(NSS,National Student Survey),又称"全国学生满意度调查",不难发现留学生的体验和英国主流价值的相应之处。问卷中的选项意味着令学生感到满意的特点,以及英国官方对高等院校卓越教学的一个导向。如在课程教学和学习机会这两项中分别列出的题项有:教师擅长解释,教师令课程变得有趣,课程激发智力活动,课程向我提出了最佳作业的挑战,课上提供了深度探讨观念和想法的机会,课程提供了从不同的题目搜集信息和想法的机会,课程提供了知识运用的机会。[①]

(3)开放自由,鼓励学生独立思考

这里先从教师与学生的视角看这个教学中保持开放包容的特点。留学生认为"英国的老师对世界的看法比较宽广,他们不会只给一个答案,而是引导我们去理解一个问题"。现在各个学科的知识很丰富,而且某个问题本身可以有多样化的视角,英方教师的教学注重解决问题的过程,注重发展学生的思维,而不是直接提供某个问题的答案。英国学者的调查发现,中国留英学生认为在中国课堂上占主导的是客观性问题,在英国课堂上学生则必须要有自己的观点。[②] 也就是说,他们更加注重求知的过程,而不是简单呈现作为唯一答案的知识本身。这样的教学观使得教师对不同的观点持自由的态度。

另外,在英国高等教育高度国际化的现状下,留学生认为学生群体的多元化背景给一个问题带来了宽广的视角。

国外比较开放包容,学习上会给你提供一些思路,老师不会说你这个不对,那个对。他会说:对,是有这样的情况的。我感觉,确实国外文化的交流会多一点,因为我们学生都有不同的文化背景,想法会

---

① 英国大学满意度调查 NSS 结果出炉[EB/OL]. (2019-07-30)[2021-10-06]. https://www.sohu.com/a/244199061_113707.

② Matthew Bamber. What motivates Chinese women to study in the UK and how do they perceive their experience? Higher Education,2014(1):47-68.

丰富多彩一些。（留学生A1）

在英国的话,文化应该相对来说是比较包容的、多元的。我们国家的话,应该还是以汉文化为主。（留学生A5）

在开放包容的前提下,教师又如何鼓励学生独立思考呢？对于学生不同的观点,英方教师不仅仅是出于对个体的尊重和鼓励,还有一个潜在的观念是每个人都能为学习贡献自己的一份力量。学生回答问题不是为了检测学得如何,而是丰富对一个问题的看法。留学生提到教师在一段知识的陈述后,就开始向学生提问。有留学生这样回忆教与学的过程。"一个问题,他会邀请十几个人回答,从不同角度给出答案。这个时候,每个人都被'逼'着进行快速思考和反应,学生成了绝对的主角,而老师的角色只是引导和鼓励。在这样的课堂里,似乎师生都有一种共识,那就是学生们在课堂上的积极发言是对教学的有益贡献,是和其他同学无私地分享自己的知识的经验,而非自我表现。因此,这一行为是永远值得尊敬和鼓励的。"①尽管对于这个观念,笔者早已有所耳闻,但是体验比较滞后,直到有一次学生在大量阅读的基础上,对某个问题展示了自己的看法。每个小组的学生的陈述不尽相同,但是都能对这个问题提供有价值的答案,为全班同学知识的理解做出了自己的贡献。那时,才似乎明白了学生对课堂的"贡献"这一词的含义。丰富的知识来源,有认知能力的学生就足以扩大课堂的思想容量,对知识点做出更加完善和精细化的解读。这样的教学效果是有可能超越依靠教师个人的力量在课堂上提供给学生的内容的。如果我们回顾英国留学生教学采用大量阅读文献,没有固定课本的"教材"这一特点,让既具有多元文化背景又有相当认知能力的学生为课堂上知识的理解和创新做出个人的贡献就不难理解了。

在这样开放包容、鼓励学生独立思考的教育文化背景下,每个学

---

① 霍霞.再别英伦[M].北京:人民邮电出版社,2013:30.

生都开始有自己的想法。而且,老师鼓励学生独立思考,挑战权威。留学生也意识到:"在英国,他们教你不要接受他人的想法,而是你怎么想。大家都知道,在中国,是教会人们别人怎么想。在英国,是我怎么想,然后我告诉别人我的想法。"①独立思考,不盲信权威,是英国人教学中的一个原则。国内学者曾经引用过英国一位物理教师所说的教学原则:"教师在教学中要特别注意不要使学生对书本和教师产生盲目迷信的态度,而是要使学生认识到:人们相信万有引力定律不是因为它是伟大科学家牛顿提出来的,而是因为这个定律揭示了事实之间的本质联系。教师应该让学生经过实验,推理证明这个原理后再接受它。"②这个不盲信的原则内涵丰富,包含着学生对已有的知识和权威应有什么样的态度——不能盲目迷信和崇拜;包含着师生与学术权威之间的等级关系——成就有差别,但在求知面前,人人平等;包含着人们对知识演化和发展的假设——已有的科学知识不一定永远是对的,也可能会被后面的研究推翻;包含着对个体求知努力的鼓励和信任——个体有能力而且也应该对科学知识进行求证和探索;包含着教师应采取什么样的教学方法——应让学生通过实证、批判等方法求证已有的知识;包含着师生主体性的差别——教师引导,学生动手求证。这些根本性的知识观和教学观引发了相应的课堂教学现象。学生积极动脑筋思考,教师对各种思想和看法抱以开放包容的态度。"英国课堂中老师更多的是问题讨论的组织和参与者,他们和学生一样可能是没有正确答案,他们鼓励学生各抒己见,不拘泥于答案的唯一性,他

---

① 薛惠娟.文化适应与个人资本形成[M].上海:上海交通大学出版社,2011:130.

② 李玢.英国的文化价值观念与教育[J].华东师范大学学报(教育科学版),1994(3):43-52.

们鼓励学生挑战权威。"①

（4）自主性的学习方式

学习者的自我控制主要有三个维度：自我控制、他人控制和无控制。② 学习者本人对自己的控制越多，学习的自主性越强。所以说，学习的自主性主要是学习者管理自我学习的能力。③ 中国留英学生从一个相对他人控制型学习占据主导地位的文化转换到一个以学生自主性学习为根本的学习文化中，最初都有一个适应的过程。英国教育的中国观察者不乏有担心留英学生无法适应的，以英国教师的教学为例："与中国高校教学强调循序渐进，前后衔接相比，英国高校的教学跳跃性比较大，有时候让学生摸不着头脑。这就要求学生有很强的自学能力，否则就会感觉学不到什么东西。"④但是研究发现留英学生能够克服自主学习的挑战，从被动依赖的学习者转变为主动独立的学习者。不少留学生对自主学习的方式感到满意。

笔者在中国传统的教育文化环境中长大，尝过学习的滋味。在做这个研究的过程中，当第一次读到以下这段留学生访谈的时候，笔者感到惊讶，因为学习在一些习惯自主学习方式的留学生眼中是一种享受。"我已经变得更加独立了，至于我的学习，我享受学习的过程，因为我非常喜欢我的专业……在大学里，我有很多业余时间。但是，在我的业余时间，我主要做自己的事情。"⑤有这种想法的留学生屡见不

① 丁凤.教学环境下学习自主性发展空间的拓展——以中国留英学生为例.广东外语外贸大学学报[J].2012(6)：95-99.

② Benson P. Measuring autonomy：should we put our ability to the test? [A]. In Paran A & Sercu L (Eds.). Testing the Untestable in Language Education[C]. Multilingual Matters,2010.

③ Holec H. Autonomy in Foreign Language Learning [M]. Oxford：Pergamon(First published 1979), Strasbourg：Council of Europe),1981.

④ 刑殿普.感受英国高校教学特色[J].上海教育,2006：34-35.

⑤ Ging Gu. Maturity and Interculturality：Chinese Students' Experiences in UK Higher Education[J]. European Journal of Education,2009(1)：37-52.

鲜,无论在本研究还是在其他文献中。

访　谈　者:你对课程总体上是否满意? 原因是什么?

留学生 A4:总的来说我觉得还挺好的,首先我们每周上课时间其实并不是很多。像选修课是三小时,必修课也是三小时,加起来一周只算上课时间的话,只有六个小时,有很多可以自己支配的时间,可以去图书馆,也可以去找老师,跟他约时间一对一地讲你的问题;你可以参加很多的课外活动,也有很多下面的组织或者说 workshop(工作坊),写作中心有 workshop,每周会有三四节课,你都可以去。

对学习的体验为何如此不同? 自主学习的方式将学习的时间交还给他们,尊重学生人格和个性的发展,让他们自由地去学习和发展,学生变得主动想学习,追求新知。有研究指出自主学习是独立于各种教育文化的,对自主学习的追求是人类共同的特点。[①]

2.教学效果

教学效果是学生在一系列的教学活动后所取得的进步和发展。留学生所感知的教学效果主要包括语言能力的提升、专业知识的积累、思维的开发和科研能力的培养。

(1)英语语言能力的提升

留学生到英国后,英语从学习和考试的科目变成了交流中切实依赖的语言工具。英语在教学中的全方位应用,使得他们的听、说、读、写能力在实践中得到了提升。

---

① Little D., Dam L. Learner autonomy: what and why? [A]. In Palfreyman D., Smith R. C(eds.). Learner autonomy across cultures: language education perspectives[C]. Palgrave Macmillan Ltd,2003.

总体来说,留学对我的帮助肯定是很大的,语言方面的话毋庸置疑,因为首先要读很多的 paper(论文),读很多的 reading(阅读材料)。一节课上下来,老师给你推荐的阅读材料,word(单词)有好几页。如果你是比较勤奋的学生,就基本上要读完。不光是要读,要写 essay(文章),还要写 paper(论文),包括跟老师的交流。英语听、说、读、写方面的能力肯定是有提升的。(留学生 A4)

如果留学生曾加入语言支持性课程的学习,那么这些课程在语言能力的提升方面也是被证实颇有成效的。换句话说,他们也能从语言课程的学习中提升英语能力。

(2)专业知识的积累

虽然英国教师在课堂上不会和国内一样系统、详细地讲解知识内容,但是在这样的教学模式中,不得不适应自主学习的留学生也会从被动学习者转向主动学习者。留学生在自学的过程中感到充实,其中一部分的收获来自专业知识的积累。学士、硕士课程项目既讲授课程的基本理论,也培养研究能力。留英硕士生感言:"令我感到高兴的是我能够更好地理解自己所在的特殊领域,写更多的论文,这是很有帮助的。"[①]本科课程对专业基础知识的学习更是不容忽视。留学生对自学获得的知识颇有成就感。

因为很多知识都是靠自学的,所以提升当然比较大了。一开始老师在 PPT 上的很多内容,你可能根本就没有接触过,都是要靠自己去查论文啊,去网上搜啊,一点一点搜出来的。即你看到一个完全陌生的概念,然后从基础的开始查起,一直查到现在最新的研究,我觉得这样还蛮有成就感的。(留学生 A13)

---

① 薛惠娟.文化适应与个人资本形成[M].上海:上海交通大学出版社,2011:129.

(3)思维的开发和科研能力的培养

思维的开发是绝大多数的留学生都会提到的英国留学生教学带来的效果之一。学习不再是知道什么,而是学会如何思考问题。那么教学又开发了哪些思维呢?这些思维的养成对于他们的科研能力有什么样的促进作用呢?

首先,学会以多元视角看问题。留学生认为英国的教学能够能激发学生的潜能。他们学会了从不同的视角看问题,学会了变通。或者说,思维变得更加开阔和灵活。

我还是会选爱丁堡大学。我个人最大的收获是看待事物的角度得到了拓展,你会认识到教育不是一件很简单的事,它会包括一些意识形态和社会问题,比如社会公平,你会用不同思维看待问题。(留学生 A9)

我觉得英国的教育可以培养一种开放的思维方式,它特别尊重学生的个性和自主学习的方式,这是最让我满意的一点。(留学生 A16)

开放性的多元思维让学生获得了更加广阔的视野,有效地提升了学术研究中的文献综合能力。

收获最大的还是学术上的影响,你的思维方式真的在变化。可能在国内的时候读一篇论文就是全部,但是现在一篇论文只占 20%,我会同时将相关内容的其他论文进行对比,并考虑它在整个学术领域的位置。如果没有来这里读书,我可能很难形成这个习惯。(留学生 A10)

其次,学会批判性思考。在英国的课堂上,学生要有自己的观点。知识本身是重要的,但是不如学生的学习过程重要。教师不鼓励学生无条件地接受前人积累的知识,而是要自己去想、去质疑、去提出自己的观点。学生在批判性参与式的教学中自然而然地养成了不盲目接受,而是批判性地看待他人观点的思维习惯。而且,在论文考核中,学生有无批判性思维能力也被看重。这更加强了学生在这方面思维能力的培养。以往研究中的留学生和访问学者中有 90％ 的被调查者认为英国大学的教学模式更加注重培养学生的批判和分析技能。① 留学生也喜欢这样的变化。

我还挺喜欢这个专业的，学了之后还挺有意思。这里的教育鼓励批判思维，即有些问题不是只有一个确定答案。你什么样的想法，只要你自己可以用理论支持的话，就是可以被接受的想法，引发了我比较多的新思考，这种感觉像是开启了一个新世界。（留学生 A2）

我特别喜欢或者欣赏的点是他们真的在开发你的一种能力和潜力。通过写论文、看书，我学会了质疑，不会像以前一样，觉得"是这样"而不会怀疑，现在可能会问一下"为什么会是这样的"。（留学生 A1）

留英学生发现自己从起初无条件接受他人观点到不知不觉地养成了对现有观点提出疑问的习惯。留学生在学术训练中将批判性思维运用到研究中去，从正反两面审视他人的观点。

对我来说，比较重要的是 critical thinking（批判性思维）。这是英国教育非常强调的一点：你自己的一件事情、一个观点，怎么从正面去评价。你评价完了之后是不够的，而且一定要从另一个角度，从反面说它，你觉得不好的地方在哪里。比如说读一篇论文，你觉得这个观点对你有什么帮助，但是反过来看，局限性又如何。这些在文献综述写作里得到了较大的体现，即你看文章和别人的观点之后，从正反两方面进行评价，再提出你的 argument（论点）。（留学生 A4）

有的留学生还将批判性思维应用于挑战学术权威。一位英国研究生课程的讲师举了一个中国留学生的例子，和其他中国学生一样，这位留学生在前一两年也有适应问题，但是在第二年的时候开展了一项研究。后来他勇于挑战，用原创性的资料反驳了某学科的一篇基础

---

① 王来武.中英大学教学模式比较研究[J].大学教育科学,2004(1):90-92.

文献。①

最后,学会独立思考。独立思考能力和批判性思维能力密切相关。因为有独立思考的能力,所以有自身的想法,对他人的观念不盲信,也更容易对他人的观点进行批判性思考。独立思考和批判性思维的能力也会促进多元化思维能力的形成。个体思想的合集形成了丰富多彩的多元化的思维。在以下留学生的访谈资料中,独立思考、批判性思维同时出现。一位留学生说:"在这里,我学会了一点,老师说的不总是对的,我学会了独立思考。"②另一位留学生说:"我想最大的变化是我的思维方式发生了很大的改变。我开始觉得我个人的想法也同样重要。我似乎更有个性了……我不会再理所当然地接受别人的观点。"③

独立思考的能力催生了学生的创新能力。学生不再去死记硬背,而是根据自己的想法,找到相关证据,创新性地写出原创性的文稿。以下是本研究中的留学生独立思考、多元思维、大胆创新的例子。

根据课堂上学到的知识,结合自己的思维,我自己想外观怎么设计,也会听取一些小组同学的意见。每个人都会出一分力,但更多的还是源于自己的一些思维和灵感,这个其实是挺难得的,并不是说老师说啥你就做啥。有时候可能你自己想了一些比较好的点子,老师都没有讲到,然后你就把它用到实践作业中。当然,我也会参考一些国外走秀和比较知名的品牌。(留学生 A15)

英国留学生教学注重思维能力培养是访谈对象的一个共识。可

---

① Ging Gu. Maturity and Interculturality:Chinese Students' Experiences in UK Higher Education[J]. European Journal of Education,2009(1):37-52.

② 丁凤.教学环境下学习自主性发展空间的拓展——以中国留英学生为例[J].广东外语外贸大学学报,2012(6):95-99.

③ Ging Gu. Maturity and Interculturality:Chinese Students' Experiences in UK Higher Education[J]. European Journal of Education,2009(1):37-52.

以说,这样的教学侧重点和教学效果是英国高校的一个特色。费孝通先生在回忆他的老师马林诺夫斯基时,认为老师在指导他学习的过程中,从来没有指定阅读书目,也不考问书本上的知识,但是善于组织辩论,互相启发。他给人印象最深的是示范一个人怎样去分析问题,怎样去发展自己的思想,如何用自己的思索带动学生的思索,如何在这个过程中把自己的观点和立场传达给学生。① 然后,在场的学生也很佩服老师这样的指导方式,想必是从中收益了。

(二)个人导师的辅导

留学生的满意度首先是来自师生结对式的辅导带来的踏实感,形成的稳定而深入的师生关系,有利于导师及时回应学生的问题;然后是个人导师的教师角色,中介人角色和文化局内人角色为留学生提供了所需的帮助,从而带来了满足感。

1.师生结对带来的益处

(1)制度保障下的教师辅导:"踏实的存在"

留学生自进入英国高校后,校方会安排一名教师担任留学生的个人导师。虽然个人导师和学生的见面次数、约见地点和时间均有很大的灵活性,但是留学生和个人导师从此建立起一对一的固定的联系。学生有问题可以找个人导师,个人导师也有义务回答学生的问题。对于留学生而言,个人导师这项制度是令他们感到"踏实的存在",因为"有问题有人找,不会说你有问题,不知道找谁。他在那里,有义务帮你,是个踏实的存在"。(留学生 B1)

国内有学者在英国雷丁大学(University of Reading)个人导师的研究中指出:"教师与大学签订劳动协议之日起,其导师的义务和责任

---

① 费孝通. 留英记[EB/OL]. (2017-5-12)[2021-11-10]. https://www.sohu.com/a/142232222_507402.

就相应而生,即只要从事教师职业,就有承担指导大学生的义务和责任。"①这不仅与英国大学源远流长的导师制度相关,也与英国大学的人事组织构架相关:"在英国高校基层系部,没有主管学生事务的负责人,而是以个人导师为必要补充。导师是英国高校开展学生事务的主要力量。"②全体教师一岗双责,通过个人导师制度辅导学生。"Heriot-Watt 大学本科生学业导师制度和其他任何一项制度一样,在教学运行中是严格执行的,从而制度性地保障了师生之间课堂内外的交流……"③

(2)稳定而深入的师生关系:"他们的帮助是根本性的"

鉴于个人导师制度对学生培养和高校业绩所起的作用,如何发展良好的师生关系是探索个人导师制度有效性的一个研究课题。在本研究中,师生之间的积极互动体验一方面来自定期互动。这种定期会面的师生关系让部分学生感到心理支持,比如留学生 B12 说:"是的,我感到满意,每周有个人可以聊天总是好的。"另一方面来自教师对学生的关切。师生之间的会面既有群体性的会面,也有一对一的会面。师生会面会谈及个人问题,所以个人导师"比别人更加了解你",与学生的关系较之其他老师更加个性化和深入。留学生 B4 说:"有时候我的导师很为我着想,如果我考试分数不理想,导师会问'怎么回事''有没有什么问题'。他们的关切对我的留学生活很重要。通常,他们会尽力给我所需的帮助,建议我找相关的教授解决问题。一般来说,我不会说他们所有的帮助都是有效的,但是无论在学术方面,还是在日常生活方面,他们的帮助都是根本性的。"

国外学者从学生的视角探讨英国高校个人导师和学生之间的关

①②　李宏芳.英国高校个人导师制度对我国高职教育的启示——以英国里丁大学为例[J].教育教学论坛,2015(33):56-57.

③　刘恩允.基于导师制的英国大学师生关系模式和启示——以英国Heriot-Watt 大学为例[J].高校教育管理,2011(5):46-51.

系,研究指出:学生和个人导师之间良性关系的发展有阶段性。通常,它开始于彼此之间清晰的、基于课程(通常情况)目的的定期会面。下一个阶段是关系发展的转折点,也就是当两者之间出现关系性的表征,当学生感觉个人导师关心他们的时候。只有当学生感觉到"关系"时,学生才会考虑告诉导师自己的个人问题。这些关系型的表征为个人导师的倾听,对学生表示出兴趣和尊重。从此,"学生感知下的个人导师是一个真诚的,关切的,学生有任何问题都愿意帮忙的人"。[1]

(3)人际距离的相对接近:"回应需求的第一站"

英国高校教师的分工相对细致,信息比较透明,服务意识也比较到位,所以无论是学习,还是生活,留学生都可以当面或者通过网上透明的联系方式向相关人员提问或求助。但是个人导师往往是回应学生需求的第一站,因为留学生与个人导师相对熟悉和亲密,是结对关系。留学生 B11 直接把个人导师定义为:"个人导师是学术团体中的一员,他们是回应学生问题的第一站,他们为学生提供建议,为其学术和个人发展上进一步获得支持而指明方向。"相对而言,从个人导师那儿获得帮助最容易,也最便利。

我认为对于国际学生来说,个人导师是绝对有必要的。因为假如学生在生活中遇到什么困难,无论是精神问题还是生活问题,我们很方便联络到个人导师。(留学生 B11)

个人导师离学生的生活和学习很近。如果学生有什么关于课程或其他的问题,学生一般会选择和个人导师商量,获得一个解决办法。(留学生 B17)

不过在约时间讨论和答疑这个方面,个人导师会比其他老师方便

---

① Annabel T. Yale Quality matters: an in-depth exploration of the student-personal tutor relationship in higher education from the student perspective[J]. Journal of Further and Higher Education,2019,DOI:10.1080/0309877X.2019:1596235.

和容易一些。(留学生 B5)

　　相比辅导教师、辅导员和学生之间一对多辐射状的关系,学生会觉得一对一的师生关系因其对应关系明确,所以更容易从对方那儿获得自己想要的帮助,从而及时化解学生遇到的各种问题。

访　谈　者:有哪些服务在中国比较少见或者没有?

留学生 B7:我觉得就是一对一的导师制。国内大学可能就是班主任,
　　　　　一对四十几个人;我们专业大一有 100 个学生,有 10 个任
　　　　　课老师,一个老师分到十个学生,会经常有 catch-ups 或者
　　　　　tutorial(辅导)……国内的话,辅导员有时候太忙也联系
　　　　　不上。

　　2.个人导师提供的帮助

　　总的来说,个人导师类似综合导师。他们能为学生提供各个方面的帮助,因此留学生认为"他们的帮助无处不在""是可以集中提问的地方""能解决所有的问题"。与论文导师和任课导师以及其他专业的辅导人员相比,个人导师的工作是"笼统"的、体现在"许多方面"的、能"提供许多帮助"。但是,个人导师与学生的互动内容有侧重点,因此留学生对个人导师的工作侧重点主要有三种基本的看法:学习、生活、学习生活两者兼顾。在留学生的正向体验中,带给留学生正向体验的个人导师的角色职能主要体现在以下三个方面。

　　(1)教师:"她知道如何教学"

　　英国高校的个人导师由从事科研和教学的教师、助教、博士生担任,所以部分个人导师在辅导中能够根据学生的需求,进行学习方面的辅导。部分留学生对个人导师的教师角色印象深刻。个人导师不仅培养学生的学习能力、阐释相关理论,还让他们明确了规范行文的格式,等等。

她的教学很有创造性,她知道如何教学,帮助学生掌握各科目学习的技能,她告诉学生如何遵循一定的规律去发现答案。(留学生B4)

我认为个人导师是很有必要的,因为我遇到的有些问题难得连论文导师都回答不了,但是个人导师可以。她帮了我很多,我不懂的理论,她解释给我听,还帮我找书。由于她的帮助,我对知识有了更深的了解,眼界也更加开阔。我对个人导师十分满意,她很负责,在学习和生活上给我很多的支持,最重要的是没有她的帮助,我完成不了学位论文,也毕不了业。(留学生B14)

有些高校将个人导师纳入课程体系,成为教学中的一环,如同留学生B17所在的高校。在这种情况下,个人导师的教师职能更加突出。将个人导师的辅导纳入课程体系是高校提升个人导师制度的有效性与提升学生在校学习体验的一种尝试。英国学者曾就纳入课程的个人导师辅导的效果进行了探究,教师作为个人导师在既定的课程模块中,帮助学生提升学习技能、反思学习过程、制定未来的规划,等等。教师角色主要在帮助学生理论联系实际、发展学习技能、熟悉学习规范方面得到了发挥。[①]

(2)中介人:"他帮了我很多"

个人导师为留学生做各种各样的中介人。学生在升学、找工作、找宿舍时,个人导师作为中介人为学生写推荐信、开证明、写住宿信。因为留学生需要这样的中介人,他们对个人导师的此类工作印象深刻。以下为住宿信的例子。

---

① Nancy Stevenson. Enhancing the student experience by embedding personal tutoring in the curriculum[J]. The Journal of Hospitality Leisure Sport and Tourism,2009(2):117-122.

访　谈　者: 你对个人导师的感觉怎么样?

留学生 B3: 我的个人导师帮了我很多。他为我写住宿信,帮我找到宿舍,他对我很好。

导师也在选课和课程反馈环节为学生做中间人。学生选不上课,不知如何选,都可以找个人导师帮忙。学生对所学课程有意见,个人导师也乐于向相关老师和负责办公室反馈意见,因为在英方看来,个人导师不仅仅是倾听学生、记录学生反馈的人,他们更处于一个能够帮助学院明确如何更好地支持学生的战略性地位。

在我选下学期课程的时候,个人导师帮助我和课程组的负责人取得联系,还给我大学其他部门的联系方式。(留学生 B8)

是的,他帮了我很多。他对我每周的学习情况做出反馈。总的来说,他是一位帮助我们向任课老师传达意见的中间人。(留学生 B10)

她问我大学里上的课程和讲座如何,测试怎么样,她听取学生的反馈意见并传达给相关工作人员。(留学生 B9)

(3)文化局内人:"帮助我克服文化障碍"

个人导师在英国工作和生活,是英国本土的文化局内人,他们熟悉本校和当地的情况。他们往往能为留学生提供信息和建议,帮助留学生解决文化差异带来的问题。

个人导师很好。特别是当你初到一个完全陌生的、文化完全不同的国家时,特别是当我遇到文化差异问题时,他们的帮助可大了。为了尽快适应当地的生活,个人导师必不可少。(留学生 B4)

在如何充分利用学校的设备和学习机会方面,个人导师很重要,能为学生带来益处。当然,对初来乍到的留学生尤其有帮助。他告诉我如何在英国生活,如:获取食物;和人交往;如何从大学网站获得免费的语言学习课程,这是我刚到英国时最需要的学习机会。对留学生而言,个人导师帮助学生适应学校安排,尽快从文化休克中复苏。(留

学生 B8)

我对个人导师很满意,他给我一些建议,帮助我克服文化障碍。……作为国际学生,个人导师在学习和生活方面帮了我很多。英国的文化和教育体系很不同,我需要时间适应新的环境。(留学生B11)

从以上的引文中可以看出,留学生特别强调个人导师在留学生初来乍到时,在生活和学习方面的引领作用。部分对个人导师职能认同感较弱的留学生也承认导师在留学初期的帮助令人印象深刻。因为个人导师给予帮助的面很广,对英国社会又熟悉,所以即使个人导师不是留学生唯一的求助对象,他们也能从个人导师那儿得到"蛮重要的信息",或自己原本不知道的信息。

比如说我住的是英国那种有上百年历史的老房子,容易有老鼠。家里有一次出现了老鼠,我跟个人导师在会面时说了这件事,他告诉我这种情况可以去找英国专门的捕鼠机构。因为老鼠问题在英国很常见,所以有专门的捕鼠人员。只要你给他们打电话,他们是可以免费来抓的。不然我也不知道。(留学生 B1)

(三)教学环境

教学环境被认为是教学的一个基本要素,但比较容易被忽视。有形的教学环境包括学生所在校园、教室等。如果从泛教育论的观点来看,学校所在的城市和国家都是促使学生发生改变、获得成长的外在环境之一。其他无形的环境包括师生关系、校风、班风、课堂氛围等。教学环境的重要性在于:"所有这些环境条件既然是教学活动必须凭借而无法摆脱的,因此它就必然构成教学环境的一个要素,不管你承认它还是不承认它。"①而且,更重要的是环境会作用于人,对人的发

---

① 李秉德.对教学论的回顾与前瞻[J].华东师范大学学报(教育科学版),1989(8):55-59.

展有着潜移默化的影响。

在教学环境方面,留学生也提到了美丽的校园景色、人性化的教学管理带来的良好感受。留学生对教学环境的另一个感受是开阔的视野。留学生所处的教学环境比较多元化,其中有实践课程带来的视野,更有英国高等教育国际化带来的视野。从师生的文化背景来看,同学的背景多元化,教师群体也不乏多元种族和文化背景的特征。从教学活动的面来看,留学生也有机会从一个更高的学术平台见识更加广阔的学术视野。留学生如果刚好去了一个包罗万象的城市,那么文化视野就更加开阔了,这让他们了解到原先环境内无法了解的人和事物。以上各种多元化的教学环境让留学生感到"见多识广""了解更多",让他们"觉得挺有意思",而且"对自己蛮有帮助"。

留学生活让我有了见多识广的机会。在英国,老师会推荐我们去参加一些实习、商业合作的活动,这不仅是学业方面的提升,更多的是通过动手实践去了解这个专业,从多方面去培养专业能力。(留学生A16)

就国内而言,大多数大学举办研讨会或者学术联谊等活动,大部分都是本省几所大学甚至是国内几所大学之间的沟通,英国的大学如果举办此类活动,范围都是全欧洲或者全世界的高校。(留学生A6)

我们这个专业,受教育程度不同的各年龄段的人都是可以申请的,我印象很深的是有一个四五十岁的日本阿姨,她也来跟我一起上课。身边的同学文化背景多样,你可以跟他们进行文化交流,这也挺有意思的。跟我关系挺好的一个韩国同学,她其实已经在小学里教书,教了三四年,学校派她来学习。我也会问她:你以前在学校上课上得怎么样?为什么派你过来呢?跟他们交流还蛮好的。(留学生A4)

在有关留学生留学目的的大量调查中,一个吸引留学生前往目的地留学国家的因素就是该国的文化。虽然目前的研究显示留英学生和当地英国人的接触比较有限,但是不少留学生在一个国际化的人文环境中拓宽了视野。

(四)教学资源

英国高校的图书馆给留学生留下了深刻的印象。他们对图书馆的满意度主要来自图书馆丰富的资源和便捷的服务。从以下学生的经历中,不难看出英国的图书馆给他们带来了惊喜:"上百个数据库的图书资源,便捷的搜索以及 24 小时的开放时间。"

另外一个和国内不一样的地方,触动蛮大的,就是 UCL(伦敦大学学院)的图书馆很好。我们开学第二天上课,学校就专门有一个多小时教我们怎么用图书馆。国内读本科时,图书馆数据库就挺有限的,像 UCL 是有五六百个数据库。基本上要什么有什么,我们读书写作都离不开它。国内搜索文献你必须选一个数据库,然后你再进去搜索,对吧? UCL 把所有数据库合到一起了,就是你直接在一个框里搜,所有数据库里的内容就出来了。这会方便很多。(留学生 A3)

印象最深的就是整个学习氛围。他们的图书馆是 24 小时开放的,资料也非常多。上课的老师会提供给我们大量的资料和资源,会启发我们去解决一些有难度、有深度的问题。(留学生 A5)

其他学者对于英国高校图书馆特点的描述和留学生基本一致。英国高校图书馆的优点有以下几个方面。一是资源十分丰富,有几百个数据库;每年会新增大量图书和学术期刊。二是检索方便,一个搜索框可以检索所有数据库的文献;资源的管理井井有条,有些图书馆会为从事研究的师生和从事某专业学习的师生提供信息丰富又提纲挈领的资源指南手册,拓宽图书检索的视野,置身书海却又找得到方向。三是开放时间长,大概只在盛大的节日才会暂时关闭。有的高校图书馆甚至 24 小时开放。四是大多数图书馆的电脑室也相应开放,方便学生自学。学生会利用课外自主学习的时间到图书馆查阅资料,因此学习氛围浓厚。硬件设备也较好,电脑、复印机等的使用便捷。留学生 A13 认为英国大学令人满意的是图书馆的硬件设施。有些高校的图书馆还会为学生留出讨论区,方便他们完成课后的小组作业、合作项目等。五是有专业人员提供服务。图书馆工作人员的态度友善,对问题的解答比较耐心。各个专业还有对接的图书馆员。师生可通过公布的联系方式和图书馆员对接。他们似乎能够提供线下和线上的服务,甚至为留学生提供语言的辅导。

但是,教学资源的丰富远不在图书馆。经费投入和师资也是教学的资源,教师资源的充足已在前面的师资部分有所阐述。此处再以英国剑桥大学的师生比说明英国高校教师的充裕。根据 2008—2009 年的数据,剑桥大学的学生总数为 17,823 人(包括本科生和研究生),教职工总数为 8807 人,生师比小。综合来自各个渠道的收入,学校年度资金总额达 675,908,000 英镑。[①] 也许作为英国顶尖的大学,剑桥大学和牛津大学的教师资源并不具备代表性。但是,从留学生的叙述中,可以想象这些大学资源的丰富:"在牛津大学里,几乎天天都有各个领域的知名专家举办演讲,有时真的觉得难以取舍该去听哪场。除了每周大概 17 个小时的专业课时间,其他时间都掌握在自己手里,我深深地感受到大学的教育是给学生提供可以利用的所有资源,让学生自己任其个性发展。"[②]

在留学生看来,教学资源的充足为他们提供了各种机会。这些资源不是只面向成绩拔尖的学生,而是任何有意向参与教学活动的学生。教学资源的丰富在更大程度上保证了教育公平,为个体的发展提供了有利的条件。牛津大学的留学生说道:"每天早上打开学校邮箱,几十封关于各种活动的邮件就像轰炸机一样把我的邮箱炸开了花。"[③]本研究中来自帝国理工的留学生 A6 认为为学生提供公平的教育机会不是某个高校的做法,而是全英国的学校都这样。

---

① 李昕.寻访大学——中国大学校长的英国学习札记[M].上海:上海教育出版社,2013:121.

②③ 范威廉.英国顶尖学校[G].北京:中国经济出版社,2010:185.

国内教育的一大弊端是人多资源少。每个人能获得的机会、受到的关注度，可能会比我在英国的时候要少很多。就拿我当时在英国高中参加数学竞赛来说，这个所有人都有机会参加，只要你想报，学校就会给你机会，不像在中国，可能学校会挑一些成绩比较好或者说他们认为可以的学生去参加。（留学生 A6）

四、评分

英国高校为确保评分的客观公正，采取了各种办法。英国的评分方式给学生留下了公正的印象，其中印象较为深刻的三点。首先，考试有评分标准。留学生对此表示赞许，认为这"非常不错"。其次，教师在改卷的时候采用盲改的形式，这"比较公正"。最后，他们意识到的另一个教育文化差异，那就是教师打分杜绝人情因素，不论亲疏。

布置任务前，他们会把那个评分标准，或者说怎样才是一篇好的文章，会很明确地告诉我们。比如说有十条，会给我们列出来，严格按照这个来评分。（留学生 A5）

我们的作业或论文提交上去的时候，名字是被盖住的，批阅者不知道。他只能看你到底写得怎么样，我们学校比较公正的哦。（留学生 A1）

在英国官方对大学的教学水平的评定中，全国大学生调查（NSS，National Student Survey）是官方使用的依据之一。测试与反馈是问卷的核心内容之一。在测试方面，它评测的内容分别是提前出具明确的评分标准、测试和评分公平。留学生反映的情况和英国教学的主流价值观一致。

第二节　留学生满意体验的教育学理论透视

智育在教育学理论体系中,尤其在教学论、课程论中处于核心的地位,在教育实践中,长期占据突出的位置。有关智育的教育思想由来已久,至今仍然是现代教育思想史上的基本概念。我国学者项贤明对智育这一核心概念进行了横向和纵向的解析。在项教授的解释中,智育不是孤立的概念,它是和其他教育维度形成的整体的一部分。智育也不是一个静止和扁平的概念,而是存在阶梯性发展的可能性。虽然乍一看这个理论仅仅是对智育概念的解析,其实是以智育为题的、对综合性和发展性教育活动的解析。与此同时,智育又是现代教育活动中最重要的部分。留学生教育也不例外。

留学生对英国高等教育的满意之处存在于各个方面,但是如果用一个综合性与发展性的教育理论对此加以透视,则可以对前面所说的英国留学生教育的长处进行更加透彻和完整的解释。因此,本节将以项贤明教授对智育概念的解析为基础,重新审视英国高校留学生教育中那些令人满意的特色,从理论视角看英国留学生教育的形态,解释构成满意度的各个层面等。

一、智育概念的理论解析

(一)横向维度

项贤明教授认为,在横向的维度上,所有的教育活动都包含着四个维度:生命、知识、道德和审美。"其中生命维度是教育活动的基础,知识和道德的维度是教育活动的两翼,而审美维度是一个教育活动完成之后,受教育者对自身获得的新发展的享受和欣赏的状态。"①在这样的理解中,作为教育活动之一维的智育和其他教育活动紧密地联系在一起,与其他教育活动构成一个有机的整体。这也意味着在从事智育活动的过程中,要重视并发挥四个维度的作用。那么,四维教育活动中的道德、生命、知识和审美维度分别指的是什么呢?

四维教育活动中的道德指的是在所有的教育活动中,都不可避免地要在教育中处理人和人之间的关系,道德就被包含其中。教育活动中的生命维度意味着教育要考虑学生的生命状态,如:睡眠、学生抽象思维发展的个体差异等。教育活动的审美维度指的是人在自身通过教育活动获得某种发展后,对自身的发展产生的享受和欣赏的状态。教育活动中的知识维度,即智育,意味着向教育者传授科学文化知识,发展智力。这四个维度的教育活动如图 7-1 所示。

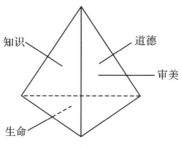

图 7-1　教育活动四维度

(二)纵向维度

智育概念在纵向意义上的升华有四个层次:常识层次、知识层次、智慧层次和精神层次。常识层次的教育指的是使人具备在社会中正常生活所需要的知识和技能;知识层次的教育指的是让人通过理智的认知,掌握自然界和人类社会的知识;智慧层次的教育指的是将常识

---

① 项贤明.“智育”概念的理论解析与实践分析[J].课程·教材·教法,2021(5):40-46.

和知识层次的知识转化为个人主观世界的一部分,转化为个人认识世界和改造世界的能力;精神层次的教育指的是在深层次上认识和理解事物的规律,并建立自己思想的基本原则和信念。教育在这个心智塔上所在的层次决定了教育能够取得的境界。[①] 教育心智塔的具体情况如图 7-2 所示。

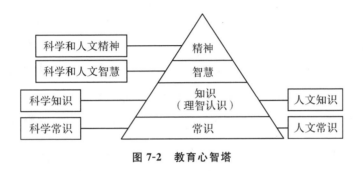

图 7-2　教育心智塔

二、留英学生正向体验的理论透视

以下就留学生的体验,以智育概念的横向和纵向的解析为分析框架,尝试对英国高校的留学生教育进行一番透视。

(一)智育活动的横向解析

1.生命维度

教育的对象是人,不是机器。人有个体差异,如:不同的个性、才能和文化背景等;人在参与教育活动的过程中有不同的身体状况、心理状态等。比如说,"饥饿的孩子学不了"(Hungry Children don't learn)。这样的看法认为在教育活动开展之前,首先要考虑学生的身心状态是否适合学习。

---

① 项贤明."智育"概念的理论解析与实践分析[J].课程·教材·教法,2021(5):40-46.

　　留学生要面临的重要挑战就是跨文化适应。跨文化适应可分为两个基本维度:情感层面的心理适应和行为层面的社会文化适应。[①]留学生到语言和文化迥异的异国他乡求学,初来乍到,人生地不熟,容易引发焦虑等适应期症状。等到安定下来,在学校经历的又是和本国教育文化截然不同的英式教学,因而产生种种困惑和迷惘:不知教学目的何在,不明白讨论式教学的意义,师生角色的反转,自主学习的不适应,等等。在教学观念和教学方式的根本转变之下,留学生在惘然之余,经常反映的是心理上的"累""压力大"和"紧张",留学初期还可能因为对学习不适应而挂科等,这些都会引起严重的考试焦虑。如何帮助学生顺利实现文化的过渡,适应英国的学习和生活,在某种程度上就是对学生的生命关怀。根据前面的研究,英国高校在留学生教育活动中的生命维度上所做的努力主要包括:以导师制度、心理辅导等方式及时化解留学生的心理问题,为学习提供指导;以开放自由、尊重个性、鼓励和肯定学生的见解等教学方式创造情感安全的课堂,鼓励学生自由发展。

　　英国的导师制度,包括学生导师和个人导师,都在为留学生的生活和学习适应提供指导。如第四章所述,学生导师有过渡型导师、校内生活导师,这两类导师为留学第一年的留学生提供辅导。辅导内容不仅包括事务性的指导、提供校园指南等,他们也倾听留学生的倾诉,帮助管理考试焦虑和学习焦虑等。比如,布里斯托大学同伴导师(peer mentor)就是在留学新生到来的半年时间里负责听他们诉说并提供建设性意见。因为有了倾听者,留学生的在校体验得到了提升。另外,谢菲尔德大学宿舍生活导师(residence life mentor)、伯明翰大

---

① C Ward., A Kennedy. Acculturation strategies, psychological adjustment and sociocultural competence during crosscultural transitions [J]. International Journal of Intercultural Relations,1994(18):29-343.

学学生导师计划(The Student Mentor Scheme)等存在的主要目的是帮助留学生管理学习焦虑和考试焦虑。如留学生 A12 对此的反馈是:"我有几个同学很焦虑,也会跟他们的 mentor(个人导师)讲,讲完会好很多。"

如果说学生导师制度因校而异,那么个人导师的制度在英国高校就具有普遍性了。如果追溯到个人导师的源头,在早期的大学生活中,个人导师的职能相当于年幼留学生父母的代理人、学生生活的监督人、道德和经济方面的保护人等。在本研究中的个人导师,与其他任课老师的区别在于和学生建立有一对一的关系,为学生提供辅导。他们与留学生定期见面,倾听留学生的生活和学习经历,帮助其适应当地社会和文化,解决学习和个人发展等方面的问题。个人导师可能因为制度化的帮扶而成为留学生心中"踏实的存在",因为"稳定而深入的师生关系""回应需求的第一站"满足学生的内在需求,及时化解留学生遇到的问题等。他们关注的不仅是学习和生活,还有学生的生命状态。

此外,不得不提到的是英国高校的心理辅导服务。专业的心理辅导部门 24 小时接听学生的电话。他们会主动积极地给学生发邮件,问是否有这方面的需要。有些高校的心理辅导部门考虑到留学生可能因害羞不参与辅导,便把提示贴在厕所里,等等。从事心理辅导的都是专业的心理咨询队伍,因为有这些心理上的支持,留学生在紧张焦虑的状态下,有了一个求助并解决心理问题的去处。留学生认为英国高校对学生心理健康的关注"比国内高",他们评论所在高校"在关注学生心理健康方面做得很好",认为"英国的服务行业非常出色,他们非常会考虑你的感受,并及时提供帮助"。在本研究中,无论是本科生,还是研究生,都不约而同地谈到英国高校对学生的心理健康特别重视,这样的关怀让他们印象深刻。

访 谈 者：在英国留学有什么和期待不一样的地方？

留学生 A4：比较超出我所期待的是每个老师都很关心学生的心理健康。一旦 mental health（心理健康）出了什么问题，他们就非常想帮助你：你要不要让你的作业延期一下？你要不要先去解决一下你的心理问题啊？学校在这方面有很好的咨询老师，要不要帮你联系啊？

访 谈 者：我感觉像是那种 personal tutor（个人导师）会给的关爱？

留学生 A4：其实普遍来说，他们就还蛮关心你的心理健康的，personal tutor 就更加如此，他会花半个小时跟大家讲这个问题，然后我们学校怎么样，你有问题要去找谁，等等。

　　此外，笔者认为英国开放自由、注重交流的教学方式也有助于在课堂上呈现良好的学习氛围和状态。学生在一个自由轻松、平等友善、被鼓励、被肯定的课堂中学习，而不是在压抑沉重、战战兢兢、相互攀比的氛围中学习。留学生在良好的课堂氛围中，容易被调动学习的兴趣，进入良好的学习状态。课外，学生主要是自主学习，在时空上、学习方式上也享有较大的自由。如果留学生喜欢自己的专业，又能按照自己的方式自主学习，学习也会变成令人愉悦的过程。

　　2.道德维度

　　教育活动中不可避免地要处理人和人之间的关系，因此就有了道德的维度。留学生在英国留学会接触到各种各样的人，但是师生关系是教育活动中最基本的人际关系。那么英国高校的教师如何对待留学生？留学生对老师又有什么样的评价？

　　在本章前一节有关任课老师的"个性修养"和个人导师的"态度和个性"部分阐述了中国留学生对英国教师的印象。总的来说，英国教师对学生比较"好"。具体讲，这些老师有着让人喜欢的个性品质：关注每个学生，尊重学生的观点和意见，宽广包容，耐心地听学生讲话，平等礼貌地对待每个学生,对学生总是有求必应,乐于帮助学生,幽默,等等。在为人处事之外,留学生也看到英国教师体现在教书上的德行:备课认真用心,学识渊博,认真严谨,等等。虽然由于文化的缘故,留学生感到英国教师一般比中国教师更加有距离感,彼此之间界限明显,但是他们在工作场合较好地履行了教书育人的职责,教师成为留学生满意度居于首位的教学要素之一。

以上的教师印象一般是留学生通过对任课老师的课堂教学观察和体会而获得,或是在与个人导师的互动中感觉到了老师对待学生的行为和态度。此外,教育活动的道德维度还体现在教师在考核和评分环节所体现的公平和公正。为了确保评分对每个学生都是公平的,他们在考试前发放评分标准;为了防止教师在评分的过程中由于个人的背景、喜好等因素出现判断的偏颇和失误,采取二轮批改;为了不让师生之间的亲疏远近影响教师评分的公正,试卷以盲改的方式进行批改。虽然就事论事、不讲人情的普遍主义做法是比较西化的,却较能得到包括中国留学生在内的各国留学生的普遍认同。

3. 知识维度

智育意味着传授科学文化知识,发展智力。英国高校的智育有这样的特点:教师引导,学生自主学习。课前,教师为学生指定核心阅读材料和拓展阅读材料;课堂上,教师注重知识的理解和运用,鼓励学生进行批判性的独立思考;教师授课之后,就所学内容或者相关内容开展小组讨论,加深理解;课后,学生需要通过自学弥补知识空缺,建构知识框架,发展科研能力并完成论文作业;等等。

与中国的教育不同的是,学习的成功和学生的自主学习态度与能力密切相关,教师不再是学生在学习中依靠的那个人。他们只是起引导、启发、组织和控场等作用,教师在教学中不再居于核心地位,学生成了自己学习的主人,成为决定自身学业成败的关键人物。与国内的教育相比,师生在课堂上对课本知识进行系统深入学习的方式也被淡化。教师讲授所涉及的知识面很广,课堂上不再将重心放在知识的系统传授上,而是注重知识的理解和运用,开发学生独立思考、批判性思考、多元化思考的潜能。与国内的考核相比,英国的高校一般不是考学生是否记住了课上的内容,而是以论文的形式居多,看学生是否能够提出自己的观点,对自己的观点进行论证等创新的能力。

4.审美维度

英国的留学生活,在个人生活的意义上,因为远离亲朋好友,又不太能融入英国社会,会感到比较孤独。但是,他们的学习生活却令人感到满足和快乐。他们的满足和快乐具体来自哪里?

因为留学生在英国的学业成功和自主学习能力密切相关,所以他们不得不发展自主学习的能力。一旦留学生适应这样的学习方式,他们对留学生活的感受会变好,因为英国的教育提供了学生自由自在发展的机会,对自己有更多的思考、更深的认识。他们在老师的引导下,一点点去建构自己的知识体系,一点点查出不明白的知识点,直到明白老师课件上的所有内容。这个过程虽然让人感到累、压力大,但很有成就感,让他们"感到充实"。英国的留学生教育也让他们体会到思维和潜能的开发,对此他们觉得"特别喜欢,特别欣赏"。在教育活动的审美维度中,他们觉得自己"被激发了较多的新思考,感觉像是开启了新世界"。

以上的知识积累和思维开发是最基本的,但是教学效果并不仅限于此,这也是后面一个小节所要阐述的——智育活动的纵向解析。

(二)智育活动的纵向解析

1.常识层次

常识层次的教育是使人具备在社会生活中所需的知识和技能。那留学生活需要什么样的常识呢? 英国高校是如何使学生具备在英国留学所需的基本常识呢? 常识可以通过多种途径获得:已有留学经验的中国留学生群体,新生导入环节的常识性介绍,学生会和俱乐部的活动,等等。但是,英国校方也通过多种途径为留学生提供留学所需要的基本知识,这主要包括校内设立的辅导制度和学前课程。

无论是学生导师,还是个人导师,都能为留学生提供在校生活所需要的各种信息。学生导师会与留学生分享校园生活和学习的常识。回顾个人导师的基本职能,他们不仅是为留学生提供学业和生活指导的人,也是学生与其他机构和人员之间的中介人,以及英国文化的局内人。留学生从个人导师的常识中受益,解决生活和学习中遇到的各种问题。在访谈中,有留学生提到,导师也会关心学生的租房问题。留学生 B1 在租住英国伦敦上百年老宅的时候,有了鼠患的烦恼,于是个人导师告知了英国当地的捕鼠机构。当然,个人导师也是中介人,是回应学生需求的第一站。学生如果在学习上遇到什么问题,个人导师也会凭借自己的常识,帮助找到解决这个问题的人。留学生从初来乍到,到熟悉英国的学习和生活,都能从这些辅导制度中受益,为适应当地生活积累所需的基本常识。

常识层次的教育不仅使人具备在社会中正常生活所需要的知识,也包括技能。学前课程也是留学生获得英国高校学习生活的一个窗口。虽然,正式开学前为留学生新生开设的学前课程和语言的联系比较密切,但是,英国的高校也在官网强调这并不是语言课程。语言能力的培养只是学前课程四大目标之一。在语言能力之外,学习技能、自主学习能力的培养和对英国学术规范和文化的了解也是学前课程的目标。我们在后面一章可以看到,留学生的不满意很大程度上都来自对英国高校教学的不适应,因为英国的教育文化和国内有根本性的差异。所以,留学生要发展在英国高校学习的各项基本技能,如:学会听讲、学会阅读、学会写课程作业、学会参与讨论、学会资料检索、发展数字素养等。此外,留学生还应尊重英国高校严格的学术规范,避免学术剽窃的发生。通过这些课程,留学生也被引导成为独立自主的学习者,成为能够独立完成各项学术任务的学习者。这些都为留学生在英国高校的学习提供了常识意义上的准备。

此外,留学生来到多元文化的环境,在日常的交往中,感受到中英之间在常识层面的文化差异,如:教师的时间观念、交流习惯等。留学生所在的城市也让他们对这个世界有了更多的认识,尤其像伦敦这样的世界大都市,人文底蕴深厚,这极大地拓展了他们的眼界,增长了他们对这个多元文化世界的认识,体会到环境作用于自身而引发的变化。

我在英国留学即将第六年了,回想一下自己来之前和来之后,变化相当大。来到英国之后,很多时候你会看到更多。尤其我是在伦敦,能接触到世界上200多个国家的人,然后听到各种各样的声音。对你个人的冲击很大,对自身的帮助也很大。环境不一样,你了解到的事物也是不一样的。像中国留学生的话,会同时了解英国、欧洲甚至全世界,再加上我们在中国的一些消息渠道,这种不同的声音同时存在的情况,对自己也蛮有帮助的。(留学生A6)

2.知识层次

知识层次的教育是让人通过理智的认知,掌握自然界和人类社会的知识。在英国,这个层面教育的一个特色是学生的自主学习与以互动和讨论见长的教学方式。如同前面所说,学生在教师的指导下,于课前自行阅读核心材料和拓展材料;上课时听老师解释阅读的部分内容;教师授课后,参与小组讨论课等,进一步消化所学知识。在整个求知的过程中,教师只是引导和组织的角色,学生主要是靠自己去学习本专业的课程,建构本专业的知识体系,学生在学习中的主体性突出。留学生在适应这样的教学方式后,通过积累,对本专业的知识加深了解。

本研究中的留学生来自数学、传媒、教育、艺术、药学等各个专业,他们在访谈的时候多多少少都提到了知识教学和自身在专业知识方面的积累。在上一节的教学效果部分,也通过例证的方式说明了留学生在专业知识方面的长进。此处想要加以说明的是,对于研究生来说,对研究本身的了解是他们的留学教育在知识层面的一个基本要求。不少留学生认为他们对研究和学术写作更加了解了。这些知识体现在如何提出问题,做文献综述,如何进行论证,如何用适当的研究方法解决问题等方面。

在学术技能上,因为我学的是 education(教育),我本科学的是英语师范,相对英语教育来讲,education 是一个更广更 broad(宽泛)的层面上的学习,也会让我更加系统和科学地了解一个研究从头到尾是怎么做的:研究方法有哪些? 怎么样去做更科学更合理? 如何去避免一些可能存在的偏见,让我能够清楚地了解到合理的社科研究是怎么做的。(留学生 A4)

我之所以会选择到英国留学,是因为一直在国内生活,生活习惯会被固化,可以适当改变一下。更重要的是学术习惯,这里对学术要求很严谨,来了之后发现自己本科写的论文都是闭门造车,只有文而没有论证的过程。但是,这里一切新的发现都是建立在原有的研究基础上的。(留学生 A10)

无论是在国内还是在英国读研究生,学生在研究方法和学术写作上都会有长进。毕竟,硕士阶段和本科阶段不一样。但是,从留学生对自身在研究方面的长进和收获来看,他们有着清晰的意识。

3. 智慧层次

智慧层次的教育是将常识和知识层次的知识转化为个人主观世界的一部分,转化为个人认识世界和改造世界的能力。

英国高校在教学中,最注重的是学生的智力发展,如分析、理解、批判和创新等,而不是简单背诵上课学到的知识。怎么从个人角度出发去思考和解决问题,这比问题本身的答案更加重要。这个教学目的和英国许多高校以论文为主的考核方式一脉相承。因为教学促使学生动用自己的头脑去思考,久而久之,思考成了一种习惯和"本能"。有的留学生发现自己能够从不同的角度看问题,学会思维的开放和变通,认为"我个人的最大收获是看待事物的角度";有的留学生"特别喜欢和欣赏的一点是开发能力和潜力得到了培养",即批判性思考的能力,对他人的观点不再盲从,开始学会质疑,提出"为什么如此"的疑问;有的留学生反映最大的变化是"思维的方式发生了很大的改变",学会了独立思考。

> 我以前做事情只有一个方案,但是我现在可以有 plan A、plan B 和 plan C,就是我懂得变通了,我会用不同的方式或者不同的想法去看待它。(留学生 A1)

> 更有利于提高解决问题的能力吧,这对于毕业后的工作很有帮助,还有日常生活遇到问题的一些方法和思路,也算是一种素养吧。(留学生 A11)

教学在学生思维能力发展这方面的成效特别突出。而且,英国的教育注重实用性,留学生认为英国的教育能够学以致用,解决生活和工作上的问题。这样的教育是"挖掘和激发学生潜力和创造力的过程。在书本知识以外,学校教育所培养出的各种能力,能帮助学生顺利融入社会并使其终身受益"。① 英国哲学家、教育家和数学家阿弗烈·诺夫·淮特海(Alfred North Whitehead)在《教育的目的》一书中曾说智力教育的一个主要目的是传授知识,但是智力教育还有另一个模糊却伟大且更加重要的要素,那就是古人所说的"智慧",而智慧是人们对知识的能动的掌握。一所大学的理想,不是知识,而是力量。大学的职责就是把一个孩子的知识转变成一个成人的力量。这样的教育理念已经体现在中英合办高校的办学思想中,如西交利物浦大学执行校长认为大学要通过知识学习培养能力、素养和智慧,因为在未

---

① 霍霞. 再别英伦[M]. 北京:人民邮电出版社,2013:32.

来的社会,后者比前者更加重要。①

4.精神层次

精神层次的教育是在深层次上认识和理解事物的规律,并建立自己思想的基本原则和信念。项贤明教授认为到了智慧和精神的层次,科学和人文是统一的,知识和人格的发展也是一体的。只有在纵向上完成了这样的过程,才能把教书和育人统一起来。② 因为在智慧和精神的层次,主客体达到了统一,学生所学与学生发展相契合和映证。那么,英国高校的教学,在留学生看来,对他们的精神成长有什么促进呢?

留学生一方面意识到自己发展成为一个不再盲从、不迷信权威,会批判,能够独立思考的个体。他不再是一个光听别人怎么说,没有自己想法的人;而是意识到自己的想法和别人的一样重要。在精神上,一方面,他变得更加独立,其中不仅仅是生活和学习的独立自主,也是精神上的独立,有自己的想法和原则;另一方面,"能接受他人的观点",人和人之间"有了更多的尊重"。总而言之,英国留学教育在精神层面上的意义是留学生可能会变得独立和思想开阔。

还是会选择去英国交换。一个原因是还没玩遍英国,另一个原因是一个人的留学生活感受很好,我意识到原来生活还可以这么过,不会有他人的 comments(评论),可以自由自在地发展。……收获最大的是认识到每个个体都有自己的闪光点,更加了解自己,更能认识自己的优缺点。人与人之间有了更多的尊重,英国在人际关系的礼节上做得非常好。(留学生 A12)

---

① 李昕.寻访大学——中国大学校长的英国学习札记[M].上海:上海教育出版社,2013:110.

② 项贤明."智育"概念的理论解析与实践分析[J].课程·教材·教法,2021(5):40-46.

"出国留学在知识方面的收获是很小的一部分,而思维方式的变化和看问题的不同角度,才是我最大的收获。正是这种见识上的丰富和阅历上的成长,在我今后的生活中,让我变得更加宽容,而且更加知道感恩……"①

"我觉得和以前相比,现在我思维更清晰,看事物的角度更全面,心态更成熟,生活上更加独立自主,面对压力时承受能力更强了。而且我学会了更好地与人相处。总的来说,我的思想更开阔,而行为更有原则了。"②

5. 结语

综上所述,英国的留学生教育在生命维度上的关照,主要是通过朋辈支持、传统个人导师辅导、心理支持等学习支持性服务的方式得以实现;在道德维度上的留学生满意度主要来自留学生对英国教师的普遍认可和良好的师生关系;在知识的维度上,英国课程的实用性、注重理解和运用、智力发展等以讨论为主的教学方式给中国留学生留下了比较深刻的印象;在审美的维度上,留学生享受自主学习、课堂互动等带来的自由,也对充实的留学生活以及留学带来的成就感到欣慰。

从纵向上看,英国的留学生教育在常识教育上并非放任自流,因为辅导、课程等留学生支持性服务,以及校园内外的多元文化的环境,使留英学生具备了在英国学习和生活等必备的常识。虽然英国学制短,但是英国独特的课程和教学方式也让留学生在专业知识和研究知识与技能方面得到较为令人满意的发展。英国的留学生教育最为突出的是留学生在智慧层面的发展,他们往往不是记住了多少知识,而是思维能力等个人的潜能得到了开发。在精神层面的发展上,留学生听上去普遍比较独立自信,不盲从,个人思想的价值在英式教育中被

---

① 霍霞.再别英伦[M].北京:人民邮电出版社,2013:扉页部分.
② 范威廉.英国顶尖学校[G].北京:中国经济出版社,2010:36.

强调。学生在精神上变得独立的同时,他们在崇尚互动交流的英式教学和课外活动中,性格也发生了变化,变得更加开朗、大方、外向,视野也变得宽广。总之,他们变得更加独立和开阔。正如诗人徐志摩的感怀:"我不敢说康桥给了我多少学问或是教会了我什么。我不敢说受了康桥的洗礼,一个人就会变气息,脱凡胎。我敢说的只是——就我个人说,我的眼是康桥教我睁的,我的求知欲是康桥给我拨动的,我的自我的意识是康桥给我胚胎的。"

第八章

留学生满意度解析（二）

虽然留学生对英国的高等教育比较满意,但是如同前面的研究指出,留学生的满意度并非百分之百。这不仅体现在昂贵的学费、课程性价比不高,也体现在其他相对较为满意的教学要素中。研究发现,留学生的不满意主要出自跨文化不适应。本章分为两节,第一节先分析英国教育中令留学生感到不满意的特点,第二节从跨文化理论透视留学生负面的跨文化学习体验。

第一节　令留学生感到不满意的教学要素及其特点

在定义满意度的视角中,其中之一是前后体验的对比。留学英国并不轻松,而是"压力大""累"。这些压力部分来自学业本身的负担。以课程论文为例,论文写作得基于大量的阅读,论文的字数也不少,小论文长达 2000—3000 字,大论文在 10000 字以上,一年平均每个人都会写 10 篇小论文和 1 篇大论文,共计五六万字。[①] 但是,压力更来自留学生的不适应。同留学生的感受一样,中国驻英使馆教育参赞认为到英国留学并不轻松:"许多学生几乎要经历'生命极限'的挑战,要适应全新的英语教学、考试、课程论文、小组讨论、合作项目,需要大量的课后阅读,查找资料,因英语阅读和理解力不够,很多人每天只睡 4—5 个小时。"[②]以下从教学要素的视角出发,分析令留学生因需求和期待没有得到满足,或者前后体验对比悬殊而产生负面情绪或负面评价。但是本研究并不探讨留学生适应的过程和变化,只分析那些令人不满

---

① 霍霞.再别英伦[M].北京:人民邮电出版社,2013:39.

② 中国驻英使馆教育参赞接受本报专访留学英国的建议和忠告[EB/OL].(2003-12-12)[2020-10-06]. http://news. sina. cn/o/2003-12-12/10161323783s. shtml.

意的痛点,无论是一时存在,还是一直存在。

一、教师

虽然英国的教师普遍令人感到满意,但是即便在本研究有限的样本中,留学生也遇到了性格不好的老师,或是不遵从个人导师制度的老师。文化的差异、国别和教育背景的差异更是影响师生之间的跨文化交流的因素。

(一)影响师生跨文化交流的文化差异

人和人的关系、人和环境的关系、人和时间的关系是跨文化比较的三个基本维度。人的时间观念包括:过去、现在和未来,哪个时间段重要? 某一特定时间里做一件事情,还是做好几件事? 工作时间和其他时间是否截然分开? 等等。人和人之间的关系也体现在很多方面,如个体主义——集体主义;表达的中性——情绪化等差异都会影响人和人之间的关系。中国和英国有明显的文化差异。这些差异在英国人和中国人之间划出了一条文化的分水岭。因此,本研究在讨论这些影响中英师生跨文化交流的文化差异时,不再分任课教师和个人导师,因为英国人之间有共同的文化。研究发现影响中英师生互动的主要有以下几个观念:关系特定和关系离散(specific-diffuse),线性时间和多元时间(monochronic-polychronic),个体主义和集体主义(individualism-collectivism)。

1.关系特定和关系离散

在中英师生的跨文化交流过程中,首先是两种文化在关系特定和关系离散这个维度上的认同存在差异。前者认为人和人之间的关系是分析型的,工作场合有工作场合的人际关系,生活场合有生活场合的人际关系,而且这两个圈子截然分开。换句话说,一个人在工作场合的人际关系就局限在工作的时间和场合里。如果他不在工作时间,那就不太会处理工作上的事情。在中国留学生的文化观念里，没有如此明确的工作和非工作时间分开的观念，他们期待有事情就能得到及时的解决，无论是否在对方的工作时间内。但是英方教职员工，包括和留学生互动比较密切的个人导师，都把工作和非工作的界限分得很清楚。对中国留学生来说，这不仅意味着和导师"在生活中没有什么接触"，也意味着在非工作时间内向教师求助而得不到回应的可能性更大。由于文化差异互不相容，又根深蒂固，所以有此遭遇的留学生会因自身的期待没有得到满足而感到"绝望"和"抓狂"。

他们只认工作时间的习惯让我抓狂，英国的教师和导师只在工作时间回复邮件，这意味着他们下班后，即使事情很紧急，你也得不到回复。……我的邮件他总是回复得很慢，我们交流的效率很低。……我希望他们向中国的辅导员、教师学习，对工作多投入一些，不要割裂工作和生活。如果在中国，学生可以加辅导员的 QQ 和微信，很容易交流。倘若有什么紧急情况，学生还可以在夜晚和周末联系辅导员。（留学生 B17）

其实不太能适应。就好比我在国内，当然也可能是国内导致的时差，在国外我刚开学那几天，一直在那里哭。整个人会不爽，选课太麻烦了，选课截止日期要到了，给 UCL 发一封邮件，对方又不回你，怎么办呢。打电话也没用，他不接。因为现在是远程上班，对方给你留的是办公室电话，你给他发邮件，他又不回，整个人很绝望，真的很绝望。（留学生 A3）

曾经听美国人说起，他们在一般情况下，24 小时内会看邮件。如果是节假日，可能保证不了，因为那是休假的时间。来自关系离散文化中的中国留学生可能觉得这种工作和生活时间截然分开的文化比较死板，效率不高；但是来自关系特定文化中的人却认为这样可以有条不紊，在不同的时间和空间里集中精力做那个时间该做的事情。关系特定的文化也因此拉开人和人之间的距离，因为不会全面交往。比如,老师和学生的联系仅仅限于课堂,在别的时间里则没有什么联系。所以,师生之间可能比较有距离感,"老师可能一个学期下来依然不认识你,对你不是那么熟悉"。而且,英国个体主义的文化也划出了人和人之间的界限,距离感就更加明显了——"可能跟英国文化有关,这边老师和学生的边界感比较明显。"为此,中国留学生就会怀念在文化上有亲近感的老师。

中国的老师似乎更加负责,我们可以成为朋友。我们有时在校园里碰到的时候,会打招呼。但是,和英国个人导师之间的交流仅限于学术,在生活中没有什么接触。(留学生 B10)

中国的老师在学生需要他们的时候,还是可以第一时间找到的。英国学者的研究也证实了这一点,被访留学生抱怨师生之间的距离感:"你得和你导师预约……在中国,我们和辅导员交朋友……我们有老师的手机号码……我们还能一起吃饭。"①

2. 线性时间和多元时间

不同的文化对时间的看法不同。总的来说,在跨文化交流的意义上,存在两种时间类型:线性时间和多元时间。前者认为时间是有限而宝贵的资源,这条从过去到现在,并且延伸到将来的时间是一条直线。人们将工作和生活的内容预先排进各个时间段,并且严格遵照既定的时间表有条不紊地工作和生活,在既定的时间完成既定的事项。相比之下,来自多元时间文化的人们有不同的习惯,在日常生活中,受制于时间的特点不明显。人们可根据当下的情况,调整或者改变时间表,所以灵活性较高,临时约定的可能性更大。虽然在多元文化的时间里,在一般的社会交往中,人们也通过预约的方式安排将来的活动,但是在线性时间的文化里,人们预约的时间可能会提前许多。比如,

---

① Matthew Bamber. What motivates Chinese women to study in the UK and how do they perceive their experience? [J]. Higher Education,2014(1):47-68.

提前一个礼拜,甚至提前一个月或者一个学期。相比之下,在多元文化时间里,人们可能临时、当天或者提前两三天约定去做什么。由于时间观念的不同,留学生和英国教师之间的交流就不那么符合期待了。当留学生想到要会见导师的时候,倾向于特定时间只做一件事情、习惯提早预约、按照既定的时间表工作的导师可能已经没有了时间的空当,所以中国留学生不得不改变原来临时预约的习惯,改为提前预约,学会耐心等待,以适应英国导师的时间观念。

如果我们要和导师一对一交流,得提前一个半月,通过线上的表格进行预约。这样我们能在线上与导师在约定的时间里进行一对一的交流……你不知道个人导师什么时候回复邮件。这意味着我得很早就做出安排,不然,截止日期就到了。到那个时候,再向导师求助就不现实了。这样一直拖着,你会觉得焦虑,所以你不得不提前计划好。(留学生 B17)

线性时间和多元时间的另一个主要区别是一个人在特定的时间内做一件事情,还是可以同时做好几件事情。对于线性时间文化中的个体,时间是一条直线,可以精确分成各个时间点,如钟表时间的秒、分和小时等;他们习惯在这些时间点和时间段内计划相应的活动内容。比如:9:30—10:45 上课,10:45—10:55 去地铁站,等等。而且他们的生活和工作会严格遵循这个提前制定的时间表进行。在线性时间的文化中,是时间表支配人,而不是人支配时间表,所以人们很少轻易地改变原来的计划。我国著名作家老舍在文中这样描绘遵循线性时间的英国人:"他们慢,可是有准,易教授早一分钟也不来;车进了站,他到了。"①在多元时间文化中,时间没有那么精确,是一个大概的、模糊的点或区间。所以即使约好几点见面,彼此对早到或晚到都采取宽容的态度。在多元时间的文化中,人们也更容易因为临时的情

---

① 老舍.头一天[A].老舍文集[M].北京:人民文学出版社,1999:21.

况变更时间表。虽然在现代的中国社会，多元时间和线性时间同时存在，但是线性时间一般用于火车时刻表、大型会议等；在生活中，多元时间的观念还是占据了主导地位。以上的线性时间观念和多元时间观念对在特定的时间该做什么，给出了不同的答案。

我们有个老师是德国人，他就比英国人更加讲究时间观念。下课之后，他就不会来回答你的问题了。比如有时候我下课后问他几个问题，他就会说："我的时间到了，我要去赶地铁了，下节课上课前或者课堂中可以来问我。"我感觉自己受到了冷落。（留学生 A5）

同是西方人，德国人对时间把握的精确是出了名的，此处德国老师的潜台词是现在时间表显示的是赶地铁的时间，那我就得赶地铁去了；学生可被接受的做法是在我的上课时间里提问，因为我的时间表明确说明上课时间为几点到几点。对于中国学生，这有点不近人情："我都已经问了，就几分钟的时间，也不行吗？"在中国的时间观念中，什么时候做什么事情，可以变动，而且时间点也相对模糊，不用恪守精确的时间。再不行，老师也可以一边收拾，一边回答问题，一个人是可以在一个时间做好几件事情的！但是，德国老师没有这样的文化习惯，他们不仅仅受时间表支配，而且非常讲究秩序，同时做两件事情不是他们的文化性格。由于上述种种文化差异，英国人就有了各种"慢"。学校的行政工作可能比较慢，物流也慢。

行政管理方面没有什么特别不好的，我就提一个小点吧，感觉效率比较低，希望他们的回复可以再快一些。比如说毕业证，感觉跟他们说了很长时间。（留学生 A13）

不满意的就是效率问题，物流非常慢，但是后来也习惯了。去银行开卡也是很慢，什么事都是通过邮件沟通，但这也增加了我的耐心。老师有时回邮件又比较慢，但也考虑到老师本人比较忙碌，但他们最后还是会回复。（留学生 A9）

3.个体主义和集体主义

个体主义社会区别于集体主义社会的一个特点在于:重视个人意愿。英国老师给学生充分的个人自由。如果老师不是因制度等要求不得不联系学生,他们更加习惯作为一个师生交流中的倾听者和回应者。对于习惯集体主义文化中师生关系的中国留学生来说,虽然他们可能喜欢个体主义价值导向下的个人自由,但是他们也想念被老师惦记、被老师追问、被老师管束的集体归属感。毕竟自己为自己负责,过于独立,也是一份沉甸甸的责任。

我觉得他们不太具备国内老师对学生的那种掌控性和支配度,就是会经常跟你联系,你的论文进展到哪一步啦?做得怎么样?相对来说国外就会放养,你有问题了再去问他,而且导师可能主动跟你联系的时间有限,你得自己去跟他联系。(留学生B6)

同样,在留学生和个人导师互动的过程中,交流的发动者往往是学生,而不是导师。也就是说,个人导师在师生互动的过程中比较被动。为此,部分中国留学生感到无奈,尽管有时他们以理解的态度看待这个问题。

大多数时候,我们不得不主动联系导师。(留学生B13)

一般学生有问题主动找老师,老师一般不会主动找学生,学生有问题得主动去约。(留学生B9)

我想现在的英国个人导师制度比较成熟了,问题应该在于我们。毕竟,应该是我们请他们帮忙,不是他们来问我们有何问题。这一点,我们得牢记在心。(留学生B4)

以往的研究表明个人导师和学生在谁应主动发起联络这个问题上有不同的意见。许多导师认为学生应该主动联系他们,师生会面不应成为强制性的制度。原因是出于对学生个体性的尊重,他们认为:

"应该尊重学生拒绝参加个人辅导的意愿。"①导师不主动的原因也可能在于工作忙碌,需要为其他工作腾出时间。但是在这一点上,学生和个人导师有不同的看法,学生特别强调导师应积极主动地和他们联络。② 如果学生有这样积极主动的导师,他们的满意度会更高,和学院的联系也会更加紧密。③

(二)国别和中英教育背景的差异

国别和教育背景的差异也可能会引起偏见、刻板印象和歧视。由于师生来自不同的国家,有着不同的教育背景,英国教师和中国学生对历史的学习和解读自然不同。当彼此面对一个共同的历史事件时,这种差别和分歧会很明显。殖民和战争这类历史更是因涉及留学生的自尊心而加剧了情感反应。一方习以为常,认为是绝对正确的观念,在另一方看来却"有点夸张""高人一等"。研究无法重现当时的具体情况,但是因教育背景不同而产生的跨文化交流问题出现了。

我讲一下文化冲突。进入白人语境里讲话就很神奇,中国人很为自己的国家骄傲,但是在那边就挺难的吧。有的白人会觉得自己高人一等。我有个同学选修课跨到了艺术教育去。课上讲殖民化,因为是白人老师讲,有点夸张的是他把两个中东、亚裔的小伙伴给讲哭了。(留学生 A3)

---

① David Grey, Corrina Osborne. Perceptions and Principles of personal tutoring[J]. Journal of Further and Higher ducation, 2018. https://doi. org/10. 1080/0309877X. 2018. 1536258.

② Stephen D. E., P. O. Connell, M. Hall. "'Going the Extra Mile', 'Fire-Fighting' or Laissez Faire? e-Evaluating Personal Tutoring Relationships with Mass Higher Education Teaching"[J]. Teaching in Higher Education, 13 (4):449-460.

③ Jeschke M. P., K. E. Johnson, J. R. Williams. A Comparison of Intrusive and Prescriptive Advising of Psychology Majors at an Urban Comprehensive University [J]. NACADA Journal, 2001:21(1-2):46-58.

我们专业的人比较多,一门课可能会开五六个班,每个班的老师可能不太一样,水平也参差不齐,我希望可以让学生有教学评价的平台,这个平台是可以供之后的学生看的。因为同一门课,我碰到不太负责任的老师。有一门课,我同学的那个班级里,全班同学都向学校投诉那位老师,认为他在课堂上发表了歧视中国人的一些言论。学校回复说需要进一步调查,但是并没有处理得很好。(留学生A9)

虽然从一种文化环境到另外一种文化环境中生活,一个人的文化身份会发生变化,但是有些深层的文化认同难以发生改变。有研究就中国留英学生的母语文化认同度开展了研究。研究发现英国华人留学生对母语文化的认同度是4.0357,相当于百分制的80分以上。华人留学生对母语文化的认同程度从表层文化(3.9824,79.65)、中层文化(4.0845,81.70)到深层文化(4.1056,82.11),深层文化中如涉及国家主权、节日文化、传统文化和母语等选项的认同度最高。[①] 留学生对自己国家的认同似乎具有普遍性。笔者曾在日本来华留学生跨文化人际交流的调查中发现,日本留学生在谈到一些常见的、影响中日跨文化人际交流的中日文化差异时都比较轻松,但是在涉及中日战争这种国与国之间孰是孰非的问题时,他们的防御性心理最强。原因之一在于双方在母语国家所受的教育,尤其是学校里的历史教育不同。在英国,我们同样看到中英教育的分歧对跨文化交流的影响。此外,跨文化交流主张人都要克服自我中心主义才能更好地进行跨文化交流。但是,不可否认的是来自不同文化的个体都有以自我为中心的特点。在密尔顿·班尼特(Milton J. Bennet)的跨文化敏感性发展理论中,跨文化敏感性发展要经过两个阶段:自我中心主义(ethnocentrism)和自我相对主义(ethnorelativism)。也就是说,该理

---

① 郑军.英国华人留学生母语文化认同度实证研究[J].海外英语,2014(10):275-277.

论认为从第一阶段跨越到第二阶段是跨文化敏感性得到发展，具备高级跨文化交际能力的必经之路。

偏见和歧视，是在文化差异之外影响跨文化交流的一个重要因素。国与国之间因地理位置、语言和文化差异等产生隔阂，大众传媒如报刊、广播、电视等报道的片面性，教科书撰写的立场等都有可能加深彼此的隔阂和误解。但是，留学生意识到的"歧视"不仅仅出现在课堂上，也体现在他们就业中的不平等录用现象中。可能由于种族、语言和文化的原因，与英国学生和欧洲学生相比，中国留学生相对不容易找到工作。

其实歧视会很严重，包括我去职业生涯指导，我就问老师，因为目前在英国相当于我拿到硕士文凭了，我有机会在英国工作两年。那个老师就很直接，说："雇主有可能会要你，因为你是 UCL 的学生，很 smart（聪明），但是你之后能过得怎么样我就不清楚了。"这边歧视还是很严重，也不欢迎移民。所以说有可能在那个工作环境下待得也不会很舒服。你要想清楚要不要留在这工作，他会直说的。（留学生 A3）

英国政府的一些政策也让留学生感到被区别对待。"英国政府要求在英国学习半年以上的部分国家留学生到当地警察局登记，办理临时入住手续，笔者在德比大学外事处查阅到的有关文件，所谓的这部分国家，均为亚、非、拉美的一些他们认为的第三世界国家（包括中国），大部分中国留学生对这一规定十分不解，认为受到歧视和不信任，使他们一开始就对英国产生了不满情绪。"①

在本研究中，中国留学生对于英方教师的不满主要来自课堂上他们对教学内容的解释。因为本研究没有直接可从课堂交流中获得的数据，而且交流本身很复杂，所以不敢妄下结论，只能说刻板印象、偏

---

① 贺平,唐洁.中国留学生在英国经历的文化冲击现象分析[J].四川师范学院学报,2015(3):83-86.

见和歧视这类因素有可能会影响部分中英师生的跨文化交流。所幸,
英方高校对留学生采取保护态度,鼓励留学生积极上报校园内外因国
别和种族背景不同而发生的歧视事件。比如,在2021年9月份,谢菲
尔德大学多名中国留学生遇袭,英国官方采取了保护留学生的措施。

我想提的是种族歧视问题。疫情刚开始的时候,爱丁堡大学总体
情况还是不错的。但是有同学在路上遇到有人辱骂中国学生,让我们
滚回中国这种情况。针对这种情况,学校是要求我们立即上报的,他
们会立即和警察局联系,然后进行处理。种族歧视在这里是个非常敏
感的问题。因为英国的亚裔、中东裔或者非裔也很多,他们会非常关
注种族歧视的问题。(留学生A9)

二、课程

(一)课程容量

如前所述,英国是一年三学期制。虽然留学生要学习的课程不
多,有的高校两个学期只有四门课,但是英国高校的学期短,而且每一
门课程的容量大,每门课程一个星期可能会换不同的主题,所以留学
生在阅读、讨论、作业等方面的任务繁重。尤其是授课型硕士,学习的
时间短、强度大。他们在这样的压缩课程下学习,感到累、紧张、压
力大。

因为英国是一年的学制嘛,所以把国内研究生两年学的内容,压
缩成了一年,同时我们还有实习项目。因为课程是压缩的,所以整个
任务量很大,经常就会在任务截止日期前熬夜。平时,其实任务挺紧
的,要看大量的预习文献。(留学生A5)

在国内上学的话,可能你的时间会相对更长,也就不会像国外那
样感觉特别忙吧。这也是跟学制有关。在国外上学会相对有压力感,
当然这个有利有弊吧。(留学生A16)

留学生的适应能力因人而异，并不是每个学生在学期结束前都能够完全适应在英国高校的学习。有的留学生可能在语言、环境、教学等还没有完全适应的时候，课程就结束了，尤其是那些只在英国短期停留的学生，如留英半年的交换生等。

（二）课程难度

课程难度的感知取决于多种因素。跨专业学习的留学生比较会感觉到课程的难度，因为缺乏前期学习的基础。事实上，在英国换专业的留学生不在少数。一项研究发现，在 23 名接受调查的留英学生中，有 20 名留学生在英国改变了原来的专业。[①] 跨专业学习令他们感到压力比较大。

对我来说，就算不是跨专业，我觉得压力肯定也是有的。我跨了专业，刚开始那种术语或者有些东西你就没有办法理解，有些东西光去查资料弄懂就很费时间。我不太跟得上，确实压力会大一点。跨专业学习还真的挺累的。（留学生 A1）

除了因转专业造成的知识背景的差异，教育背景的差异也会造成专业知识背景的差异。而且靠一己之力自学似乎难以填补知识空缺。如同有位留学生所说："我的专业知识比较弱，所以我得靠自己去读，但是，我自己学不深，我缺乏对于专业知识的深度理解。"[②]

课程难度还取决于学生适应的能力。留学生从国内应试教育的学习方式转向英国高校需要完成很多作业（coursework）的学习方式，可能会特别不适应。而且，考试的范围比较广。前期研究发现："在被调查的 200 名中国留学生中，约一半的学生均有不同程度的学业困

---

① 薛惠娟.文化适应与国际教育中学业成功之研究[J].教育学术月刊，2010(12):50-53.

② 薛惠娟.文化适应与个人资本形成[M].上海:上海交通大学出版社，2011:116.

难,学业受阻碍,大大挫伤了留学生的自尊心和自信心。不少人因此情绪低落,忧心忡忡,甚至失眠,使得他们的留学生活雪上加霜。"①体会到转专业不容易的留学生会思考其必要性。考试范围过大的问题,留学生也在想办法应对,比如:到图书馆找任课老师要前几年的试卷,复习老师上课的重点内容,重视基础知识,加强临场发挥能力,注意答题中的思维模式,等等。

除了上述的因素,课程难度还在于课程本身。比如,有的研究发现留学生认为理论学习的负担太重,没有实例。② 有的留学生直接认为课程"太难了"。

有的课程如果太难的话,我觉得老师应该去听一下大家的反馈:问问学生是不是觉得太难了,如果很多人都觉得难的话,他可以再开一堂,就是开小灶的那种课。但是他好像没有这样做,他只是在每一个模块结束了之后,让我们对这个模块做评价。(留学生A13)

最后,虽然留学生在学习上比较自由,但是英国高校的考核还是比较严格的。比如,对于从事研究为主的博士生而言,论文至关重要。因为学术上的要求严苛,他们也经历过灰心失望、困难无助。"即使对于英国的学术群体,也是很困难的,因为你的论文得让同领域的许多专家评审,在大多数情况下,你的研究方法会被同伴毫不留情地批评。"③

(三)课程的匹配度

课程的匹配度从两个方面进行阐述,一方面是英国留学生课程的

---

① 贺平.中国留学生在英国经历的文化冲击现象分析[J].四川师范学院学报,2001(3):83-86.

② Matthew Bamber. What motivates Chinese women to study in the UK and how do they perceive their experience? [J]. Higher Education,2014(1):47-68.

③ 薛惠娟.文化适应与个人资本形成[M].上海:上海交通大学出版社,2011:126.

内容所蕴含的文化和留学生母国文化的差异；另一方面是课程的定位和留学生需求的匹配度。

1. 课程跨文化意识的缺乏

留学生对课程的不满还来自英国作为西方国家和其他留学生来源国之间的文化差异。这些差异会直接影响专业知识的应用和实践。在从事咨询的专业，被调查的留学生注意到英国的硕士课程内容和原先在国内学到的内容不同，而且英方所授的内容不适用于本国（地区）的咨询实践。比如：英国和亚洲国家（地区）在表达的直接和间接方面存在差异。英国咨询师教育的文化假设是所有的孩子都应该把自己的问题说出来，表达自己的情感，但是来自中国台湾的留学生认为这在台湾本土并不可取，因为说出自己的问题是一件令人蒙羞的事情。来自中国台湾的留英学生说："我知道该如何与孩子建立信任关系，帮助孩子表达情感；但是我对咨询缺乏具体的认识。咨询并不属于台湾社会生活的主流；说出自己的问题在文化上令人难以接受，使人蒙羞，尽管我确实想提升与孩子们建立关系的能力，帮助他们解决问题。"[1]中国内地留学生也对此表示认同："中国人会自我保护，他们不说出来；以个人为中心的咨询方式让人分享情感，这个理论似乎和我们的文化相违背。"[2]留学生一方面觉得课程缺乏跨文化意识，另一方面认为英国方面不够灵活，认为留学生得接受他们那一套。这种因课程和教师本人的文化意识缺乏而导致的问题在教学中也有所体现。在英国课堂上，很多案例都是本土的，留学生对于英国和欧洲的情况不熟悉，瞬间失去了话语权。"当他们和中国或非洲学生讲英国或欧洲的商品、品牌和专利时，因为我们的背景知识有限，我们对这些根本不知

---

①② Sue Pattison，Sue Robson. Internationalization of British Universities：Learning from the Experiences of International Counselling Students［J］. International Journal of Advanced Counselling Students，2013(35)：188-202

道。所以我们对教学没有任何的反馈。"③

在高等教育全球化的今天,英国作为海外留学生的一个最主要的留学目的地国家之一,在留学生教育上有丰富的经验。留学生的到来也让他们意识到课程改革的必要性,但是这个过程似乎很缓慢。以对外英语教学(Tesol, Teaching English to Speakers of Other Languages)的硕士生课程为例,这个课程自 1984 年在爱丁堡大学开设以来,经历了一些变化。但是这个过程缓既慢又保守,通常有赖于学术人员和大学政策之间的辩证关系。④

2. 课程定位和需求不匹配

英国高校的课程并不都以实用性为导向,有些理论性很强或者以研究为导向的课程和现实的联系就不那么紧密。有些留学生在选择课程的时候,只关注自己是否喜欢某个专业,而没有关注课程的定位,结果他们实际所学的课程和期待中的课程反差较大。为此,他们感到不满。无论是缺乏教学经验的学生进入一个理论导向明显的教育系硕士课程,还是一个期待了解英国护理体系的博士生进入一个封闭于书斋、没有田野调查的研究,都有这样的错位感。

最不满意的地方可能是学习教育学(比较偏理论知识),对实际找工作没有太大的帮助,缺乏实践性的技能。这里有很多学生是有教学经验的,他们对于教学的见解会和我们不一样,更加有深度。他们的目的性也更强,他们就是出来进修。如果再让我选一次,我会选择工作后再来就读。(留学生 A9)

"这是一个我们都会面临的问题,如果我们回国,有人会问:'英国

---

③ 薛惠娟.文化适应与个人资本形成[M].上海:上海交通大学出版社,2011:114.

④ Mostafa Hasrati, Parvaneh Tavakoli. Globalisation and MATESOL programmes in the UK[J]. Higher Education,2015(4):547-565.

的卫生系统怎么样?'我们不知道,因为我们没有机会进入田野调查,没有机会观察。我们就是做研究,只在自己的地盘上,在办公室对着电脑。我们怎么知道这里的规则? 如果我们能够进行国际比较,那会很有用,特别是对我这样为促进变革而来学习的人。我的国家派我来英国学习,人们期待我回国后能够带来一些变化。所以我想要了解英国的情况,这样我能够把我所知道的带回国内。"①

对于赴英国留学的学生来说,选择去英国留学之前要考虑的不仅仅是专业,还有这个专业的课程定位,是重理论还是重实践。

(四)课程内容的衔接

前往英国留学的学生遇到的一个难以克服的困难是两国教育背景的差异造成了难以填补的知识鸿沟。无论是转专业的学生,还是专业基础不好的留学生,都会遇到这个困难。有学者在研究中引用了一名叫平的留学生的案例:"海外学习对于平来说是一场挣扎。访谈之前,他已在英国待了六年,他没有经济问题,也没有文化休克。在国内的时候,学习不是很好,也不努力,现在他很担心在各个方面出现的知识匮乏。"②留学生和个人导师在辅导时也会因为留学生在教育背景方面的差异而难以进行顺利的交流。

因为英国的教学内容和我国不同,许多导师认为我应该掌握的理论,我都不知道,我得花很多时间让他明白我的知识水平。(留学生 B14)

等留学生毕业后,他们可能选择回国读博士。这时候,如何适应国内的要求,在专业知识和研究上与国内教育接轨就成了部分留英学生考虑的一个问题。

---

① Catrin Evans, Keith Stevenson. The Experiences of International Nursing Students Studying for a PhD in the U. K: A Qualitative Study[J]. BMC Nursing,2011:1-13.

② 薛惠娟.文化适应与个人资本形成[M].上海:上海交通大学出版社,2011:114.

我从研究生角度谈吧,可能国内的训练时间会比较长一点,国内学硕是三年,专硕是两年。英国不管是学硕还是专硕都是一年;不管是从科研训练角度来看,还是从其他方面来看,国内的时间都是比较长的,所以如果我现在回去升国内的博士,可能要花更多的时间去读国内老师要求看的一些书,然后去了解他们的训练方法和他们的写作方法。(留学生 A4)

(五)疫情的冲击

在 2020 年初暴发,随后在世界范围内传播开来的疫情给英国的留学生教育带来了冲击。出于隔离的需要,高校取消了在校留学生出国考察的实习课程。这对高校的实践性教学造成了不可挽回的影响,留学生也失去了宝贵的学习机会。

网课学不到什么,这点不满意。如果没有疫情干扰的话,我们就会去非洲实地考察了呢。签证都办好了,疫苗也打了,飞机票也都订好了,结果临门一脚去不了了。(留学生 A1)

在疫情的冲击下,线下课程纷纷变成网络课程,师生和同学只能在云端相见。网络课程不仅仅在传输上要解决很多技术问题,还在很大程度上影响了英国高校传统的、以互动和讨论见长的教学方式。留学生在某种程度上被网课剥夺了原有的"课程参与感",丧失了练习和提升英语口语能力的机会,等等。以疫情暴发为分界线,留学生对英国的课程教学模式也从满意变成了不满意。

另外不太喜欢的是,感觉和老师的直接沟通会比较少,小组讨论也比较少,因为像我们这种只在网上看老师给的资源的话,感觉就像自学,课程的参与感就很低了。(留学生 A2)

我是 2019 年 9 月份过去的,一直到 2020 年 3 月份,我都是在线下上课,那个时候我还是挺满意的,因为可以跟老师面对面,包括同学也都是 foreigners(外国人),和他们交流,对口语的提升很有帮助。但

是 2020 年 4 月份开始,英国的疫情开始严重起来,然后就全部转为线上上课。(留学生 A7)

我觉得上课体验不是很好,这是我不满意的地方,但是也没有办法。那个时候还是线上课程的摸索初期,当时网络不是很好,也不能进行讨论,只能听老师讲。相对来说,现在上网课比较久了,学校都会有经验去应对各种问题。(留学生 A4)

三、教学与辅导

本节分教学和个人辅导这两个部分来探讨令留学生感到不满意的地方。

英语是留学生教学和辅导使用的语言,但是留学生和英国人的交流存在语言障碍。在教学中,语言障碍体现在听、说、读、写这四个方面;在和个人导师的交流中,语言障碍主要体现在听、说这两个方面,因为师生之间主要是口头交流。

(一)教学与辅导语言

来到英国,无论在课堂内外,留学生都必须使用英语进行交流。英语水平对留学生在英国的学业至关重要。留学生的英语语言水平会影响他们在教室、讲堂、图书馆等场所的书面语言和口语的理解程度,也会影响他们用英语表达的流利程度。虽然英国高校要求留学生的雅思成绩达到该校的录取门槛,但是,即使留学生能达到这个标准,还是需要一段语言的适应期,尤其是那些雅思成绩达到入学门槛,但是分数又不高的留学生。他们在英国开始学习和生活的时候,会明显感觉到语言障碍,以至于在学习上不知如何开始。

语言障碍产生的原因有以下两个方面。一方面是留学生的入学雅思成绩偏低,不足以应对学习的语言要求。以某项研究为例,留英学生的雅思成绩在 6—6.5 的居多,总共 23 名学生,分数在这个区间的占据 19 名,达到 82%。① 留学生教育管理经验丰富的英方高校应该知道这个成绩还不够,只是雅思成绩属于这个区间的留学生,经过一番语言适应,基本能够胜任英国的留学生活和学习。另一方面是考试在某种程度上不能反映现实学习和生活中所需的语言能力。在现实交流中,学生在听、说、读、写这四项语言的基本技能方面,都要接受现实生活的进一步检验。

1. 听

在留学生看来,过快的语速和各地的口音是造成听力障碍的原因。雅思考试是科学的测试,考试官方对于语速和语音都有既定的标准。到了现实生活中,标准就被打破了。说话人随心所欲的速度,与生俱来的口音等给留学生带来了难度更大的现实版测试。

"我发现语言也是个障碍,尤其是听力,我不能理解马来西亚的学生在说什么。有位老师有浓重的地方口音,我很难听明白。"②

我以前有个教授,他是印度人,很难听懂他的讲话。(留学生 B3)

"我觉得听力最难。外国人说话太快了,很难跟上他们的节奏,就算我把课堂上教授讲的话都录下来回宿舍听,有时还是听不懂。"③

我跟他说我们家出了老鼠的事。他当时问我,是 rat 还是 mouse,我当时不知道 rat 和 mouse 的区别。他问我,是 rat 吗。我就说,好像是。他说,什么,你那儿居然有 rat,那个 rat 有那么大。我就说,不是不是不是,那好像是 mouse。Rat 是那种特别大的鼠,我当时并不知道。(留学 B1)

---

① 薛惠娟. 文化适应与国际教育中学业成功之研究——中国学生留英经历考察[J].教育学术月刊,2020(12):50-53.

② Ging Gu.（2009）Maturity and Interculturality：Chinese Students' Experiences in UK Higher Education[J]. European Journal of Education,Vol44,No.1,pp.37-52.

③ 应竑颖.中国留英学生英语学习障碍分析——基于民族志方法的研究[J].景德镇学院学报,2017(5):109-114.

国内研究在探讨留英学生和访问学者的听力问题时指出了以下的原因:说话人有口音(27.9%),说话人语速快(26.2%),话题不熟悉(18.6%),词汇有限(15.1%),说话人使用口语表达法(11.6%)。这个研究用量化的方法测量出了听力困难的原因,其中占比最大的两个原因和本研究的结果一致。英国学者的研究也发现学生常常听不懂各地的口音和方言。① 笔者针对来华日本留学生和美国留学生的研究也发现有口音的方言在语言交流中造成的障碍,为此一些先前有来华经验的留学生选择了北京等当地方言和普通话相近的高校留学,而不是选择方言和普通话反差很大的南方高校上学。我国著名学者费孝通在《留英记》中如此诉说自己参与习明纳时遇到的语言障碍:"我最初参加这种场合,真是连话都听不懂。听不懂的原因有二:一是这里的人虽则都是在说英文,但是来自世界各地,澳洲的、加拿大的、美国的、欧洲大陆的之外,还有亚洲的、非洲的,口音各有不同,而且在习明纳里都是即兴发的言,不是文言,而是土话。二是资料具体,富有地域性,地理不熟,人类学知识不足,常常会听得不知所云。"②

留学生能否克服听力上的困难? 如果可以,需要多长的时间才能克服? 一项研究指出留学生过了一两个月才能够在课堂上听懂大部分的内容。"对于那些英语好的学生,过了六周以后,他们都能听懂课上的内容,而且能跟上课上的进度。"③另一项来自英国学者的研究发现事实没有这么乐观,有一组留学生认为由于语言能力不足,她们在第一个学期的前5—6周感觉自己非常落后,而且以后也没能完全跟

---

① Matthew Bamber. What motivates Chinese women to study in the UK and how do they perceive their experience? [J]. Higher Education,2014(1):47–68.

② 费孝通. 留英记[EB/OL]. (2017-05-12)[2021-11-10]. https://www.sohu.com/a/142232222_507402.

③ 张士奇.浅谈语言水平对中国留英学生学术成就的影响[J].教育观察,2017(11):14-15.

上。焦点团体访谈中的留学生对学前课程感到失望,尽管他们被告知这些课程对语言能力的提升很有效,但最终他们还是没能听懂讲座。①

综合先前有关学前课程和留学生语言适应的研究,笔者认为听力语言适应是否成功,和学生的语言基础有很大的关系。学生能够多大程度上在听力方面适应英国高校的学习,也是因人而异。学前课程应该有一些效果,但是想要凭借几周或者几个月的课程实现英语听力的完全突破,这或许是一种太理想化的想法。

2.说

不少留学生的英语水平还没有达到听说自如的地步,因此,他们在课堂和讲座上都难以听懂老师讲授的内容。在课堂发言、演讲和讨论的环节上,与英国当地学生的差距很明显。国内学者发现留学生是这么说的:"如果有机会事先准备并且修改好讲稿,我们的口头表达要好得多。但是一遇上即兴演讲,我们总是要在说话前花一段时间组织语言,所以免不了会吞吞吐吐还错误百出。"②"要像英语母语者一样说一口流利的英语太难了,尤其在课堂讨论和平时聊天时,差距更大,我总是跟不上他们的节奏。"③

国内研究发现留学生和留英学者最常见也最难的口语活动是与导师或同事谈论专业。英语口语能力不佳的原因有缺乏实践(37.8%)、不能用英语思考(27.6%)、词汇有限(25%)、缺乏自信(5.8%)、语法不熟(1.9%),④本研究的样本回应了缺乏实践和缺乏自信这两个原因。

---

① Matthew Bamber. What motivates Chinese women to study in the UK and how do they perceive their experience? [J]. Higher Education,2014(1):47-68.

②③ 应竑颖.中国留英学生英语学习障碍分析——基于民族志方法的研究[J].景德镇学院学报,2017(5):109-114.

④ 陈卫东.中国留英学生英语语言能力分析[J].外语教学与研究,1993(1):1-8.

一开始,我确实有语言交流的问题,但是在练习和多说英语后,就好多了。(留学生B16)

我有一个室友是国内的,她不是英语专业的,因为觉得自己的语言水平不够,不太敢跟老师交流。(留学生B2)

3. 读

有的留学生认为阅读材料"总体难度还可以",但是也有留学生觉得阅读难度大。阅读内容的难度取决于多个因素。一是对英式教育中大量阅读的适应。如果不能在全英语环境下适应大量的英语阅读,自然会感觉到阅读是件难事。

一开始我觉得很难,因为阅读量太大了,还有很多专业术语和专业知识,这些内容需要你读了这篇文章,再阅读其他文章才能理解。但也要看情况,有时候也觉得挺简单的。但是我们专业相对还好,听说TESOL(对外英语教学)的阅读量比我们更大。(留学生A9)

二是专业英语能力不过关。留学生的英语水平尚不能自如地应对专业术语的理解问题。阅读中得自行查阅和理解这些术语,不能指望老师来讲解。

首先有一个语言的障碍,英语论文有很多专业词汇,特别是我们二语习得的那个文章有很多专业词汇,专业术语老师也不会提前讲,可能直接就讲了,然后只能自己去查。可能老师课上会稍微讲讲这个词大概什么意思,但不会提前告诉你们。大家基本上自己查一下也都懂了,更多的就会关注内容。(留学生A5)

有时,生词不是问题,问题在于阅读材料本身,有的"通俗易懂",有的"很晦涩"。如同有位留学生所说:"用字典查生词,还不是最大的问题,最令人头疼的是我花了半个小时读了好几页书后,还是搞不清楚作者到底在讲什么。"可见,文章内容本身的难度是决定阅读感受的一个重要因素。有些文章的内容因其学术性而晦涩难懂。其中的原因是理论思维跟不上,还有可能是对学科内容不开窍或者对某些相关知识不够熟悉等。由于上述的原因,留学生会遇到"你读了这篇文章,还要读其他文章才能理解"的情况。

难度的话也不太一样。有一些文章,你会觉得比较容易理解,比如说我这个学期有一门课是教你怎么做研究的,你可能会读到很多方法论方面的文章,这种就比较好读一点。但它也会涉及一些哲学方面的内容,什么实证主义啊,就会比较难理解。(留学生 A2)

这个领域本身就比较难,学术性强,还涉及很多数学方面的知识。比如说里面有数据,像采访数据分析是属于质的分析;还有一些量的分析,比如说做一些调查;有些数据统计要有程序去计算,比如说中位数;等等。这个数据一开始去理解也是有难度的。(留学生 A5)

国内研究发现,对于留学生来说,专业阅读最重要。造成阅读困难的原因在于词汇有限(42.4%)、内容生疏(27.3%)、阅读速度慢(26.6%)、语法不熟(1.4%)、其他(2.2%)。① 留学生已经意识到自己词汇有限,阅读速度慢,内容生疏,等等。值得注意的是,在研究生阶段,专业阅读不仅仅和语言能力本身相关,也和专业理论、概念等的理解密切相关。

4.写

英国高校对于写作比较重视,可能是留学生的考核与评分,尤其是文科专业,都与论文写作能力密切相关。有些高校在录取国际学生的时候,不仅说明雅思总分需要多少分,各项不能低于多少分,还特别规定写作不能低于多少分。留学生在谈到学习支持性课程的时候,提到最多的是学校免费发放的、抢手的写作课程。部分留学生在正式开学前,会参加学前课程的学习。这个课程给留学生带来的好印象似乎也集中在写作方面。尽管英国高校设置了录取的最低语言门槛,通过

---

① 陈卫东.中国留英学生英语语言能力分析[J].外语教学与研究,1993(1):1-8.

学习支持性服务帮助留学生提高写作能力,但留学生还是会感到写作困难。

部分原因在于留学生在英文写作的量上跨度很大,以前可能就是英文课上的小作文,到了英国留学后,一个学期要写几篇论文,而且要写上千字。最重要的是学术写作能力不足。首先,写作能力不仅体现在"语法""词汇"、中英思维混淆等一般性的写作问题上,比如有的留学生会说:"语法和词汇的匮乏让我无法在作文里表达我的想法""有的导师甚至看不明白我在写什么,说我的论文缺乏连贯性,有中式英语的痕迹。我真羡慕那些本国学生啊,他们轻轻松松就能写出漂亮的论文。"①

更值得注意的是,造成写作困难的原因还在于留学生不明白"论文框架""风格"和"规定严格"等有关学术论文写作标准的问题。留学生比较担心自己的写作能力,确切地说,一是不知道学术写作的标准;二是知道校方严格;三是对于科学研究本身认识不足。这些内容在学前课程中有所涉及,但是校方一般只要求雅思水平没有到一定标准的学生参加。而且,短期的培训也不能解决所有留学生的问题。在学课程系列中的写作课又比较有限,只有一部分抢到课的留学生才有机会上。

"不管是论文的内容还是结构,我都没有把握,格式、结构还有研究方法我都要重新了解,所以写得很慢,常常要停下来边学边写。要不努力的话肯定没法及格了。"②

有挑战的地方,可能就是学术写作,因为之前在中国完全没有接触过。哪怕毕业论文,其实我们都是水过去了,就没有这么严格的各种规定,因此,国外第一次接触觉得有难度。(留学生 A2)

---

①② 应竑颖.中国留英学生英语学习障碍分析——基于民族志方法的研究[J].景德镇学院学报,2017(5):109-114.

相比之下,在英国有留学经历的学生就能够在写作方面驾轻就熟。

"在我读 2+2 国际项目的时候,中国学生是非常少的。当我刚开始学习的时候是很困难的,因为我的雅思只有 6 分。由于我有两年的英国留学经历,在研究生阶段我就更容易融入这样的学习环境。我还认为,我的英语写作能力比其他留学生更好。因为我对于英国学术论文的框架和风格更熟悉,所以我能够写出更好的论文。"①

总之,词汇有限、语法不熟、不熟悉格式是造成写作能力不足的最为常见的三大原因。② 综上所述,在写作方面,留学生不仅需要提升语言表达能力、学会学术写作,还要适应大量的写作任务。

(二)教学与辅导

1.教学

(1)教学目的

中英在教学目的、内容、方法等方面的差异都很大。留学生从一个教育体系跨越到另一个教育体系,在教育文化的适应方面出现了不少问题。在一个陌生的教育文化中,周围的一切都变了,留学生开始对"学什么"感到困惑。面对完全不同的教学形态,不明白教学的目的是什么。

"我刚开始在这儿学习的时候,我不习惯这里的学习和生活,我不知道从哪里开始,上课的时候,我不明白教学的目的,有时候我不是很理解老师在讲什么。"③

---

① 张士奇.浅谈语言水平对中国留英学生学术成就的影响[J].教育观察,2017(11):14-15.

② 陈卫东.中国留英学生英语语言能力分析[J]外语教学与研究,1993(1):1-8.

③ Ging Gu. Maturity and Interculturality:Chinese Students' Experiences in UK Higher Education[J]. European Journal of Education,2009(1):37-52.

英国的课堂不传授系统的知识，知识点可能都在老师发放的阅读材料里。留学生在开始学习前，一般没有与英国教学相关的培训，主要是在实践中领会和适应。这是一个充满疑惑的过程，对于老师的教学要求和具体目标，都没有把握。留学生会问："你是设法进行深度学习，还是仅仅掌握要点？"[①]"导师说解读的能力，这是什么能力？"。[③]

（2）教学方式

一般而言，国内的课堂不像英国的课堂那样注重师生和学生之间的交流，小组讨论和专题研讨课也不是那么常见。因此，初来乍到的留学生对英国的课堂互动和讨论课不太适应。其中的一个原因是前面说过的语言。因为听说能力不够，所以学生失去了不少通过讨论等交流方式进行学习的机会。

另外一个原因是和教学方式的转变直接相关，学生从被动的角色被迫变成主动的角色——"当我刚开始我的硕士阶段的学习时，我很不适应这里的教学和学习环境……教学方式和中国差异很大。中国学生习惯于填鸭式教学，但是这里的学生被要求参加小组讨论……"[③]教学方式的改变令留学生原先形成的期待常常落空。在他们尚未看清和理解英国高校这种交流互动式教学背后的目的前，会对这种教学方式感到疑惑和不解。他们原先对英国教育文化的假设是讨论应该有个明确的结果，比如导向一个正确的答案。但是在英国，讨论最后也没有出现什么答案。为此，在留学生意识到教学注重的正是这个寻求答案、启发思考的过程前，期待最终答案的留学生会抱怨："总是讨论讨论，最后又没有正确的答案让我记下来，我觉得很不踏

---

①② Matthew Bamber. What motivates Chinese women to study in the UK and how do they perceive their experience? [J]. Higher Education,2014(1):47-68.

③ Ging Gu. Maturity and Interculturality: Chinese Students' Experiences in UK Higher Education[J]. European Journal of Education,2009(1):37-52.

实,好像学不到什么东西。"①

另一个中英课堂教学方式的差别体现在课堂参与。英国课堂参与背后的文化观念是人人都能做出知识的贡献,中国的课堂有教师一言堂的传统。在中国,学生一般是在老师带领下的被动的学习者,学生只要跟着老师认真学习就行了。但是,英国的课堂相信来自不同文化的、有着不同经历或者学习背景的独特的个体,无论是老师,还是学生,都能为学习贡献自己的一份力量,因为每个人对于一个问题的理解、洞察和体验都有所不同。英国教师对于学生参与课堂的必要性这样看:"他们在很多领域,或许体验更深,但是老师却未必。实际上,我们是相互学习。所以,如果你不做出贡献,那么我认为每个人都在失去,不仅仅是这个学生,还包括教师和所有的学生。"②

还有一个是和中国的面子文化有关。在国内,我们期待正确的答案,不太能接受错误的答案。一旦学生说出错误的答案,老师和学生都会不认同。错误的答案会让该生觉得有损自身形象,丢面子。由于原先文化中带来的面子观念,学生在留学初期常常保持沉默。

这里有件事还蛮搞笑的,中国学生一开始去的时候都不敢或不愿意发言,所以头两节课气氛就很尴尬,老师就说我们是"Chinese Silence"(中国式沉默),当然后面就慢慢习惯了。(留学生 A7)

放眼一个国际化的教学语境,不同国家在教育文化上和英国存在差异的绝不仅仅是中国留学生。比如,日本人比中国人更加保守、更加沉默,非洲学生又观点鲜明。有留学生说:"我体验了学习风格和学习方法的差异,日本人克己,和我一样,但更加保守一些。我发现教与学比较难适应;所有的学生都来自不同的文化。一些人表达欲望强

---

① 丁凤.教学环境下学习自主性发展空间的拓展[J].广东外语外贸大学学报,2012(6):95-99.

② 薛惠娟.文化适应与个人资本形成[M].上海:上海交通大学出版社,2011:130.

烈;中国/亚洲学生羞怯、沉默。非洲学生观点鲜明,这好的,我学了不少。我想要说话,但是太保守了——很多年的文化习惯了。"①

(3)教师角色

在中国的文化里,老师是知识的权威。作为知识的堡垒,老师应该知道所有问题的答案。在英国,老师是一个启发者和引导者,他们不应被指望知道所有的答案。英国留学生教学的重心之一在于开发学生的思维能力。由于中英两国在教师角色等教学各个方面存在差异,加上留学生旧的文化观念根深蒂固,新的文化观念还未形成,有些留学生对英国教师的角色感到不满意,提出了批评:"他们常说'没有唯一的答案'。我认为这不是一种负责任的教学态度,因为老师应该指引学生往正确的目的地走……中国老师有社会责任心……但是,这里的老师是拿工资的人。"②"这里项目的作用是促成思考,它不会真正地提升你。他们提供设备,然后指导你怎么做。他们不会来点燃你,大多数的讲师没有一个扎实的背景。"③

如果我们站在英国老师的立场看中国留学生的批评,会发现两种文化之间明显的差距。英国的教师不认为自己应该给出正确的答案,在他们看来:"学生如果普遍期待老师会给出所有问题的正确答案,那很吓人。"④为什么英国教师的看法和中国学生对教师的期待完全相反?原因可能在于:英国教学的知识面比较开阔,如果学生要求老师

---

① Sue Pattison, Sue Robson. Internationalization of British Universities: Learning from the Experiences of International Counselling Students [J]. International Journal of Advanced Counselling Students,2013(35):188-202.

② 薛惠娟. 文化适应与个人资本形成[M]. 上海:上海交通大学出版社,2011:130.

③ 薛惠娟. 文化适应与个人资本形成[M]. 上海:上海交通大学出版社,2011:122.

④ Bodycott p., walker A. Teaching Abroad, Lessoons from about Intercultural Understanding for Teachers in Higher Education[J]. Teaching in higher education,2000(1):79-84.

在宽广的知识领域内,面面俱到,无所不知,他们认为是很"吓人"的;而且,它强调个体的自主学习、对所学内容的理解和批判,以及自我创新的能力,个体思想的活跃令知识的理解和加工更具开放性和独特性,在这样的前提下,让老师对学生所有的疑问都有一个明确的答案,在他们看来,也有难度,更何况知识本身就是在不断更新的。

(4)学生的自主学习

虽然留学生一个学期的课看似不多,但是课程容量大,学习任务比较繁重。他们的学习日常包括课前阅读,为上课做准备;课后还要复习,复习老师上课讲授的内容,因为老师可能不会详细或者系统地讲解知识点。正课结束后,还有小组作业,为此他们得准备资料或者阅读既定的资料,积极思考,提出观点,准备发言稿,等等。期中和期末还有论文需要独立完成。学习时间短,学习任务多,非常紧张和劳累。

我觉得学习还挺累的,老师上课不会告诉你某个知识点正确或者错误,我们必须花大量时间去阅读文献,然后自己寻找支持的观点的论据,再拿到课上去和同学、老师进行讨论。虽然课程不多,有挺多自主学习的时间,但是平时周一至周五一般会进行小组讨论,到周末就要去图书馆阅读文献,最多的时候一周要看 200 页英文文献。(留学生 A8)

确实是挺累的。我们期中、期末都要写一篇 essay(文章),就相比一门课只写一篇 essay 的课程会忙一点。(留学生 A1)

部分留学生,尤其是本科生,如果平时作业在期末总评成绩中占一定的比例,那么就"不像国内一样,到了期末复习一下,差不多通过就行",而是在整个学期都会感受到考核的压力。此外,同行竞争的压力等也让有些留学生很自觉地利用课外的时间预习和复习,争取不落人后。留学生 A11 认为压力来自同伴竞争压力下的自主学习:"大家都很优秀,学起知识也很快,如果自己不预习、不复习可能会跟不上。"

　　自主学习的另一个和满意度相关的特点是它对学生独立性的要求超出了想象。英国留学生教育的核心是自主学习能力、批判性思维和创新性思考。除了研究能力的培养,学生的自主学习能力的养成也是学习是否顺利和学业是否成功的关键。在国内,学生可以跟着老师的安排学习,但是在英国,老师给学生很大的自由空间,学生得自己去安排时间、制订计划等。为此,有的留学生觉得不是很适应。如同在师资一节提到的,他们对于英国教师完全放手,将学习自主权还给学生的方式不适应。

　　国内总的来说是老师推着你走的,就是老师是推着你学习的,现在国外这种上课方式完全靠自觉。如果没有很强的自觉性,可能最后什么也学不到,essay(文章)也拿不到一个特别好的分。(留学生A7)

　　尚未适应自主学习的留学生等着老师告诉自己"做什么",对学生自主学习习以为常的老师却等着学生告诉自己"怎么做",双方的期待完全错位。比如:每次导师问下一步打算干什么,有什么计划,学生都没有想法,认为老师会告诉我这些。如果说本科生和硕士生还有小组讨论、课堂讨论等在学习上相互探讨和扶持的学习方式,博士生的学习和研究的自主性就更加彻底了。牛津大学的毕业生提到在博士阶段没有必修课,只有讲座可听,一些研究中的博士生对于纯粹的,"完全靠自己"的,"与世隔绝"的自主性学习感到意外——"导师只给你标题和指南,我没有想到要完全靠我自己,靠自学",他们甚至感到烦恼,"博士阶段的学习很紧张,就是自己做研究,我觉得很烦"。

　　留学生对自主学习的反应不同。有的爱上自主学习,有的害怕自主学习。根据约翰·贝利的跨文化适应理论,母国文化和异国文化的交流结果,一般存在四种结果:融合、同化、边缘化和分离。留学生往往在不了解英国的情况下,走进英国校园,遭遇不同的教育文化,然后开始被迫放弃原来的学习方式,开启新的学习方式,最终是否能够适应这种学习,适应的快慢和程度就看个人的适应能力了。这也许就是为什么有的学生对自主学习的方式感到游刃有余,体会到学习的愉悦,因为他们实现两种学习文化的融合或被英式教学同化了;有的学生依然怀念教师指导和带领下的学习,觉得自主学习的方式对学生独立性的要求超出想象,而且成效也不符合期待,可能他们正处在文化的边缘化和分离的状态。

(5)教学班级

从现有的资料看,本科生和研究生所在班级的规模和国别构成有所不同。本科生和英国本地人接触的机会多。留学生 A6 在本科阶段同年级的 250 名学生中,有 70 名是中国人,占比为 28%。本科留学生 A12 的经历:"因为我们是本科,所以大部分都是英国本地的学生,大家都一起上课。"研究生所在的班级和本科生就有所不同。在研究生的班级中,国际学生比较集中,其中人数最多的是中国学生。以留学生 A10 的班级为例:"我们班上共有 50 名左右的学生,其中大概 45 人是国际留学生,只有约 5 个不是中国留学生。"可见,在她的班级中,国际学生占比约 90%。硕士留学生所在的大班级里中国学生一支独大的现状造成了留学生的不满意。

首先,大班级不利于课堂互动。

我不满意的地方,就是我们专业的人数太多了。上选修课的时候倒还好,必修课会在一个报告厅或者礼堂里面上课,感觉就像在听讲座一样,师生的互动可能并不是特别多。(留学生 A4)

其次,国别构成不够丰富,中国留学生占大多数的教学班级造成令人不满意的后果:中国留学生和本地人或其他外国人的交流的机会很少,甚至没有。

主要是我们专业的外国人太少了。有和英国学生一起,大概有两次小组作业是有外国人的,其余都是中国人。可能每次每个班分到 1—3 个外国人,有时候一个都没有。这些外国人有美国的、中东的等。但是国际生也有抱团现象,比如美国的、英国的和欧洲的留学生一个圈子,然后中东的留学生一个圈子,再是亚裔的留学生一个圈子。可能会有个别中国人和外国人玩得很好,但这是极个别的情况。(留学生 A9)

有研究调查了 200 名在英国留学的华人留学生的人际关系网后,发现:有 54%在华留学生选择跟本国同胞交往,38%选择跟别国留学生交往,仅有 8%选择跟英国人交往。[①] 英国学者的访谈研究也发现:中国留学生局限于中国学生的圈子,说汉语,过中国节,不和英国学生交往。一方面在于学生的惰性,另一方面是商业学校缺乏多样性。[②] 中国留学生局限于自己的圈子不仅不利于接触不同的文化,也不利于学生的学习表现。英国高校也已经认识到了这个问题。在 2021 年 3 月份,伦敦国王学院发布的一份名为"中国问题"的研究报告中指出:英国高校要更加注重国际学生群体的多样性,更加注重国际学生体验的总体质量。

2.辅导

这一节主要探讨中国留学生对英国个人导师辅导的不满意之处,其中包括见面次数、随机配对方式和辅导的效果。

(1)见面次数

在本研究中,英国个人导师和中国留学生的约见次数不一。最常见的约见次数是一个学期 1—2 次,通常是在开学和期中。师生约见的次数随着个人导师和学生所在大学的变化而变化。总的来说,中国留学生较为普遍地认为他们和个人导师见面的次数过少,他们认为见面次数越多,导师对学生的了解会增加,"交流会更加深入",学生关心

---

① 贺平,唐洁.中国留学生在英国经历的文化冲击现象分析[J].四川师范学院学报,2001(3):83-86.

② Matthew Bamber. What motivates Chinese women to study in the UK and how do they perceive their experience? [J]. Higher Education,2014(1):47-68.

的问题也能得到系统解答。

当然是见面次数更多会更好。(留学生 B9)

实际上,一个学期见一次不够。虽然我们可以通过邮件联系,但是我真的认为我们需要更多的机会系统性地求助。在本科学习中,交流的效率很关键。与个人导师见面和沟通后,许多学术和专业发展方面的问题能够得到解答。(留学生 B4)

也许和我的同学一样,如果和导师见面的次数更多,我们的交流会更加深入。(留学生 B14)

经常性的交流和见面能够使得老师的帮助更加有效。在他们能够帮助你之前,先得了解你的情况和诉求。(留学生 B16)

为何留学生希望通过增加次数的方式来增进交流的深度和效率呢?难道不能利用一次见面的时间深入交流吗?事实上,学生和导师虽然能见面,但是"没有很长时间的讨论,我们见面的时间很短"。这与师生比和一对一交流的方式相关。师生见面交流的方式主要有两种:单独见面和群体性见面。大概出于隐私的考虑和对学生个体性的关注,师生一对一见面的方式很常见。又因为一名导师负责多名学生,根据英国人线性时间的习惯,他们会为每个学生平均预留一定单位的时间,在特定的时间里约见学生,所以师生线下一对一见面的时间不会很长。由于见面时间较为短暂,聊天无法深入,因此即使是部分对英国个人导师总体相对满意的学生,也会觉得导师"讲话比较宽泛""聊不到什么很深入的东西"。

学校规定导师每学期要见两次学生。然后呢,像一个 tutor(导师),大概一个年级有五六个学生。所有整个年级加起来,他可能会有二十个左右的学生。一个学生,大概每次都是 20 分钟,20 分钟完了之后就下一个。所以可能一整个下午,导师都在跟他的学生聊天。一个学生 20 分钟,也聊不了什么很深入的东西。(留学生 B1)

10 分钟对我来说太短了,20—30 分钟还可以接受。我通常会聊不止 20 分钟。如果我是见导师的最后一名学生,才能自由说话。还有一个时长 15 分钟的办公室交谈,我也谈了 20 分钟。(留学生 B19)

如果教师增加见面的次数,不论是线上还是线下,即使见面时间短暂,学生的看法也会随之改变。

访　　谈　者: 你们每一位任课老师会分到多少学生?他们会为你们做什么?

留学生 A12: 我们专业大一有 100 个学生,有 10 个任课老师,1 个老师分到 10 个学生,经常会有 tutorial(辅导),他们会问你这个月过得怎么样,或者探讨学习上的问题和心理健康的问题。

访　　谈　者: 如果每个人都一对一谈话,时间上是不是会很紧张?

留学生 A12: 一个学生见面的时间大概是 10—15 分钟吧,所以也还好。有些问题也不需要面对面交流,通过邮件联系就可以了。

学生和个人导师的频繁互动与学生整体的满意度呈正相关,学生会赞赏个人导师的积极性和对自身进展的定期跟进。教育技术的发展在一定程度上有助于增加师生互动的次数,如:个人和导师通过邮件联系、在网上见面等。但是导师可能无法满足学生想要增加见面次数、延长谈话时间的期待。英国高等教育的扩招使得辅导的师生比不如从前。以里丁大学为例:"导师和学生的师生比一般控制在 1∶2(新教师一般带 2 名学生),1∶40(经验丰富、教学工作量不足的教师最高带 40 名学生),一般情况下,里丁大学导师带学生在 20 人以下。"[①]教

---

① 李宏芳.英国高校个人导师制度对我国高职教育的启示——以英国里丁大学为例[J].教育教学论坛,2015(33):56-57.

学和科研的双重压力也在消耗教师有限的时间,留学生也认为个人导师身兼数职而难以负担额外的工作量:"你不能要求怎样,导师没有义务做很多事情。"

(2)随机配对方式

在英国高校,留学生和导师的配对采用随机的方式。所以,学生和什么样的导师结对要"看运气"。如果学生和具有下列特征的导师结对,他们会感到"幸运"。如:"特别厉害的,顶级的""专业信息特别一致",职称比较高级的,或者是"非常负责的""有意思的",学生"喜欢的教授",等等。如果学生结对的个人导师不具备某些方面的特质或者资格,他们会觉得不甚满意。以职称为例,学生在申请研究生的时候需要个人导师写推荐信,他们认为教授级别的个人导师写的推荐信较之博士级别的个人导师写的推荐信有更高的含金量。个人导师的学术成就和人脉也会影响留学生在学期间的学习和兼职机会,比如:学生可以通过个人导师的人脉获得海外实习项目等。还有,"那些非常负责"的个人导师能在各个方面想学生所想,无论学习还是生活。

但是,其中最为突出的一点是师生在专业方向上是否一致,原因是专业方向不一致的个人导师不能提供专业的解答。当留学生被问及"个人导师对学习的帮助大不大"时,她们的回答如下。

我觉得同专业导师的帮助相对会更大,因为如果你有学术上的问题也可以去问他。但有一个问题,一个学院的老师可能教不同专业的学生。(留学生 B8)

这个确实要分老师。我的导师人特别好,但是她讲话是比较笼统的,有时候问她一些学术问题,她只能提供一些笼统的建议,不能给出详细的指导。但也有一些老师能够提供很详细的建议。因为这个是随机的,所以也有一点运气的成分。我的导师讲话会比较宽泛。(留学生 B6)

学术上呢,因为每个老师都有自己专攻的领域,像我的个人导师是专攻纯数的,大一讨论题目时,他就只能回答纯数上的问题。我们问他统计或者应用数学的问题,他其实都回答不出来,他会跟我们一起思考,然后说:"不好意思,我也想不出来,你们还是去问你们的老师吧,我不知道答案。"(留学生 B1)

(3)辅导的效果

不少留学生反映个人导师的帮助不是很有效,这其中的原因多种多样。

"个人导师是回应学生需求的第一站,但不是唯一的一站。"因为师生结对,所以学生有问题,首先想到的是个人导师。但是,导师能够发挥的可能就是一个中间人的作用,因此学生的问题能否最终得到解决,取决于很多因素。部分留学生,尤其是在熟悉了英国的留学生活之后,能够就自身的问题直接向相关部门求助,导师的作用也相应减弱。

我不确定我的问题是否都及时和准确地得到了反馈。所以,这样的交流没有一个直接的效果。举个例子,我们在周三沟通了,我对课堂提了一些意见,但是周五的课堂还是一样。(留学生 B10)

其实就我实际感受来看,虽然他会给你建议,但大部分情况下他的建议我都可以自己找到。比如,我要找实习工作,聊到这个话题,他说我实习可以去 job center(求职中心)。但其实这不说我们也知道。(留学生 B1)

此外,个人导师作为一个"集中提问的地方",虽然学生可以就各种问题向导师求助,但是个人导师的学识和能力有限,如果师生专业不匹配,个人导师也解答不了学术问题。因此,学生向导师求助,却没有立竿见影的效果。个人导师对工作的投入也具有个体差异性,有些留学生对个人导师笼统的建议感到失望,认为"无济于事"。

是的,如果我要求,他们愿意帮助我,因为这是他们的责任。但是,在我看来,他们能够提供的帮助很有限,可能是因为他们不太愿意付出更多的努力,或者他们对此不熟悉。我三年级了,最近在找实习工作,但是她只给了我一些无济于事的笼统建议。(留学生 B15)

四、作业与测试

在测试方面,留学生感到困惑的主要是测试的要求和考试的难度。

(一)测试要求不明

中国和英国高校的测试不同。对于考试形式,到了英国后的留学生感到不确定。"在中国考试有格式,学生只要死记硬背。这样我们可以比较自信,知道从哪里开始复习。现在要准备考试了,但是我不知道我怎么准备考试。我要不要背概念或者……"①对于论文形式的考核,他们也不确定。

我还蛮喜欢国内的考试的,国外 essay(文章)写的实在是有点太多了。国外就算是考试也是写 essay,压力很大,经常睡不着觉。写东西的时候,也不知道自己写得对不对,因为你没有一个比较成熟的判断能力。只能写出来,之后老师给你意见,从中得到经验和教训。(留学生 A1)

留学生常有这样的困惑:自认为学期论文章写得很好,但不知道测试的要求是什么。一项针对留英学生经历的调查指出留学生(占比 88%)很期待教师能够在测试上给予明确的指导。② 在英国学者的调

---

① 薛惠娟.文化适应与国际教育中学业成功之研究[J].教育学术月刊,2010(12):50-53.

② Rong Huang. Mapping Educational Tourists' Experience in the UK: understanding international students[J]. Third World Quarterly, 2008:1003-1020.

查中,留学生经常感到不满的是在测试方面缺乏足够的建议和指导。[①]

英国方面不是会出示评分标准吗?笔者猜想留学生遇到的困惑可能出于以下的原因。一是评分标准的出示因作业、高校、任课教师、学习和评价阶段而异,比如,可能有学生需要但评分标准缺失的情况。二是即使有这样的说明,学生可能还不能够深入地理解这些标准,对论文写作的好坏"缺乏成熟的判断力";而且,评分标准也不完全等同于考核前的指导和说明。三是在论文考核中有评分标准,但是在非论文考试中,可能没有这样的说明。留学生平时学习的知识比较庞杂,而这些知识似乎也没有重点和非重点之分。所以,留学生对于考试要考什么,心存疑虑;对于老师如何评分,也无从知晓。

访谈中的留学生是在经历之后才明白作业和考试的要求——"之后老师给你意见,从中得到经验和教训。"英国全国大学生调查的问卷有测试和反馈一条,其中两个选项分别是作业得到及时的反馈,作业的反馈对我有帮助。但是教师的反馈及时与否、详细与否,则因人而异。

(二)考试的难度

考试的难度和留学生的适应能力相关。有研究发现,在长达一年的硕士阶段的学习中,留学生在刚接触英国教育文化时,不及格次数多,及格的次数少;但是随着时间的推移,及格次数发生了逆转。这也表明了学生在压力下反而有了较强的适应能力。[②] 本研究中的留学生认为除了适应的问题,考试本身的难度也不小。

但是总体下来,其实考试还是挺难的,尤其是头一年的时候,有很

---

① Matthew Bamber. What motivates Chinese women to study in the UK and how do they perceive their experience? [J]. Higher Education,2014(1):47-68.

② 薛惠娟.文化适应与国际教育中学业成功之研究[J].教育学术月刊,2010(12):50-53.

多同学都挂科了,就是因为考得太难,尤其是碰上那种 IC 考试,那就难上加难。(留学生 A13)

以论文为考核形式的学生,也不是一蹴而就的。最终论文能写得怎么样,离不开平时一点一滴的积累。

五、其他

最后,对留学生的留学生活造成压力和困扰的还有学费。在严格的意义上,它们并非教学要素本身,但是他们对留学生的体验产生了不可忽视的影响。

对于中国留学生来说,奔赴英国留学意味着学位的含金量、就业前景、经历与视野、个人学识和能力、独立性、广阔的社会网络、流利的语言能力等;对于英国的高校来说,留学生是英国教育服务的对象。英国与教育相关的出口服务的出口总额从 2015—2018 年一直在攀升,达到 233 亿英镑,超过金融、企业、商业、计算机等行业的收入。2019 年,在英国对中国的出口服务中,教育服务遥遥领先,远超商业、旅行、交通和知识产权等服务出口,英国高校从中国全日制学生群体收获的净收入约为 37 亿英镑。

英国大学对学生采取差额收费的政策,在读学生按照国别和区域被划分为不同的类别——英国籍学生,欧洲及英联邦国家学生,中国和其余国家学生。有数据显示,英国本科生每年的学费为 9000 英镑,在牛津大学,包括中国学生在内的一个国际本科生的学费是 1.5 万英镑,加上住宿费、学院费、生活费和其他费用,一个本科生每年要花费 3 万英镑。而且,中英两国政府资助的奖学金不多,90% 的中国留学生都是自费生,绝大多数中国留学生的经济负担沉重。[1]

---

[1]　马万华,匡建江. 国际流动:留英中国学生面临的挑战. 北京大学教育评论[J]. 2016(2):177-186.

经济压力也会转变为情感压力。

中国让我满意的一点就是学费便宜啊,比英国便宜很多了吧。
(留学生 A13)

比如说,压力会很大,经济开销也很大。(留学生 A11)

为此,英方学者认为:英国留学生教育政策的制定者不能抱有中国留学生家庭会毫无保留地接受学费多少的想法。[①] 毕竟,高昂的学费不仅是留学生经济压力和情感压力的来源,还会影响留学生眼中的课程性价比,进而影响他们对于留学目的地国家的选择。

第二节　留学生不满意体验的跨文化理论透视

以上留学生在教学方面的负面体验主要包括:课程不匹配、课程容量大、课程难度大;师生之间交流存在文化差异,国别和背景的不同可能造成偏见,等等;对教学语言、教学目的、师生角色、教学方式、测试感到不适应;对高昂的学费、班级构成缺乏文化多样性等不满意。在辅导方面,留学生认为师生见面次数和时长不够;随机分配的方式不利于找到令人满意的个人导师;个人导师的辅导不能及时有效地解决问题;等等。在这些令人不满意的体验背后,主要是语言和跨文化适应带来的挑战。虽然语言的重要性不言而喻,但是文化差异的存在也同样值得关注。文化差异主要体现在两个方面:一方面是在跨文化人际交流中反映出的差异(前文说过的线性时间和多元时间,关系特定和关系离散,个体主义和集体主义);另一方面是在跨文化比较教育中得出的差异(课程设置、教学目的、教学方式、师生角色、测试等)。

---

① Matthew Bamber. What motivates Chinese women to study in the UK and how do they perceive their experience? [J]. Higher Education,2014(1):47-68.

和语言相比，文化差异对留学生跨文化适应带来了更大的挑战。笔者的观点和这位英国教师的看法基本一致——"是的，他们要适应英国教育体系是很困难……语言是一个问题，但是我认为文化的问题更加重要。"①

以下用跨文化理论的视角来进一步解读留学生在英国高校学习的负面体验。第一部分阐述影响留学生跨文化人际适应和教育文化适应的文化差异；第二部分从跨文化策略、跨文化适应过程、文化休克和跨文化适应曲线的视角解释留学生的跨文化现象。

一、文化差异

价值观是文化的核心，也是文化中最为稳定的一部分。其他表层的文化随着时代的更迭会发生改变，但是文化中深层的部分，如价值观和信仰等却是一个文化中根深蒂固、难以改变的核心部分。在所有的文化要素中，价值观被认为是一种文化的核心。每种文化都有自身的价值观体系。价值观是某种文化中的人们认为是好的、值得追求的部分，是人们的行动指南、判断依据、评价事物的规范和评价道德的准则。

荷兰学者霍夫斯泰德的价值观理论是跨文化研究中非常重要的里程碑。他在历经50多个国家和三个地区大规模的调查研究后，发现了影响家庭、学校、组织内部价值观的四个主要层面：个体主义和集体主义（Individualism-Collectivism），高权力距离（High Power Distance）和低权力距离（Low Power Distance），不确定性规避（Uncertainty Avoidance），社会的男性化和女性化（Masculinity-Femininity）。不同文化成员之间的认知和行为差异都能从这些维度

---

① Ging Gu. Maturity and Interculturality: Chinese Students' Experiences in UK Higher Education[J]. European Journal of Education,2009(1):37-52.

的价值观中找到深层次的解释。如上所述,价值观也渗透在某文化成员的教育活动中,对中英留学生教学影响最深的文化差异是以上所说的前两个维度:个体主义—集体主义和权力距离。

霍夫斯泰德把个体主义和集体主义定义为:"在个体主义社会中,人际关系松散,人人各自照顾自己和自己的家庭;相反,在集体主义社会中,人们从一开始就与强大而又有凝聚力的内部集团结合在一起,而这种内部集团又对这些忠诚的成员提供一生的保护。"[①]在集体主义价值观的影响下,教育呈现出的特点有:小孩学会用"我们"来思维,发展以社会为中心、相互依赖的自我概念。个人的兴趣和欲求必须服从集体的需要。在个体主义的社会中,小孩学会用"我"来思维,自我是与他人分离的、独立的自我。个体主义是一种以个人发展为先、以个人成就为重的文化。英国在个体主义和集体主义这个维度上的倾向如何呢?跨文化研究发现英国在这个维度上的得分是 89,[②]只比个体主义得分最高的美国少 2 分。可见,英国是个体主义色彩非常浓厚的国家。

英国的教育建立在个体主义的基础上,个体主义的思想渗透在留学生教育的各个环节中。其教育的目的是培养具有批判和独立思考能力的、勇于创新的个体;在课堂上,教师鼓励学生发表个人观点,开展讨论;课后,学生开展自主学习,自由自在地成长,但是他们也得为自己的学术道路走向和学业成就负责任。教师只是求知路上的引导者,不是知识的倾倒者。学生是教学的中心,教师要充分尊重学生的自主性。教师希望学生发挥主动性,而不是成为被动的个体,如积极提问,和教师取得联系,等等。学习在根本上是要经过个人的思考和转化才能真正完成的一个过程。在英国受教育后,学生发现自己独立

①② G. Hofstede. Culture and Organizations:Software of the Mind[M].
London,Norfolk:McGraw-Hill Book Company(UK) Limited,1991.

性增强,更加有个性了,也更加重视自己的想法了。个体主义中的自治、自主、自由、独立和个性等基本特征在英国教育中得到了充分的体现,它不仅是教育的目的,也是教育的方式。在中国,个体主义并非教育的根本价值,这也决定了集体主义教育支配下的基本方式与个体主义支配下的教育方式有本质的差别。

在我国,传统的课堂教育有知识导向的倾向,是师生共同努力完成教学的过程,期末考核就检验这些知识掌握的程度。学生的个性和个人观点在这个过程中可能被听见,但更重要的是已有知识掌握了多少,而不是学生对这些知识的批判、个性化解读或者看法。此外,老师一般会对知识点进行系统讲解,交代学习任务。学生完成作业,自主学习的时间和空间都比较少,不太需要对自身的学习进行自主化管理。

霍夫斯泰德的另一个价值观维度是权力距离。"权力距离是指在一个国家的机构和组织中(包括家庭、学校和社区),掌握权力较少的那部分成员对于权力分配不平衡的分配状态所能接受的程度。"[①]在低权力距离的文化中,文化成员更加倾向于发展和践行人人平等的观念;在高权力距离的文化中,文化成员有接受不平等关系、服从权威的倾向。英国在权力距离这个维度上得分35,[②]属于权力距离明显偏低的国家。在教育活动中,学生和老师和平相处;学校教育特别强调学生在求知面前,不盲从权威和老师。面对学生的提问,教师也可以说我不知道。在高权力距离的文化中,教师被认为是知识的权威,教师被认为应该能回答所有的问题。对于学生的提问,教师一般不能说不知道。

除了个体主义—集体主义,权力距离这两个维度的价值观,另两

---

①②　G. Hofstede. Culture and Organiz ations: Software of the Mind[M]. London, Norfolk: McGraw-Hill Book Company(UK) Limited,1991.

个对中英跨文化交流有显著影响的是在前面章节阐述过的关系特定和关系散漫（Specific-Diffuse），还有线性时间和多元时间（Monochronic-Polychronic）。这两个文化维度出自荷兰学者福斯·强皮纳斯(Fons Trompannars)的跨文化价值观理论。这两个维度和个体主义—集体主义的维度一起影响着师生之间的跨文化交流。因在上一个小节的师资部分已经对前两个理论进行了解释，此处不再赘述。

二、留学生跨文化适应面面观

上述文化差异的理论解释了中英两国在教育中存在什么样的文化差异，这一节从跨文化适应的理论看留学生在英国高校留学所经历的负面体验。

(一)跨文化适应的策略

在人类学家的眼中，跨文化适应是由个体所组成，且具有不同文化的两个群体之间，发生持续的、直接的文化接触，导致一方或双方原有文化模式发生变化的现象。对于留学英国的中国学生来说，他们是被改变的一方，属于客位，而不是主位。如果他们不是按照英国的教育目的和教育方式被教育，也就失去了留学英国的意义。所以，虽然在跨文化适应中，以往的理论认为跨文化个体可以在两种文化的接触和碰撞中选择多种策略，如：融合(integration)、同化(assimilation)、边缘化(marginalization)和分离(seperation)。对于在英国求学的留学生而言，目前在生活上基本还是和本国学生抱团，在跨文化适应上采取了分离的策略。但是在学习上，只有采取同化的策略，或至少是部分融合的策略，才能够适应英国高校留学生的教学目的、教学方式、师生角色、考核和评分而取得学业的成功。因此，从跨文化适应策略的角度看，留学英国的学生在留学前需要在语言和文化上做好准备，在态度、认知和能力上做好跨文化适应的思想准备。

(二)文化休克

文化休克是跨文化适应过程中的一个现象。文化休克是如何得到体现的呢？以下就奥伯格(Oberg)划分出的文化休克的六个维度，结合留学生访谈来说明留学生在英国高等教育中经历的部分文化休克现象：压力感(feeling of stress)来自学业的压力，如英国高校课前大量的阅读；困惑感(feeling of confusion)在于对于测试或作业的要求没有明确的认识和把握；迷失感(feeling of loss)体现在课堂上找不到讨论意义、不明白教学目的；被拒/拒绝感(feeling of being rejected or rejecting)发生在学生想要在课外的时间和老师取得联系，但是又联系不上；无能感(feeling of impotence)出现在留学生发现自己的语言能力不足以流利地表达自己的思想时；等等。此外，留学生也要管理自身对于查重和考试等的焦虑感(feeling of anxiety)。如何处理文化休克，管理自己的情绪，是留学生跨文化能力不可或缺的一部分。

(三)跨文化适应的过程

如何理解跨文化适应的过程呢？安德森(Linda E. Anderson)把跨文化适应分成了四个阶段：遭遇文化(cultural encounter)、遇到障碍(obstacle)、产生反应(response generation)和克服障碍(overcoming)四个阶段。这四个阶段构成的一个循环的、持续的、交互的过程，每个阶段均涉及情感、行为、认知的变化。① 以下从这个过程看留学生在情感、行为、认知上的变化。

遭遇异文化令不了解或未经历英国留学生活的留学生感到文化休克，尤其是在刚进入英国课堂的时候，多有不适。跨文化心理学家约翰·贝利(John Berry)认为文化适应有两个层面，一方面是在适应

---

① L. E. Anderson. A New Look at an Old Construct：Cross-cultural Adaptation[J]. International Journal of Intercultural Relations,1994(3)：293-328.

的过程中保持自身传统文化和身份的倾向,另一方面是与其他文化群体交流的倾向。① 记忆中还是过去的教育文化,思想和行为上都是在过去教育文化中沉淀下的定式;新的教育文化却开始了,而且完全不符合期待,令人感到费解和不安。新教育文化的植入和旧教育文化的牵绊令人感到压力和紧张。在文化的障碍面前,他们被迫在行为上进入新的教育文化,但是一时又不知道该怎样,于是留学生有了各种文化反应。在英国教师的眼里,中国留学生比较被动,依赖老师,喜欢死记硬背式的学习方式,缺乏批判的精神。英国教师认为"我们鼓励自主性学习……学生刚来上课的时候,要理解这个(教学)差异是非常有挑战性的,因为他们期待被告知学什么、读什么、得出什么样的答案,他们已经准备好努力学习了。对这种责任的转换,一些学生喜欢,一些学生感到担心、害怕和困惑……"。② 一般来说,留学生在没有理解英国的教育文化之前,已经发现自己站在了新教育文化轨道上。跨文化适应是互动双方的文化意识持续博弈的过程,要知道对方教育方式背后的理念需要一个过程,留学生在跨文化的经历中和反思中发展了对异文化的认知。文化认知有助于形成积极的跨文化态度,克服文化障碍,适应英式教学。

(四)跨文化适应的曲线

跨文化适应也被看作对新环境的成功应对,但这并非一蹴而就,而是需要一个过程。还没有来得及适应的交换留学生说:"缺点是停留的时间太短。我认为如果我们能够待一年或者一年多点的时间,会更好。半年只够语言适应。在所有的模块都结束的时候,我认为自己

---

① Berry J. W. Acculturation as varieties of adaptation. In A. Padilla (Ed.), Acculturation: Theory, models and findings [M]. Boul-der, CO: Westview, 1980:9-25.

② Ging Gu. Maturity and Interculturality: Chinese Students' Experiences in UK Higher Education[J]. European Journal of Education, 2009(1):37-52.

还没有适应环境。"①心理学领域的跨文化适应理论特别指出了跨文化个体的适应如何随着时间而波动。其中,挪威社会学家西蒙·库兹涅茨(Sverre Lysgaard)提出的U型曲线假说(U—Curve Hypothesis)形象地描绘了适应在异国跨文化适应过程中的行动轨迹。这个假说认为旅居者的跨文化适应要经历三个阶段:最初调整(initial adjustment)、危机(crisis)、重新调整(regained adjustment),旅居者的满意度从最初的高位——蜜月期,落到中间的低位——文化休克,再上升到结束时的高位——成为多元文化个体。

　　本研究只是阐述了留学生的不适应之处,没有标明他们在适应曲线中横轴的位置。可能留学生的不适应之处有时间上的共性,但是个人适应所需的时间长短因人而异。约翰·贝利的跨文化适应理论认为跨文化适应的压力取决于压力源、跨文化适应的经历等。留学生的跨文化适应压力不仅仅和英国高校的语言和教育等文化相关,也和留学生的个人经历相关。以一个硕士生为例,他说出了没有本科留英经历的学生在接触和适应新的教育文化所面临的困难和适应所需的时间。"为适应他们的教育体系,我经历了不少困难,因为我是中途进入,而不是一开始就完整地经历该教育体系,比如说先读第一个学位,然后再读硕士。我中途从中国的教育体系进入新的体系,需要时间。"②

---

　　①　薛惠娟.文化适应与个人资本形成[M].上海:上海交通大学出版社,2011:123.
　　②　薛惠娟.文化适应与个人资本形成[M].上海:上海交通大学出版社,2011:124.

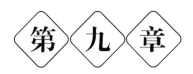

研究的结论与启示

本章前两节将分别就研究的三个基本问题得出结论,再探讨结论带来的启示。第一节回应前两个研究问题,第二节回应第三个研究问题。

第一节　英国留学生教学的要素及其特点

本研究的前两个研究问题:中国留学生体验凸显了英国留学生教学的哪些基本要素,这些要素有什么特点? 为什么? 以及英国留学生的学习支持性服务有什么基本的形式和特点?

一、结论

英国的留学生教学在学分课程方面具有如下特点:一学年分三学期制,本科和研究生学制短,但是专业课集中;学分固定,课程资源丰富;选课管理精细,留学生可通过线上介绍、教师宣讲了解课程,校方注重学生和所选课程的匹配性,所选课程能满足学生需求。英国高校没有教材,代替教材的是各种类型的阅读材料;材料主要分核心阅读材料和补充阅读材料;阅读量较大,而且留学生有必要在课前完成阅读,因为课前阅读是参与课堂教学的前提条件。在学习支持性课程方面,主要有学前课程和在学课程,这些课程为留学生的语言和学术技能的发展提供支持。此外,还有一些课程服务和其他学习支持性服务,如写作辅导、论文校对、心理辅导和就业服务等。

在课程师资方面,教师资源比较充足,通常会通过多名教师协作的方式完成课程教学,分工明确;教师的工作职责除了教学和辅导,也会为学生提供本课程的学术资源,但对学生比较放手。在辅导师资方面,以传统的个人导师为特色,此外还有一些朋辈辅导的模式。个人导师分高级个人导师和普通个人导师。个人导师由教研人员担任;学生一般在开学两周内分配个人导师；师生结对采取随机分配的方法；师生比从 1∶3 到 1∶10 不等；师生结对时长受所在学校、学生学历层次等因素的影响；个人导师的考核形式多样。在个人导师之外的其他辅导人员，包括图书馆人员和部分高校的学生导师，也为学生提供各种类型的学习支持性服务。

在教学和辅导方面，英国高校不注重死记硬背，而是注重智力的发展；教师主要担任引导者的角色，学生以自主学习为主，而且学习主要靠自己，老师只是占到很小一部分。英国高校的教学方式主要有课堂讲授、小组讨论课和专题讨论课，以及实习、展示等，注重交流。英国高校的留学生教学是基于多种理念的教学，如交往教学观、批判参与模式、情境教学、理解建构等。在辅导方面，高级导师的职责是监管学院个人导师的队伍和发展；个人导师的主要职责是为学生提供学习类和非学习类辅导，促进学业进步，帮助职业发展，为学生提供教牧关怀，等等。师生见面一般通过邮件联络；见面次数最少一学期一次；见面形式有一对一和一对多。

在考核和评分方面，考核形式主要有单一论文型和多种形式综合型；考核有一定的难度。评分一般有四个档次。各等级设定的分数线比国内更低；考前有评分标准；查重主要看重复的部分是否涉及抄袭；批改采取了盲改和二轮批改的形式。

中国留学生所感知的英国教育特色取决于多种因素：教学资源（师资充足、课程资源丰富、辅导人员和机构多而专业）；传统的教育文化制度（个人导师、三学期制）；教学理念（注重交往、批判参与、情境教学、促进型教学等）；价值观（公正、个人主义）；等等。在很大程度上，中英留学生教育的差别在于教学理念的差异，教学目的不是知识的灌输，而是学生潜能的开发。英国留学生在教学方式上杂糅了多种教学理念。教学目的、教学方式、考核评分等各个要素组成了一个相互联系的整体，从而呈现出和知识型教学不同的特色来。在教学文化的背后,主要是英国教育文化中的个人主义思想,它在很大程度上决定了教学目的和教学形式。与此同时,教学与辅导和学生的需求联系密切,教育服务比较完善。

二、中英留学生教学差异及其启示

(一)来华留学生体验视角下的中国留学生教学

从留学生体验的视角看,中英留学教育之间存在差距,我国来华留学生教育有待提升。北京和上海两地是留学生聚集的城市。以下以这两地的研究为例,看来华留学生对教学及其相关服务的满意度如何。2010 年,有一项以上海 4 所高校的 457 名来华留学生为调查对象的研究发现:留学生对教学质量感到非常满意和满意的留学生占比 32.3%,25% 的留学生对教学质量感到非常不满意或不满意,42.5% 的留学生认为教学质量一般。[①] 2008 年,黑龙江省一项对 93 名来华留学生满意度的调查研究显示:留学生对高校教学服务感到满意和比较满意的共占 22.6%,觉得一般的占 42.8%,感到很不满意和不满意的占 33.3%。[②] 上述两项研究均揭示 42% 的留学生认为教学质量一般,不同之处在于上海高校对教学质量感到满意的留学生的百分比高于黑龙江高校的学生。2013 年,另一项以北京五所高校的 748 名硕士留学生为调查对象的研究结果比上述研究结果更加乐观。研究发现有 78.7% 的留学生对学习过程非常满意或满意,74.8% 的留学生对校园支持和服务非常满意或满意。但是,北京与世界城市常模具有统计学上的显著差异,其中,78.7% 学习满意度低于世界城市 85.4% 的平

---

① 丁笑炳.来华留学生需要什么样的教育——基于上海市四所高校的数据[J].高等教育研究,2010(6):38-43.

② 江淼.基于满意度调查的黑龙江省留学生教育需求研究[D].哈尔滨:哈尔滨工业大学,2007:30.

均水平。[①] 教学是留学生最看重的部分之一,那么教学相比于留学生经历的其他教育服务部分,满意度是更高还是更低呢? 国内两项研究均发现教学维度的得分是所有留学体验维度里最低的。2019 年,北京一项针对 273 名亚洲和非洲来华留学生(硕士和博士生)的定量研究发现留学生对教学的满意度是轻度满意(3.47,即 69.47%),在三个维度里得分比较低。[②] 同样,一项以 275 名留学生为调查对象的研究发现留学生对教学核心服务(教师素质、课程设置、专业设置)的满意度低于教学管理服务和附属服务。[③]

以下就我国学者对留学生教学各方面的研究,结合英国留学生教学与辅导的特点,思考英式留学生教育能为我国的留学生教育带来什么样的启示。然而,与其说启示,不如说在回顾我国来华留学生教育的前提下,提供英国相关留学教育理念和实践的参考。诚然,关注英国是因为英国留学生教育的满意度比较高(具体看第一章第二节的最后部分),值得学习。但是,在了解英国教育后,在我国留学生教育改革中不盲从是因为比较教育的跨文化属性。文化的差异使得应如何学习他国教育这个问题变得不那么好回答。

(二)差异与启示

1.课程

(1)学分内课程

我国的学制较英国更长,并且一般实行两学期制。相对来说,在英国课程与教学的压缩程度更大。国内的调查显示师生对弹性学制

---

① 文雯,陈丽,白羽,曹慧思.北京地区来华留学生就读经验和满意度国际比较研究[J].北京社会科学,2013(2):63-70.

② Charles Gobllie.在华国际学生的留学动机与心理适应,学业满意度和潜能的关系[D].武汉:华中师范大学,2019.PII.

③ 江淼.基于满意度调查的黑龙江省留学生教育需求研究[D].哈尔滨:哈尔滨工业大学,2007:30.

给予了高度的认可："在是否采用'弹性学制'的调查方面,有91％的导师和93％的学生表示赞同。"①如果留学生个体差异大,弹性学制可能也不失为一个满足不同学历留学生需求的办法,只是会给教学管理带来新的课题。

留学生课程设置更是一个值得探讨的问题。来华留学生对所学课程的满意度不是很高。有研究就288名留学生进行了调查,其中有一个问题："你的课程是你想学的吗?"只有25％的留学生对这个问题表示认可,36％的人认为80％以上的课程很好,32％的人认为60％以上的课程很好,7％的人认为不足。② 其中一个常见的原因是专业课开设不足,不能满足学生专业发展的需求。一项来自湖南的研究对315名硕士生进行了调查,研究发现在包括公共课、专业课、英语课和汉语文化艺术课在内的课程类型中,有51.4％的留学生认为应该增加汉语文化艺术课的设置,有37.2％的留学生认为应该增加专业课的设置。③ 专业课开设不足的原因之一在于全英文授课的课程资源有限。"然后在专业课程设置上,我国高校课程中开设的全英文授课课程比较少,可供留学生选择的课程种类不多,无法有效地满足学生多样化的学习需求。"④正如留学生所说:"我对课程不是很满意,因为我在学一些和专业无关的课程。但是为了获得学位,我不得不学这些课程。如果有可能,这些课可换成其他的课。我认为课程应该和我所学的领域联系更加密切。"⑤这种情况和英国高校课程资源丰富、专业课集中

---

① 喻晓聪.来华留学硕士研究生培养模式研究——以长沙市高校为例[D].长沙:湖南农业大学,2013:29-30.

② 文雯,王朝霞,陈强.来华留学研究生学习经历和满意度的实证研究[J].学位与研究生教育,2014(10):55-61.

③④ 喻晓聪.来华留学硕士研究生培养模式研究——以长沙市高校为例[D].长沙:湖南农业大学,2013:29-30.

⑤ Charles Gobllie.在华国际学生的留学动机与心理适应,学业满意度和潜能的关系[D].武汉:华中师范大学,2019:177.

的特点形成了明显的反差。不过,他们也好在没有语言的限制。但是,不管怎么说,如果要提升来华留学生的在学体验,那么在课程设置上要关注他们的需求,尤其是在专业课的设置上满足留学生的需求。

课程的另一个短板在于实用性不足。来华留学生发现国内的教育体制偏理论化,缺乏实践。"我认为教育体制应该更加注重实践,太理论化了,尤其是在医学领域,这很不健康,因为研究生阶段的教学需要更多的实践。"①还有留学生说:"我想要去参观一个法庭去获得所学领域的实践。我认为这会增长我的知识。"②英国课程的实用性是令留英中国学生感到满意的一个特点。中英之间在是否注重学生实践和课程的实用性方面有所差别。这与教学理念相关。在传统的学校教育中,学习者与现实环境、知与行相分离,因为传统知识观认为知识能以打包的形式传授,所以学校只需要关注抽象的、简化的和去情境化的概念。③ 但是注重实践的实用性的情境化学习认为在真实的情境下学习,有效学习发生的概率更大。

此外,国内研究还揭示了选课环节的设置给留学生的自由选择造成的障碍。选课的时间限制和专业限制等因素造成了留学生所选课程和个人需求不匹配的问题。④ 在英国的留学生教学管理中,除了选课系统的开放性,校方比较重视选课,学生可从网络、教师现场宣讲等途径了解开设的课程。学生的选课需求一般都能得到满足。教学秘书、开课教师等会在留学生选课的基础上和他们做进一步的交流,以确认课程和学生之间的匹配性。因此,留学生一般在选课环节没有怨

---

① ② Charles Gobllie. 在华国际学生的留学动机与心理适应,学业满意度和潜能的关系[D]. 武汉:华中师范大学,2019:178.

③ Brown J. S. , Collins A. , Duguid P. Situated cognition and the culture of learning[J]. Educational Researcher,1989(1):32-42.

④ 路晓航. 来华留学生管理和服务中的适应性研究[D]. 大连:大连理工大学,2018.

言,这与校方在选课环节的精细化管理密不可分。

综上所述,来华留学生在课程方面反映的问题,如备选的专业课程不足、课程偏理论性、所选课程和需求不匹配,这些恰恰是本研究发现的英国课程具备的特点:专业课集中,注重实用性,选课服务到位,课程资源充足,等等。也许,英国留学教育在多年的实践之后,积累了丰富的经验,掌握了课程设置突出专业性和实用性,选课考虑学生需求的原则。英国的留学生教育在21世纪的首相计划后更加注重留学生的学习体验,课程作为一个重要的教学要素,更不会无视留学生的体验。所幸的是,我国学者也认识到课程的重要性,国内研究也指出在研究生阶段,课程开发是核心,因为课程设置和内容对于留学生学习和科研的满意度有很强的预测能力。而且,研究指出应在了解留学生需求的前提下开发课程。[①]

(2)语言支持性课程

还有一类课程是对留学生的专业课学习起支持性作用的语言类课程。北京的一项研究指出用汉语和英语学习的留学生分别占84.8%和11%,只有10.9%的留学生认为用目前的教学语言学习很容易或者容易,感到很困难和困难的有40.7%。可见,留学生的汉语水平对学业的成功意义重大,但是留学生认为学校的汉语培训不能满足他们提升汉语水平的需求。有61.7%的学生希望先学一段时间的汉语,再开始专业学习。[②] 从上述的调查可以推断留学生在汉语和专业学习上的问题:语言水平尚不能轻松应对专业课程的学习,在开始专业课学习前存在没有语言课程学习的情况。

虽然英国高校对留学生的雅思成绩总分和听、说、读、写这四项的

① 文雯,王朝霞,陈强.来华留学研究生学习经历和满意度的实证研究[J].学位与研究生教育,2014(10):55-61.

② 丁笑炳.来华留学生需要什么样的教育——基于上海市四所高校的数据[J].高等教育研究,2010(6):38-43.

分数有明确的要求。但是校方考虑到生源、申请时间等因素,录取的时候可能会适当放宽要求,即使申请该校的留学生在一个技能项目上的小分不达标,也可能被录取。但是,校方会通过语言支持性课程来解决留学生语言不达标的问题。英国高校都开设学前课程(pre-sessional courses),要求雅思考试各项没能达标的留学生在正式开学前进入该课程的学习,以便提升他们的语言能力、学术技能、学术规范意识等,为专业课的学习做好相应的准备。而且,即使同一个学校的学前课程,也有不同时长的课程,以满足在语言水平上参差不齐的留学生需求。留学生在获得语言学习机会的同时,校方也通过语言培训获得了新的收入。在留学生开始专业课程的学习之后,还有在学课程(in-sessional courses)。这类课程方便回应留学生在每个阶段的语言学习和学术技能发展的需要。从留英学生的体验看,这部分课程较多地集中在写作。这些免费课程能够满足的留学生人数也比较有限。总的来说,英国的学习支持性课程的特点不仅仅在于开设时间的延续性,满足留学生各个阶段的需求,还在于课程定位对于提升留学生学术英语的有效性。

前期预备课程和在学课程的定位都比较接近于学术英语(English for Academic Purpose, EAP)的培训。学术英语的教学是基于某个特定的学习群体在学术语境下交流的实际需求而开展的语言教学。在这样的教学中,师生共同审视在学术语境下,英语作为交流工具的特点,关注学生学完课程后具体能力的达成。学术英语课程通常以学生的能力或者技能为目标。它强调的是个体在培训后能够做什么,而不是教会、学会什么。就阅读目标而言,它可能会列出这样的教学目标:在所学的领域中,能够读懂总结性的文献,理解中心思想,掌握主要的事实性信息和相关的细节。在写作方面,要能够就阅读内容写出简短的报告和文章,能够以书面的形式清晰而又有逻辑性地表达个人的观点等。

　　笔者曾在研究英国高校的语言支持性课程时,通过国内高校的官网查询了北京、上海、浙江和广东等地重点高校为留学生开设的语言课程。研究发现我国留学生语言培训的理念与英国高校有很大的差异。我国留学生语言课程的设置和学历留学生的汉语学习的需求不太匹配,因为留学生语言课程的编排基本以汉语学习进阶的程式进行。也就是说,这是一种循序渐进的一般性的语言培训。这造成了学历留学生在学术汉语、专业汉语语言能力上缺乏培训的现象。此外,笔者通过对英国的雅思考试(IELTS)和汉语水平测试(HSK)的初步比较,也发现汉语水平测试缺乏学术语言测试的维度,而雅思考试已经针对不同需求的学习者开设了生活类雅思和学术类雅思的考试。去英国高校继续学习和深造的留学生选考的就是学术类雅思。相比之下,我国来华留学生的语言培训和测试或许都缺乏学术汉语的维度。

　　语言问题是留学生教育,尤其是学历留学生教育的一个大问题。因此,如何进行留学生的语言测试,如何进行留学生的语言培训等成了一个在语言测试理念和教学理念上需要进一步思考的问题。我国留学生的汉语语言课程设计如何在有限的时间里,贴合留学生的实际需求,帮助留学生克服语言障碍,这样的探索在我国目前英语师资不足的情况下,似乎显得更加有现实意义。英国高校针对留学生的系列语言培训课程无疑为我国留学生教育中的语言支持性课程的定位、设置等提供了新的思路。

　　2.教材

　　国内研究认为我国留学生教材存在的问题是内容陈旧,国际化理念匮乏。①② 首先,我国传统的课程和教学是为每一门课配上固定的教材,然后师生的教与学围绕教材内容展开。这样固着于一本书的教材比较不容易更新,因为作为一本书而存在的教材不如离散的教学材料那样利于更新和整合。英国的留学生教学淡化了用一本书或几本书作为教材的概念。文科学生的体验是教师提供每节课的阅读材料,按照材料与课程内容的相关度和重要性分成核心材料和拓展材料。这种编排"教材"的方式有利于教师充分利用自己的学术背景,结合本领域的研究进展,为学生提供新的、前沿的资料。如果一门课程由几位老师共同承担,那更新的面或许就更广了。总的来说,任课教师课前指定的"汇编"型阅读教材有利于重组和更新,不容易造成教材内容陈旧的问题。

我国的留学生教育,尤其在研究生阶段,部分教师也会在课前发放阅读材料,让留学生提前预习,但这尚未形成所有教师都会遵循的规范。以某调查研究中的博士生为例:"如果任课老师能够每节课提前将阅读材料发给我们,阅读后再去听课效率就会大大提高。目前的情况是有的老师会提供,有的老师不会,有的老师只会提前通知下节课的大概内容。"③在崇尚学生自主学习的英国,课前为学生提供多样化的阅读材料是留学生认为在教学中"只占一小部分"的教师,所能发挥的引导者角色的主要职责之一。而且,英国以讨论为主的教学模式决定了教师得在课前提供学习材料,学生得提前去阅读这些材料,才能完成课程的学习。所以,教师在课前为学生提供阅读材料,与其说

---

① 陈慧慧.新世纪来华留学生教育管理研究述评[J].科教文汇(上旬刊),2019(8):1621.

② 邱玉婷.四川省高校留学生管理研究——基于5所高校的调研[D].成都:四川师范大学,2016.

③ 苏洋."一带一路"背景下来华留学博士生课程学习体验及其影响因素研究[J].比较教育研究,2019(9):18-35.

是行业标准规范,不如说是教学理念支配下的教学模式使然。

其次,关于来华留学生反映的教材"国际化理念匮乏"的问题,也许与我国高等教育国际化的程度相关。虽然教材的国际化理念不等同于教材的跨文化属性,但是两者有一定的联系。英国的教材缺乏跨文化属性,也是部分留英学生反映的问题。英国方面对课程内容的跨文化改革,在留英学生和研究者看来,也是缓慢而保守的。

3.师资

首先,英国的教师用母语,即英语作为教学语言,不存在任课教师受到语言限制的问题,只有留学生的语言适应问题。但是,在我国的留学生教学中,存在汉语教学和英语教学的情况。这也造成了师生之间的语言矛盾。如果以汉语教学,那么留学生困难重重;如果以英语授课,能够胜任全英文授课的教师数量又比较有限。教师英语语言能力的不足引起了一些来华留学生的不满:"一些教师得提升英语语言能力,有些老师的英语能力不好。有时候,我们得去思考他们设法表达的概念是什么。我知道我们的老师不错,但是因为英语的问题,他们无法表达任何他们想说的内容。"[1]研究发现语言障碍影响了留学生的满意度,英文授课更加不乐观。留学生对中文授课的教学内容、教学方法和考核方式的满意度为中等水平;在英文授课的项目中,留学生对教师的教学方式和考核方式的满意度低。[2] 对于"师资水平不高,国际化水平不平衡"[3]的问题,有的学者提出了加强教师英语语言培训的方法,有的学者则认为应该引入外教,因为外籍教师多用英语授课。以往的研究指出,我国高校的外籍教师比例和国外高校的外籍

---

[1] Charles Gobllie. 在华国际学生的留学动机与心理适应,学业满意度和潜能的关系[D].武汉:华中师范大学,2019:20.

[2] 胡颖.提升来华留学生教育服务质量研究[D].厦门:厦门大学,2014.

[3] 桂旻.上海高校来华留学生教育管理改革研究[D].上海:上海师范大学,2018.

教师比例存在差距:"我国在全球排名最前的大学,其长期或短期外籍教师占教师总数的比例都不足 5%,而国际知名大学中外籍教师所占的比例一般是 20% 左右。"无论是由于教学语言的选择,还是外籍教师比例偏低等原因,我国留学生教育因为教师英语语言能力不能胜任留学生教学而造成的师资短缺的现状,与英国高校多名教师同上一门课程的情况形成了鲜明的反差。

其次,教师的科研能力也是教师资格的重要组成部分。尤其是在研究生阶段,留学生看重的是教师的科研能力,因为教师的科研能力直接影响来华留学生的学习成就。因此,教师的科研能力也就和留学生的满意度挂钩。在英国,留学生对教师的学识、资历等认可度比较高。

此外,师生之间的跨文化交流也出现了一些问题。刻板印象是影响跨文化交流的另一个常见的因素。因为来自不同国家和文化的双方,在对彼此了解有限的前提下,因媒体、书籍、影视、教育等的影响而形成先入为主的观念会投射到交流中,让对方感到不悦。国内有研究指出留学生在上海最糟糕的体验是老师对他们有偏见,认为他们不如中国学生优秀。① 偏见多种多样,有些偏见是肯定型的,即个人在他人眼中的形象比自我形象更好;有些偏见是否定型的,即个人在他人眼中的形象比自我形象差。无论是留英学生,还是来华留学生,都反映他们在留学生活中经历了刻板印象和偏见。但是这类存在于师生之间的因刻板印象引起的问题或许比留学生反映的情况更加复杂,因为留学生的自尊心、文化认同等会影响留学生对教师语言的准确解码。教师在跨文化交流的话语策略方面或许应该用更多积极的、鼓励的、肯定的语言。

---

① 丁笑炯.来华留学生需要什么样的教育——基于上海市四所高校的数据[J].高等教育研究,2010(6):38-43.

4. 教学与辅导

(1)教学

教学是我国来华留学生比较不满意的一个方面,尽管这并不排除有些留学生课堂的教学非常出色。但是,相对其他教学要素来说,这一块的问题比较集中。首先,来华留学生认为教师的教学理念和方法比较传统,习惯用"满堂灌"的教学方式。有研究指出了这种传统教学方式对教学效果的不利影响。"我国高校教师能够以全英文授课的优秀教师不足,且一些教师的教学理念比较老旧,仍然采用'满堂灌'的教学方法。缺乏师生间的有效互动,限制了学生自主科研能力的培养。"[1]教师受传统知识型教学的影响,延续了把知识从教师这个容器往学生这个容器倾倒的教学观,但是留学生不认同这样的教学方式。正如国内不少研究认为的那样:教师的外语能力不足,灌输式的教学方法过于传统,造成了留学生低满意度。[2][3] 在留学生看来,教师照本宣科,不会促进学生独立思考,也不会促进学习。因此,部分留学生对课堂教学失去兴趣,甚至远离课堂,"满堂灌"的教学方式成为低出勤率的理由。其次,留学生期待的是更多的互动式教学以及课堂参与。他们会以不满的方式说出自己的期待:"教学方法是死记硬背,很少有互动和课堂参与。"[4]也有留学生以失望的方式说出自己的期待:"我本来想我们会有很多的研讨会,和其他高校的学生开会见面,但是没

① 朱虹.留学生高质量教育发展路径研究[J].江苏高教,2020(1):64-71.

② 邱玉婷.四川省高校留学生管理研究——基于5所高校的调研[D].成都:四川师范大学,2016.

③ 路晓航.来华留学生管理和服务中的适应性研究[D].大连:大连理工大学,2018.

④ 丁笑炯.来华留学生需要什么样的教育——基于上海市四所高校的数据[J].高等教育研究,2010(6):38-43.

有这回事。对于这个,我不满意。"①有研究以上海五所高校的留学生为研究对象,考察了外部环境、课程、教学和管理四个方面,其中在教学满意度方面,虽然"小班化教学"实现了,但是教学参与的满意度低。② 一方面由于教师成为课堂中心,控制了话语权;另一方面,留学生比较害羞,难以融入中国学生群体,因而造成了课堂的低参与度。

综合以上研究发现,虽然留学生的国别、性格等有所不同,但是不少留学生期待课堂参与、期待主动学习、期待交流互动、期待多样化的教学方式。中国学生来到英国高校后,有些学生虽然羞怯,需要一段时间的文化适应,但是他们对小班化、互动交流型的教学方式接受度都比较高,感到比较满意。如果借鉴英国多样化的教学方式与交流型的授课方式,启发学生主动思考,给学生更多自主的时间学习,是否能够提升留学生的满意度呢?表层教学方式的差异反映的是彼此教学理念的差异。在英国的留学生教学中,师生角色的界定、交流互动的课堂、自主学习的开展、多样化的教学形式等都是在不可看见的教学理念支配下形成的有机整体的一部分。理念的力量足够形塑一个文化的基本形态。以课堂参与为例,无论是害羞的还是开朗的学生,无论是来自哪个国家的学生,只要到了英国的留学生课堂,最终都会参与到课堂活动中去,积极地思考和互动。我国传统教学也有长处,问题是如何保留知识型教学的长处,又能结合英国留学生教学的长处。凡是触及文化深层的部分,变革都不太容易,因为里层的文化根深蒂固。但是即便文化是有延续性的,也是多多少少能被改变的,最终还是看人们选择的文化价值和文化认同。

① Charles Gobllie. 在华国际学生的留学动机与心理适应,学业满意度和潜能的关系[D]. 武汉:华中师范大学,2019:177.
② 文雯,陈丽,白羽,曹慧思. 北京地区来华留学生就读经验和满意度国际比较研究[J]. 北京社会科学,2013(2):63-70.

（2）辅导

我国来华留学生对支持性服务的需求没有得到满足。以博士生为例:"多数学生还停留在翻译课件,整理课堂录音,学习专业词汇的知识理解消化阶段,难以形成学术性的知识体系。"研究者认为高校应树立"学生为主体"的课程体系,建立完善的课堂准入机制以及提供有针对性的课程学习支持。[①] 另有研究指出来华留学生学习遭遇困难时,一般是请教同学(61.2%),而且有 43.7% 的留学生明确表示不会向教师求助。[②] 在学业辅导之外,还有研究反映来华留学生需要就业指导。一项北京的研究指出:"在京留学生对就业指导的需求强,尤其在就业信息,职业选择和发展,技能培训,就业支持,学习安排等方面。北京地区各项满意度都显著低于世界城市水平。尤其是学校提供的职业规划指导以及帮助找到好工作差异明显。"[③]

在英国,个人导师制度为留学生的辅导需求提供了制度化的回应。在部分留学生眼中,他们是回应学生问题的一个"稳定的存在",是求助的第一站,具体的职责包括学习辅导、生活和职业发展的辅导,等等。他们可能为学生的问题直接提供答案,也可能作为中介人寻找问题解决的出路。此外,留学生也可从学校里的职业辅导机构获得就业指导;从图书馆、语言中心、校内校外的论文校对机构获得语言上的帮助;从其他任课老师或者课程负责人处获得学习问题的解答;等等。总的来说,英国设有个人导师这样的留学生辅导制度,而且其他能够回应学生需求的辅导机构和辅导人员也比较多。在日本,留学生的辅导工作主要由学生负

① 苏洋."一带一路"背景下来华留学博士生课程学习体验及其影响因素研究[J].比较教育研究,2019(9):18-35.

② 丁笑炯.来华留学生需要什么样的教育——基于上海市四所高校的数据[J].高等教育研究,2010(6):38-43.

③ 文雯,陈丽,白羽,曹慧思.北京地区来华留学生就读经验和满意度国际比较研究[J].北京社会科学,2013(2):63-70.

责,而且也已经制度化。这种由学生担任留学生导师的制度已经在日本高校遍地开花。由上述可见,对于应如何为留学生提供支持性服务这个问题,具有不同文化传统的英日两国给出了不同的答案。但是,两国均以制度的形式回应,而且,教师辅导和朋辈辅导模式有助于及时地回应留学生的个性化需求。英国留学生辅导机构比较多,专业化的程度比较高。另外,值得关注的是,英国高校和日本高校,他们为留学生提供的学习支持性服务都比较有针对性。简单地说,留学生主要的问题在于初期的学习和生活适应,学习期间的语言支持,学习技能发展以及毕业前的职业规划和求职帮助等。无论是英国的个人导师,还是日本的学生导师,他们的工作内容都回应了留学生各个时期的痛点和需求。

5.评分

在留学生的考核与评分环节,是否应出具评分标准? 国内高校在这个方面可能不是很统一,存在参差不齐的状况。笔者就读过的北方和南方的高校就有所区别,南方不同的学校之间也不一样。在我国某些高校,可能不一定有评分标准,特别是在作业和答辩环节等。在北方高校的研究发现美国硕士留学生和中国教师之间在学业评定是否应有标准上存在分歧。美国来华留学生认为教师应该在作业或答辩前将评分标准告诉大家,以便他们在准备的过程中可以有个参照的标准;在评分过程中,也要按照这个标准严格执行;如果对评分有争议,师生可以按照这个标准再次进行评分。评分标准意味着作业指南、评分和仲裁的依据。但是,中国高校教学方面和留学生的想法有距离。评分标准因缺乏对人性化和具体情境的考虑而不被崇尚情理并重的中国老师所重视。由于双方各有互不相融的文化立场,评分方式成为美国留学生容易和中国老师、教管人员发生冲突的领域。① 在因评分标准的

---

① 潘晓青.影响美、日来华留学生跨文化人际适应的文化研究[M].北京:中国社会科学出版社,2016:213.

缺失而可能发生的冲突背后是价值观的对立。一方认定人人遵守规则的普遍主义（universalism）和人人平等的低权力距离文化（low power distance）；另一方认同具体情境具体分析的特殊主义文化（particularism）和权力分布较不均等的高权力距离文化（high power distance）。

英国和美国一样，在评分环节上比较不受人情因素的影响。留学生对教师不分亲疏远近的评分态度印象深刻。评分标准的制订，评分环节的盲改、二轮批改形式，教考分离，校外教师参与出卷和评阅等方式都体现了公平和公正的价值观。在笔者的研究中，无论是来华的美国留学生，还是留英的中国学生，都比较喜欢形式上能够确保的公正。

第二节　留学生满意度解析

第二节先回应本研究的第三个问题："中国留学生对英国留学生教学与学习支持性服务的满意度如何？英国留学生教学让他们感到满意的特点是什么？不满意的特点是什么？"然后再就结论得出启示。

一、结论

以往的定量研究和此次的访谈研究均发现中国留学生对英国的高等教育的满意度比较高。以下以四大教学要素（课程与教材、师资、教学、考核和评分）为纲，分别就令留学生感到满意的特点和不满意的特点进行了分析。虽然满意和非满意之处以并置的形式出现，但是从以往定量研究的结果来看，留学生对英国的高等教育感到比较满意，而不是比较不满意。为了方便回顾，本节先将前面章节的分析综合到表 9-1 中。此外，有必要说明的是，满意和不满意之处不是截然对立的，而是一体两面。我们可以看出留学生对各个教学要素几乎都有满意和不满意之处。

表 9-1　留学生满意度解析

满意度＼教学要素	课程	师资	教学与辅导	考核与评分	其他（学费）
满意	1. 课程实用 2. 选课管理精细，可选课程多	1. 教学师资充足，专业化分工明确 2. 教师有学识，有资历 3. 教师教学态度认真敬业，用心调动学生积极性；个性修养较好；个人导师的态度和个性也比较好	1. 注重互动交流，气氛好 2. 注重理解和运用 3. 开放自由，鼓励独立思考 4. 自主性学习的乐趣 5. 专业知识积累 6. 思维开发和科研能力培养 7. 师生结对的辅导方式和个人导师承担的不同角色给学生带来了益处	1. 有评分标准 2. 盲改 3. 杜绝人情因素	1. 教学环境能提供开阔的视野 2. 图书馆资源丰富，使用便捷
不满意	1. 课程容量大 2. 课程难度高 3. 课程不匹配 4. 课程受到疫情冲击	1. 文化差异影响师生交流 2. 教育背景差异影响师生交流	1. 教学语言不适应 2. 教学目的不明 3. 教学方式不适应 4. 教师角色不适应 5. 自主学习任务重，独立性要求高 6. 教学班级缺乏多样性 7. 与个人导师的见面次数，随机分配的方式，辅导效果不尽如人意	1. 测试要求不明 2. 考试难度不小	学费昂贵

　　在课程方面，选课管理的精细化使得留学生少有怨言。留学生可以选择的课程也比较多，对英国高校课程的实用性印象也比较深刻。无论是学分内课程，还是学习支持性课程，留学生都认为比较实用，能

够用到工作和社会实践中去。但是,英国高校的课程容量比较大,留学生学习紧张,并不轻松;课程难度不低,如果是跨专业的学生,更容易感到学习困难;学生与课程不匹配主要有以下四种情况,一是课程缺乏跨文化属性,有西方中心论倾向,二是课程的定位和学生的需求不符合,三是国内外课程内容衔接不够,容易出现知识的鸿沟;四是疫情对课程的冲击,造成部分实习课程无法开展、网上课程剥夺参与感的情况。

在师资方面,留学生认为英国高校师资充足,专业化分工明确,相互协作开展教学;教师学术水平较高,比较有资历;教师在总体上态度认真、敬业,还会用心调动学生积极性;个性修养较好,尊重学生,也乐意帮助学生。作为辅导教师的个人导师个性和态度较好。但是,中国留学生与英国教师之间存在因文化差异、中英教育背景的差异引发的跨文化交流问题。中英师生之间的价值观文化差异主要体现在多元时间和线性时间、集体主义和个体主义、关系离散和关系特定几个方面。中英师生之间教育背景的差异会导致中国学生在交流中感觉自尊心受到伤害的情况发生。

在教学与辅导方面,留学生认为英国的教学注重互动交流,气氛好;课堂上注重知识的理解和运用;教师开放自由,鼓励学生独立思考;学生在老师的引导下,能开展自主性学习享受学习的乐趣;教学效果不仅仅在于英语语言能力的提升、专业知识的积累,更在于思维的开发和科研能力的培养。留学生学会从多元视角看问题,学会批判性思考,学会独立思考。在个人导师的辅导方面,师生结对式的辅导带来踏实感,有助于形成稳定和深入的师生关系,及时回应学生的问题;个人导师的教师角色,中介人角色和文化局内人角色为留学生提供了所需的帮助。但是,留学生也对英国的教学一时难以适应。留学生会在真实语境下因语言能力不足而无法开展顺利的交流。他们在听、说、读、写这四项基本技能上都存在一些问题。其中,比较突出的是过快的语速,形形色色的口音,专业词汇有限,学术写作不熟悉,等等。从一种教育文化来到另一种教育文化中的留学生一时间难以明白教学方式迥异的英式教学有什么样的教学目的,对教师的角色感到不解,对任务繁重、独立性要求高的自主性学习不适应。留学生还认为教学班级的编排缺乏国别和文化背景的多样性。在个人导师的辅导方面,留学生认为师生见面的次数不够多,不利于深入的交流;随机配对的师生组合方式不利于找到令人满意的导师;个人导师的辅导不能直接解决问题,因此效果欠佳。

在考核和评分方面,留学生意识到英方崇尚公平和公正的价值观,考试有评分标准,阅卷用盲改的形式,教师打分不论亲疏。但是,在测试中,也存在留学生遇到测试要求不明、考试难度大的情况。

在教学环境和资源方面,英国的教学环境能够为学生提供一个相对开阔的视野;英国高校的图书馆藏书丰富,使用便捷,开放时间长,服务周到。但是,在英国高校为留学生学习提供丰富的资源、提供良好教学服务的前提下,留学生需要缴纳高昂的学费。这也是令他们感到不满意的地方。

二、启示

以下分别从来华留学生教育和留英学生的视角探讨留学生满意度解析的结论带来的启示。

(一)来华留学生教育

一方面,如果对留学生的满意之处做进一步的分析,初步可见满意度和下列三个因素相关:英国留学生的教学管理(如选课精细化),教学理念和价值(考核和评分的公正,教学理念支配下的教学目的、方式和效果,课程的实用性,等等),教学资源的丰富(师资充足、图书资源丰富等)。其中,教学理念和价值这个因素对留学生在学体验的影响比较大。

　　这些造成留学生正面体验的因素给我国的来华留学生教育或许有些许启发。如果我国的留学生教育要获得进一步的发展,那么有必要致力于和上述三个因素相关的建设。第一,加强资源的建设(如师资、教材、图书馆等教学资源)。结合我国目前的留学生教育现状,英文师资的匮乏和教材陈旧等问题应该得到重视。第二,重塑教学价值和理念。如果要办好留学生教育,那么就要考虑留学生这个多元化的学生群体需求,这意味着我国传统的教学理念和方式需要进行改革和必要的调整。比如,留学生教学面临的一个突出问题是如何处理有较大争议的满堂灌的教学方式。对于这个问题的回答不仅仅是如何教学的技术层面的问题,也是有关为何教、何为有效教学的理念问题。第三,改变留学生教育的管理思想,加强服务型管理。以往的研究多次对管控型的留学生管理提出了批评,认为关注留学生的需求是提升我国留学生教育服务质量的一条有效路径。如果要增加留学生的满意度,提升在学体验,那么我国的留学生管理应融入服务型管理的特点。如在选课、课程设置、教学方式等环节更注重留学生的需求。总的来说,基于留学生的满意度分析而得出的三个基本影响因素——教育资源、管理和教育理念,我国的留学生教育质量的建设需要在考虑上述三个基本因素的前提下,通过借鉴英国或其他国家的留学生教育文化观念和实践,走出提升来华留学生教育质量的路径。

　　另一方面,留学生对英国教育的不满意基本和以下的四个因素相关:跨文化交流(包括人际交流和教育文化的交流)、教学管理(如班级成员构成)、大型突发事件和学费。其中,虽然大型突发事件是不可控的,但是留学生教育往往会受这些大型的或者有影响力的国际事件的影响。未来将会有什么样的大型事件会影响留学生教育一时难以论断,但是这提醒我国的来华留学生教育需要有这样的防范意识。首先,英国留学生教学管理中班级成员的构成缺乏多样性。虽然国际学生的来源国多样,但是留学生的数量差别却比较大,如中国学生的数量就明显多于其他许多国家。英国方面在编制班级的时候，可能也更多地考虑了管理上的方便。比如，在英国高校对中国留学生的报道中已经显示他们充分意识到了这个问题，但是没有提出后续的做法。这令人联想到我国留学生教育管理中经常提及的留学生和本国学生的趋同化管理问题。中英两国虽为留学大国，在留学生的构成和管理的方式上并不相同，但是同样面临趋同化管理的问题。其次，学费与留学市场的情况相关。留学教育的质量就是竞争力。英国的留学教育因质量高而获得了良好的声誉，成了国际上比较受欢迎的留学目的地国家，因而获得了国际留学市场相当可观的份额。虽然英国的留学生教育愿意为留学生提供高满意度的留学教育服务，但是在学费上不会让步，这离不开他们通过办留学生教育增加高校收入的目的。即使在疫情肆虐的时期，当线下课程纷纷转为线上课程时，英方虽有变通，让录取的学生选择到英国学习，或选择在国内上网课，但是收取的学费没有变。我国的留学生教育，只有提升教育质量，才能具备国际竞争力，创造财富。最后，跨文化人际交流的问题是任何不同文化之间的交流都难以避免的问题。只要有留学教育，就有文化的交流；只要有跨文化人际交流，就有喜忧参半的留学生活。此外，因不同的教育文化背景等引起的交流的不愉快，也可能会发生。根据英国的经验，这些跨文化交流的问题，有些是在留学生适应的过程中被慢慢消化了；有些则会上升到留学生眼中的民族歧视和偏见等问题，不得不找学校的管理部门投诉。对于我国留学生管理部门来说，应该加强来华留学生的跨文化管理，设置跨文化管理的岗位，加强管理人员的跨文化培训，等等。

总的来说，质量是留学生教育的竞争力和高额学费的必要条件，但是即便是发达的留学教育，依然要在留学生管理方面始终注意防范大型突发的公共事件，思考留学生的趋同化管理的利与弊，实行跨文化管理。

(二)留英学生

留学生满意度的解析对于留学英国的学生有什么样的启示呢?本小节分别从课程、教学与辅导、师资、考核与评分等方面逐一说明。

1.课程

留学英国的学生,一般会比较认同英国高校课程的实用性;在选课的环节,学校的管理也比较精细。但是,在一年三学期制的英国高校,课程容量大、节奏快,学习压力大而令人紧张;转专业的同学在课程学习上尤其有难度;所选课程和留学生需求,与留学生的母国文化可能有不匹配的情况;在疫情冲击下,部分实践性课程没法开展,课程教学方式被迫改变。虽然上述不满意的情况比较多,但是在一般情况下以课程容量大而造成的学习紧张感和压力感为主。

根据以上留学生在课程方面的体验,本文对即将留学英国的学生提出如下的建议。(1)转专业的同学最好在留学前先自学所转专业的课程。对该专业的核心书目、经典著作等先通读一遍,了解该专业的核心概念和基本理论、学科的历史发展、著名学者及其研究主题等。如果条件允许,在看中文资料的同时,也可同时看该专业的英文资料,减少因英语语言障碍、术语不理解、专业课内容不熟悉而造成的课程学习困难。(2)留学前在选择学校的时候,要关注一下所学研究生课程的定位。以教育学的硕士生课程为例,思考该院校提供的硕士生课程是适合有教学经验的留学生,还是适用于没有教学经验的留学生。前者可能有理论化倾向,适合有一定教学经验、期待通过硕士生课程提升教学与科研能力的研究生;后者可能不会太偏重理论学习,适合没有教学经验的留学生。此外,部分课程的文化依附性比较重,有西方文化中心论的倾向,未必适合留学生的母国文化,所以留学生在选择研究生课程的时候,要考虑文化因素。(3)如果可以选择,留学时间尽量避开英国教育受重大事件影响的时间段,因为正常的课程设置和常规性教学多多少少会受到外在的冲击。它影响的不仅仅是传播的方式,还有课堂交流的方式。如果以讨论和互动为特色的教学无法正常开展,那么令留学生感到满意的那些英国留学生教学的特色也将黯然失色。

2. 师资

英国的留学生师资比较充足,教师给留学生的总体印象良好。他们认真敬业,有学识,有资历。但是,英国教师和中国学生之间存在人际交往中的文化差异和教育背景的差异。文化差异主要体现在中英在关系离散和关系特定、在线性时间和多元时间、在个体主义和集体主义的取向不一致。中英师生在教育背景上的差异使得他们对同一历史事件的看法有所不同,这可能会影响留学生在跨文化交流中的自尊心。

为此,留英学生可为改善交流做相应的准备,减少跨文化交际中的不适应。(1)了解跨文化交际的基本知识,尤其是跨文化交际中有关文化差异的知识;有的放矢地学习多元时间和线性时间、关系特定和关系离散、个体主义和集体主义之间文化内涵的区别,以及这些文化观念如何塑造不同文化中人们的交往行为;以及在跨文化交流中,上述差异会造成什么样的冲突;等等。(2)认识到不同国家在教育背景方面的差异,中英师生对同一个历史事件可能持有不同的看法。在遇到这种情况时,要注意解读英方教师的话语。如果双方意见不一致,可进一步探讨;如果事实令人失望,英国校方一般愿意听取留学生的投诉。

3. 教学与辅导

教学是留学生满意之处和不满意之处最为集中的环节。留学生对英国高校感到满意的地方在于:课堂互动性强、气氛较好,有助于在轻松的氛围下提升学习效率;教师教学中注重知识的理解和应用;开放自由,鼓励学生独立思考;学生有自主学习的机会;教学有助于知识的积累和思维能力的发展,进而促进学生在学习、生活和科研工作中的能力培养和提升。不满意的地方在于:留学生一时对英国高校的教学目的、教学方式、教师角色等不理解;对独立自主的学习方式不适应。此外,留学生所在的教学班级缺乏背景的多样性。本地生和其他国际学生较少,中国学生占大多数。在教学语言方面,留学生在英国要迎接英语作为教学语言在听、说、读、写这四个基本方面的挑战。在辅导方面,个人导师能回应留学生的各种问题,但是,部分学生可能认为这项辅导制度比较"辅助",可有可无,不是很有效,师生见面的次数少,师生之间缺乏专业的匹配性,等等。

鉴于上述情况,建议如下:

(1)去一个完全用英语交流的国家留学,要意识到语言适应对于学业成功至关重要,因为留学生在语言上或长或短的适应期会影响学习的效果。即使通过了雅思考试,也要继续重视语言能力的培养和提升,有针对性地在听、说、读、写各个方面下功夫。在听力方面,要培养对英语口音和语速的适应能力。比如,可选用一些真实场景下的视频,听来自不同地方的英国人说英语,进行口音听力的训练;多听真实场景下的原速英语,尤其是学术场合的讲座听力训练等。在口语方面,要通过实践训练英语思维能力,提升学术英语的口语表达能力,既要学会如何表达思想,又能和对方进行口头交流。在阅读方面,多阅读专业书籍、熟悉专业内容、积累专业词汇,而且要提升阅读速度,准备好应对留学期间大量的阅读。在写作方面,训练学术英语写作能力,了解学术英语写作的基本思路、写作规范等,还要加强英文思维、词汇、语法等基本功训练。如有必要,留学生可报名参加学前课程的学习,但是这部分课程需要收取费用。(2)了解英国高校的教学模式以及中英两国在教学各个方面的差异,如教学目的、教学方式和师生角色等,从认知上做好跨文化适应的准备,减少因脱离母国文化,又不明对方文化的情况下产生的期待得不到回应,无法理解对方文化又无所适从的情况。中英教学的差异主要在于英国的教育目的是培养理性和自治的个人,教师注重通过讨论和互动等教学方式培养学生独立思考和批判思考等能力,要求学生有自己的观点。学生是学习的主人,教师只是引导者。留学生要树立跨文化学习的自信心,无论是文化适应的理论,还是以往的研究发现,都说明只要经过一段适应的时间,留学生在大体上都能够基本适应在英国高校的学习。(3)培养自主学习的能力。对教师放手、学生接管自主学习方式所带来的压力、劳累和不适要有心理准备。学习不再是亦步亦趋地依赖教师的指导,而是要做自己学习的主人,在学习上成为一个自治的人,学会制订计划、管理时间;找到适合的学习方法;能够选择学习资料、分析资料、独立完成作业;等等。(4)留学生可通过认识英国的个人导师制度,思考在学术和非学术方面可以得到什么样的辅导。制度规定教师要定期约见学生以及见面的次数,但是留学生如果有需要,也可以主动联系和导师见面。按照以往的经验,不同留学生遇到的个人导师的个体差异性并不小。总之,在了解个人导师制度的基础上,看在学生需求和导师能够提供的辅导之间达成一个怎样的平衡。

4.考核与评分

英国高校用各种方法和手段确保评分的客观公正。但是,留学生认为考试有一定的难度,尤其是刚入学的时候;又因为对英国高校的作业要求和测试要求不了解,所以期待老师对作业和测试多加指导。留学生如果对作业要求和测试要求有不明白的地方,要及时和老师沟通。在留学前期,因为语言和文化适应等问题,部分学生可能出现考试不能及格的情况,但是随着学习的逐步适应,考试的通过率也会上升。总之,学业成功和学习的适应存在相关性,要加强适应能力。

5.其他

英国高校的图书馆资源丰富、使用便捷、开放的时间长。但是,英国高校的高额学费也给学生带来了不小的经济压力和情感压力。建议留学生充分利用图书馆及其他资源,争取在留英期间将留学的效益最大化。

第三节　未来研究的方向

国内对英国留学生教育的研究比较有限,本研究尝试着对英国留学生教学和学习支持性服务进行了研究。本节旨在抛砖引玉,希望今后有更多关于英国留学生教育的更加完善的研究。因本研究时间有限,存在些许不足。

在英国留学生的教学部分

第一,本研究在文科和理科、本科生和研究生的样本上分布不均衡。研究样本主要以文科,尤其是教育学方向的研究生为多,而理工科和本科生的样本相对比较少。这在一定程度上会影响数据采集,进而影响研究结果。如:因理工科样本少,所以通过该样本得出的研究结论也少;反之,文科研究生的样本多,所以在研究结果中呈现的内容也比较多。总之,研究结果会向在样本中占大多数的文科研究生倾斜;理工科学生的声音会比较弱。因此,未来也可就充实的文科和理工科的样本,研究生和本科生的样本展开进一步的研究,作为本研究的补充、印证和延伸。

第二,本研究涉及多个课题。研究针对那些存在中英教学差异的留学生教学要素逐个进行了探讨,在每个要素下,又涉及各个方面。而且,研究涉及的样本来自各个学校、各个学段、各个专业。实际操作起来,内容庞杂。研究的课题多,各个课题的研究人员分头负责该课题的资料收集。在这样的研究形势下,难免有资料收集薄弱的环节,收集的资料也有不均衡的现象。为此,研究通过以下途径充实资料:

一是回访;二是增加访谈对象,进行了资料的再收集;三是研究也采纳了其他学者论文或者专著中留英中国学生的访谈内容。在上述的努力下,研究所需的资料达到了基本饱和的状态。说到资料收集,本研究要特别感谢逄如意、吴盈盈、张一凡等同学在资料收集中做出的突出贡献。

第三,对英国留学生的学习支持性服务开展了研究。研究内容主要是课程支持和传统的个人导师辅导。虽然研究也提到了朋辈支持的模式,图书馆、心理健康部门以及职业发展中心提供的支持性服务,但是相对来说比较简略。本研究认为英国留学生的学习支持性服务比本论文中涉及的内容更加多元,而且给予学习者生命关怀的心理支持服务应在文献研究和质性研究中得到更多的关注,因为这不仅仅是对留学生这个基本教学要素的支持,也是英国留学生服务的特色。此外,职业发展作为与本科生和研究生学习生涯密切相关的一部分,也可被看作学习支持性服务的一种类型而进行细致和深入的研究。

第四,本研究尝试着解释为什么英国的留学生教学会呈现出有别于中国高等教育的一些特色。解释一般是从现象入手,然后进一步做理念的推断。如果在解释的环节,研究能够增加英国本土文化的视角,那么对英国教育文化内涵的发掘会更加深厚和生动。如果今后的研究具备采集英国方面样本的条件,从英国人的视角对英国留学生教学和学习支持性服务做进一步的研究,那么对异文化的解释会更加充分到位。

附录 1：英国留学生教学部分的访谈提纲

第一部分：一般性问题

1. 你认为英国留学生教学怎么样？有什么样的印象？

2. 你认为中英在教学上有什么不同？

3. 你对英国的留学生教学是否满意？

第二部分：有关各个教学要素的具体问题

1. 教材

(1) 使用的是英国本土教材吗？是专门针对留学生的教材吗？还是和本国学生一样？

(2) 教材内容如何（难度、趣味性、实践性、新旧等）？

2. 师资

(1) 英国任课老师的职责有哪些？

(2) 一门课由几个老师教？印象如何？

3. 教法

(1) 英国老师的教法和国内的老师有何不同？

(2) 你是否能适应？

4. 课程

(1) 需要修满多少学分才能毕业？分哪些类型的课程？

(2) 课程是否能满足学生需求（多样性、班级构成及其容量等）？

如何选课？

(3)课程有什么特点？

5.考评

(1)采用什么形式进行考核？

(2)如何评分？

第三部分：留学生满意度

1.英国留学生教学的哪些部分符合期待或者高于原先的期待？哪些部分不符合期待，或不尽如人意？

2.哪些教学体验令人感觉良好？哪些令人感觉不好？

3.哪些教学特点能够满足留学生的需求？哪些不能满足需求？

被访者信息：

1.姓名：_____   2.年龄：_____   3.性别：_____

4.在读英国高校：_____   5.专业：_____   6.学段：_____

7.留英时间：_____   8.是否毕业：_____

非常感谢！

附录2：英国留学生支持性服务的访谈提纲(个人导师部分)中文版

第一部分：背景性问题

1.你喜欢在英国学习吗？

2.你的个人导师怎么样？

3.你们多久见一次？哪里，何时，与谁一起？

4.你们通常在一起做什么？

5.你如何描述个人导师的职责？

6.他们和论文导师有何差别？

7.在学期间多长时间内有个人导师的帮助？

8.你所在的学院学生对个人导师有什么评价吗？

第二部分：有关个人导师的具体问题

1.你认为个人导师怎么样？他是否可以替代，或者是否必要？

2.他对你有帮助吗？如果是，在哪些方面？他们如何帮助你？有效性如何？如果没有什么帮助，原因何在？

3.你对个人导师感到满意吗？让你感到满意和不满意的是什么？为什么？

4.如果可以给个人导师提建议，会是什么建议？

5.与国内相似职责的导师和辅导员相比，他们有何不同？

6.如果你把个人导师值得学习的部分介绍到国内,那是什么?

7.如果你把国内值得学习的部分介绍给英国的个人导师,又是什么?

8.你和个人导师之间有什么问题吗(抱怨、误解、冲突等)? 如果是,你如何处理? 造成这些问题的原因是什么?

第三部分:结束语

除了上述的问题,对个人导师还有什么想要交流的吗? 或者访谈提纲里的问题尚未涉及的?

被访者信息:

1.姓名:_____   2.年龄:_____   3.性别:_____

4.在读英国高校:_____   5.专业:_____   6.学段:_____

7.留英时间_____   8.是否毕业:_____

非常感谢!

附录 3：英国留学生支持性服务的 访谈提纲（个人导师部分）英文版

Section 1: Background questions

1. Do you like studying at UK?

2. How about your personal tutor?

3. How often do you see him/her? Where and when? With whom?

4. What do you usually do together?

5. How do you describe the duties of a personal tutor?

6. How are they different from supervisor?

7. How long do you have a personal tutor when you study there?

8. Does your department have some students' evaluation of the performance of the personal tutor?

Section 2: Some specific questions about personal tutor

9. What do you think about having a personal tutor? Are they irreplaceable?

10. Does he/she help you or not? If yes, in which aspects? How can they help? In what way could their help be effective? If not, why not?

11. Are you satisfied with your personal tutor? What makes you satisfied and what not? Why and why not?

12. If suggestions can be made about how personal tutor can help you, what are they?

13. How are they different from Chinese counterparts? (Like supervisor or counselor)

14. If you are asked to recommend what you think is good to Chinese counterparts, what would be that?

15. If you are asked to recommend what you think is good about counterparts to UK personal tutor, what is that?

16. Do you have any difficulties(complaints, miscommunication, conflicts) with personal tutor? If yes, how do you handle it? What do you think leading to the difficulties(complaints, miscommunication, conflicts)?

Section 3: Ending

What other comments do you like to make about personal tutor apart from questions already asked?

Information of the interviewee

Name:_____   Age:_____   Sex:_____

Education level:_____   University at UK:_____

University Major:_____

If graduated, year of graduation:_____

If not graduated, year of study:_____

Thanks so much!

附录4：英国留学生支持性服务的 访谈提纲(辅导人员，课程及其他)

1.校方为留学生的学习提供什么支持？分别是什么样的？

你(或者你认识的同学)参加过什么学习支持性服务？有帮助吗？哪个比较有帮助？

2.留学前后各个阶段的学习支持性服务：

(1)在入学前阶段,有什么服务？

(2)在入学前后呢？

我听说有门 pre-sessional 课程,能否介绍一下(学什么？怎么学？)

你上过这门课吗？觉得怎么样？或者听其他上过的人怎么评价？

(3)在入学后呢？

遇到什么学习上的问题,有什么支持吗？是否参加过 in-sessional 课程？请具体描述一下,有何评价？

有教师或学生担任的学习辅导员吗？

他们能够提供什么帮助？

你什么时候找他们？

他们对你的学习帮助大不大？或者起到什么作用？

其他工作人员,是否也会提供辅导？

(4)你认为英国的学习支持性服务做得怎么样？好在哪里,不好在哪里？

和国内的有什么差异？

对此,有什么意见和建议?

3.有关帮助留学生学习的支持性服务,还有未提及的吗? 如果有,请解释一下。

4.除上述支持性服务,英国大学还有哪些支持性服务?

有哪些服务在中国少见,或者没有?

就中英两国都有的支持性服务而言,是否有差异? 你认为这些服务的英国特色是什么?

对这些服务是否感兴趣,参与性如何? 为什么?

被访者信息:

1.姓名:_____   2.年龄:_____   3.性别:_____

4.在读英国高校:_____   5.专业:_____   6.学段:_____

7.留英时间:_____   8.是否毕业:_____

非常感谢!

附录 5:剑桥大学学前课程样表

Course Schedule

Week Zero: Introduction to the Objectives and Expectations of the Pre-Sessional

Focus	MONDAY ARRIVALS	TUESDAY ASSESSMENT	WEDNESDAY INTRODUCTION	THURSDAY LECTURE	FRIDAY PRESENTATIONS
9:30 — 11:00		Welcome Introduction & Written Assessment	Introduction to the EAP Pre-Sessional	*Lecture:* History	*Groups:* Presentations & Feedback
		Break	*Break*	*Break*	*Break*
11:30 — 13:00		Interviews / Administration / Introduction to LC	*Groups:* Introductions & Expectations	*Groups:* Post-Lecture Discussion	*Groups:* Presentations & Feedback
14:00 — 16:00		Interviews / Administration / Introduction to LC	*PLT* Opening a UK Bank account	*Free for Presentation Preparation*	Tour of Cambridge & the Colleges
16:00 — 17:30		Interviews / Administration / Introduction to LC	Introduction to the Computing Service		
Extras/Prep	Welcome Buffet	Introduction to Social Programme			500 — 1000 words on research area / pre-lecture reading

N.B. The teaching content and organisation of sessions will be personalised to reflect individual class needs. Additional homework will be assigned by each instructor per week.

Week 1: Presentation Skills

Focus	MONDAY	TUESDAY	WEDNESDAY	THURSDAY	FRIDAY
9:30 — 11:00	Review of Orientation Week Presentation	*Lecture:* Sustainable Development	Individual Presentations Peer & Instructor Reviewed	Review of Presentations: Feedback & Discussion of Strengths & Weaknesses	Introduction: What is Academic English
	BREAK	BREAK	BREAK	BREAK	BREAK
11:30 — 13:00	What makes a good presentation? Different types of presentation & presentation strategies.	Post-Lecture Discussion	Individual Presentations Peer & Instructor Reviewed	What has been achieved? What still has to be done? How to develop into a 20 min presentation? How to achieve this?	Peer-Review of 500-1,000 words. Language, Structure, Content
14:00 — 16:00	*Optional Sessions, & Individual Supervisions*	*Optional Sessions, & Individual Supervisions*	Information Literacy 1 *University Library*	University Library Induction	How to start your research 2
16:00 — 18:00	*Optional Sessions & Individual Supervisions*	*Optional Sessions & Individual Supervisions*	How to start your research 1	Visit to the University Library	*Optional Sessions & Individual Supervisions*
Extras/Prep					Draft of first essay (1500—2000 words)

Week 2: Academic Writing

Focus	Monday	Tuesday (Lecture)	Wednesday	Thursday	Friday
9:30 — 11:00	What is "good academic Writing" and a discussion of the writing process	Lecture: Business	Writing clearly Lexis, Structure, Coherence&Cohesion	Workshop: Academic writing in the sciences & social sciences	Aanalysis of writing styles Across the disciplines
	Break	Break	Break	Break	Break
11:30 — 13:00	Academic conventions: Refrencing styles, Hedging, Plagiarism	Post-Lecture Discussion	Discipline-specific styles and conventions	Workshop: Academic writing in the Arts &Humanities	Peer-Review: Language, Structure, Content
14:00 — 16:00	Optional Sessions, & Individual Supervisions	Police registration	How to start your research 3	University Library Induction	How to start your research 2
16:00 — 18:00	Optional Sessions & Individual Supervisions	Optional Sessions & Individual Supervisions	Approaching graduate studies	Visit to the University Library	Optional Sessions & Individual Supervisions
Extras/Prep				After- dinner talk	Deadline: first essay

Week 3: Communication Skills

Focus	Monday	Tuesday	Wednesday	Thursday	Friday
		LECTURE			
9:30 — 11:00	The challenges of different communication situations / **Communication Matrix**	*Lecture:* Egyptology	Verbal Dexterity: Debating	Verbal Communication: Telephoning	SEMINAR
	BREAK	BREAK	BREAK	BREAK	BREAK
11:30 — 13:00	Role-Play Scenarios: Informal vs. Formal,	Post-Lecture Discussion	Seminar Strategies: From note-taking to Successfully contributing	Workshop: Communicating effectively Via e-mail	Review Session What has been achieved? What still has to be done? How to achieve this.
14:00 — 16:00	Introduction to the UCLC Corpus	*Professional Communication*	Information Literacy 2 *University Library*	*Professional Communication*	*Optional Sessions & Individual Supervisions*
16:00 — 18:00	*Optional Sessions & Individual Supervisions*	*Professional Communication*	*Optional Sessions & Individual Supervisions*	*Professional Communication*	*Optional Sessions & Individual Supervisions*
Extras/Prep				After-dinner talk	

Week 4: Editing and Polishing your Writing

Focus	MONDAY	TUESDAY	WEDNESDAY	THURSDAY	FRIDAY
		LECTURE			
9:30 — 11:00	Review: From 2000 to 4000words. Discussion &Feedback	Lecture: Shakespeare	The importance of Editing & Polishing 1	Writing Surgery 1	WORKSHOP: Polishing your Presentation
	BREAK		BREAK	BREAK	BREAK
11:30 — 13:00	Peer-Review: Language/structure/Content/Conventions	Post-Lecture Discussion	The importance of Editing & Polishing 2	Writing Surgery 2	WORKSHOP: Polishing your Presentation
14:00 — 16:00	How to start your research 5	How to start your research 6	Optional Sessions & Individual Supervisions	Optional Sessions & Individual Supervisions	Optional Sessions & Individual Supervisions
16:00 — 18:00	Optional Sessions & Individual Supervisions	Optional Sessions & Individual Supervisions	Optional Sessions & Individual Supervisions	Optional Sessions & Individual Supervisions	&Optional Sessions Individual Supervisions
Extras/Prep		After-dinner talk			Deadline: second essay

Week 5: Final Presentation&Feedback

Focus	MONDAY	TUESDAY	WEDNESDAY	THURSDAY	FRIDAY
9:30 — 11:00	Final Individual Presentations (20mins+Q&A)	Final Individual Presentations (20mins+Q&A)	Final Individual Presentations (20mins+Q&A)		
	BREAK	BREAK	BREAK		
11:30 — 13:00	Final Individual Presentations (20mins+Q&A)	Final Individual Presentations (20mins+Q&A)	Final Individual Presentations (20mins+Q&A)		
14:00 — 18:00	Final Supervisions	Final Supervisions	Final Supervisions		
Extras/Prep			Peterhouse: Leaving Drinks		

附录6：日本高校留学生辅导制度研究

　　留学生辅导模式中的朋辈支持模式是学校利用在校资源，为留学生提供服务的一种方式。朋辈支持模式的具体表现形式多种多样。比如，人们常听说的"学伴"就是为加强留学生和本国学生相互交流、学习的一种支持模式。

　　早在我国留学生管理体系建立之初的20世纪五六十年代，留学生被作为一个特殊的学生群体，1962年发布的《外国留学生试行工作条例（草案）》就明确指出要"有计划地选择一批中国学生"与之交往。自20世纪80年代开始，留学生教育逐渐淡化了政治色彩，开始强调跨文化交流和理解。留学生失去原先"外宾"的光环，回归到朴素的学生身份，1979年发布的《外国留学生工作条例（修订稿）》中提出"有计划地组织一批中国学生"与来华留学生交流，鼓励这些中国学生与留学生交朋友，帮助他们学习。自1998年开始，随着高等教育国际化的加速，高校层面开始探索留学生和本国学生的趋同化管理。留学生和本国学生相互交流的机会也相应增加。不少高校通过语伴、学伴的方式，帮助留学生克服学业困难，进行语言和文化的交流等；本国学生也通过结伴结交朋友、学习语言、了解异国文化等。但是，看似双赢的留学生学伴制度却是一个敏感的话题。在2019年，国内某大学的学伴项目就曾因异性结伴、学伴配比等议题而引起社会的广泛关注。那么，在留学生和本国学生交往机会自由度增加的前提下，校方应如何制定朋辈支持的制度，才能扬长避短，发挥积极的作用？

国外高校也有学伴制度。如：英国高校包括过渡型导师、校内生活导师和学伴型导师在内的学生导师制度；日本的辅导制度（チューター制度，tutor system）也是其中的一种。为了吸引更多的国际学生到日本各大高校学习，日本文部科技省在 20 世纪 80 年代建立了留学生辅导制度。与英国以个人导师为主体的留学生辅导制度不同的是，日本高校最为普遍的留学生辅导制度是在校学生利用课外时间支持留学生适应，帮助留学生学习的一种制度。换句话说，英国最为普遍的留学生辅导制度是传统的导师支持模式，而日本是朋辈支持模式。以下就日本高校留学生辅导制度进行分析。然后通过该项制度的反思，讨论对留学生辅导制度的启示。

一、日本高校留学生辅导制度分析

本研究以日本高校的辅导制度为研究对象，这些高校包括东京工业大学、神户大学、广岛大学、筑波大学、名古屋大学、京都大学、一桥大学和北海道大学。研究通过各大高校网站查阅了辅导制度及其相关说明，并下载手册和相关材料。然后，研究就辅导制度的各方面进行分析，主要包括辅导制度的目的、活动内容和相关职责、申请资格、结对方式、原则和配比、辅导时间与报酬、常见问题和管理这七个方面。

（一）目的

从国家层面来看，辅导制度是日本文部科技省为吸引国际学生到日本留学而制定的一项教育制度。在高校层面，支持制度主要是为留学生的学习和日常生活提供援助。与此同时，为留学生提供辅导服务的在校学生也可在服务过程中发展跨文化理解、国际理解与国际合作能力。这项制度也为辅导人员提供兼职机会，获得相应的报酬。

（二）活动内容和相关职责

辅导学生的角色主要为留学生的学习、研究和生活适应等提供支持性服务。他们是一个以辅导和沟通为主要工作内容的支持型角色。

总的来说，辅导员的工作可大致划分为生活辅导、学习辅导和其他辅导这三大块内容。但是，各个高校，或各学院可根据自身的实际情况，自行裁定辅导的内容。所以，每个学校和学院的侧重点和细则会有所不同。以下以辅导内容相对完整的名古屋大学为个案，了解一个高校可能会考虑哪些支持活动内容以及如何进行相关职责界定。以下内容根据名古屋大学的辅导手册改编而成，具体如附表 1 所示。

附表 1　名古屋大学留学生辅导内容及其相关职责界定

辅导类别	名古屋大学	
	工作内容	相关职责
生活辅导	协助留学生走完行政流程，协助官方文件办理，开立银行账户	行政办公室和留学生顾问会负责处理这些事情。辅导员的工作是确认和说明相关信息，以便更加顺利和有效地完成工作
	帮助部分有需要的留学生找房子	辅导员不用费时费力肩负起找房子的全部责任，他们可通过相关网站，为留学生提供找房信息
	留学生抵达日本后，帮助购买生活必须品	为留学生提供相关信息，以便日后留学生能够自理
	陪同留学生看急诊	陪同仅限于急诊，事先要征求留学生顾问和学术顾问的意见
	工作内容	相关职责
学习辅导	为讲座、研究、实验和作业提供相关帮助；为课程、研讨会报告准备和提供建议；为学术写作提供建议；为入学考试相关准备提供建议；为留学生如何在研究中使用校内外实验设备提供建议	辅导员不指导留学生，但是他们能提供相关的建议和帮助

续　表

辅导类别	名古屋大学	
	工作内容	相关职责
学习辅导	为留学生的语言练习和日语学习提供帮助	留学生在学习语言中心免费语言课程的前提下,辅导人员为留学生的日语学习提供有效支持
	硕士论文、博士论文和学术论文的日语和英语校对	视各学院的需要而定,那些博士在读,或具备相关知识和技能的辅导员可帮助校对。一名辅导员也可同时帮助若干名留学生
	帮助留学生了解日本文化和习俗	向留学生说明日本的文化和习俗
	工作内容	相关职责
其他辅导	参加社区或校内的跨文化交流活动	辅导员在课余时间陪同留学生参与当地交流活动,有可能以几名辅导员带领一群留学生的方式参加
	其他不在列的辅导活动	事先咨询学术顾问,留学生顾问和行政人员,再确定是否提供支援

资料来源:Nagoya University. Tutor Handbook[EB/OL]. (2017-01)[2020-07-22]. Http://ieec. iee. nagoya-u. ac. jp/eninfotutor-handbook2017. pdf.

(三)申请资格

日本高校的辅导制度建立在双方自愿的基础上,校方会介绍该项目,但没有主动为留学生安排辅导员的义务。若有兴趣或需要,有意于成为辅导员的在校学生和有辅导需求的国际学生可向学校提出申请,前提是双方都必须具备一定的资格。

在国籍方面,参与辅导工作的一般为日本本国学生。但是,在校就读的来自其他国家的留学生也可能申请成为辅导员，但是他们在当地移民局获准的情况下，还得满足在日本有一定时长的学习时间。如：在日学习超过 1 年，或来日时间较长，或在某校学习的时间很长，等等。在学生类别方面，各个学校的规定也有所不同。有些学校只给出一个笼统的"日本学生"标准，有些大学明文规定是正式在籍在读的学生。就现有资料来看，虽然不同类别的辅导活动对支援学生有不同的要求，但是总的来说，学生所属的院系、学历生的类别以及所在年级都不会影响学生加入辅导员后备库的资格。而且，校方特别鼓励有责任心、诚实和沟通能力强的学生参与工作。

决定留学生申请资格的第一个因素是身份。日本辅导制度服务的对象是留学生，无论是本科生、研究生、语言和文化进修生、交换生还是其他类别的在日本高校就读的国际留学生，都有资格申请这项服务，只不过不同类别的学生能获准的辅导时限有所不同。决定申请资格的另外一个因素是学习阶段。比如，低年级的学生，如本科一、二年级和研究生阶段一年级学生普遍有资格申请辅导，因为他们来到日本的时间相对较短，各方面的适应问题比较多。但是这里的"阶段"并不仅仅意味着新生或低年级阶段。在一桥大学，如果在校留学生想要找一位论文辅导员，帮助修改毕业论文中的日语，那么留学生只有在论文提交前的两个月才有资格申请这项服务。①

（四）结对方式、原则和配比

以什么样的方式结对？一般而言，结对不是自由组合，而是由学院上级指派，用更委婉的语言说是"推荐"。在神户大学、筑波大学、广岛大学和名古屋大学，履行该职责的是学术顾问。留学生办公室也会担任这项工作，他们的工作对象主要是初来乍到、人生地不熟的留学

---

① Hitotsubashi University. tutors for dissertation writing[EB/OL]. [2020-07-22]. http://international. hit-u. ac. jp/encurrsupport/tutor. html.

生新生。但是,结对也允许一定的灵活性。比如:在上报过程中,学生可以自行结对后上报,或由论文导师向留学生推荐合适的辅导员。无论如何,最终的结果还是由上级决定。

　　结对遵循什么原则? 首先,留学生自身要明确是否需要辅导,再考虑提出申请。在这个过程中,留学生的论文导师可能会介入。在京都大学,校方希望留学生在明确自身需求的前提下,与论文导师联系,以便获得更为确切的帮助。① 在东京工业大学,学术类的学伴主要是基于导师的推荐。② 留学生新生等也要明确需求并将自己的意愿告诉校方。一般而言,各大高校在开学的时候,会向留学生介绍这项制度。在冲绳大学:"学校通常利用每年入学典礼后留学生集中开会的时间,介绍本校有关留学生的注意事项,其中包括学伴募集。如果留学生向学校主管国际交流的部门提出寻找学伴的愿望,校方会推荐愿意做学伴的本校学生,安排双方会面,并根据学生的需求在初次见面时协助沟通。"③明确自身的需求和意愿是校方开展推荐工作的前提。

　　上级指派和推荐中的配对原则主要是辅导员与留学生知识和能力之间的匹配。这一般会涉及语言水平、专业知识和能力。针对学习辅导方面的需求,校方推荐的依据主要是双方在学习和研究领域的相似性。神户大学明确指出:"待选的(学生)辅导员要具备留学生所学专业的背景知识。"④另外一个标准是学生的日语和英语水平,因为他

① Kyoto University. Tutor System [EB/OL]. [2020-07-22]. https://www. kyoto-u. ac. jp/en/current/campus-life/tutor-system. html.

② Tokyo Institute of Technology. Tutors for International Students[EB/OL]. [2020-07-22]. https://www. titech. ac. jp/english/enrolled/international_student/tutor. html.

③ 中国青年报. 日本大学的学伴制度[EB/OL]. (2019-07-25)[2020-07-22]. http://wenhua. youth. cnwhyw201907/t20190725_12020206. html.

④ Kobe University. tutor[EB/OL]. (2017-07-12)[2020-07-22]. https://www. kobe-u. ac. jp/en/campuslife/supports/index. html.

们在辅导中要与各方进行大量的沟通工作。除此之外，其他条件的限制较少。辅导员的年龄可能会小于被辅导的留学生；校方对性别也没有特别的规定和限制；来自其他学院的辅导员也可能服务于另一个学院的留学生；等等。但是，这并不排除在申请表中，留学生可能会被问及意向辅导员的性别要求等。

结对配比如何？一般而言，留学生和辅导员的配比为 1：1。但是，也有例外的情况。比如：一名辅导员同时帮助几名留学生校对论文，或几名辅导员带领留学生团队参加文化交流活动等。

（五）辅导时间与报酬

辅导员的工作介于志愿者和正式工作之间，他们在课余时间为留学生提供辅导。在协商一致的情况下，也可利用假期和晚上的时间开展工作。但是有些大学不鼓励学生在晚上工作，或者明文规定特定的晚间时间不能计入辅导工作的时数内。如东京工业大学规定："晚上10 点到凌晨 5 点不允许辅导员工作。"①辅导分为有偿辅导和无偿辅导。绝大多数都是有偿辅导，辅导员可因一定时数的工作获得相应的报酬。

每个高校所规定的辅导时间段和时间长短有所不同。如：侧重为留学生新生提供辅导的大学可能是开学前的两个月；其他注重开学后适应的可能是六个月或者一个学期不等。辅导员在相应的时间段内，为留学生提供符合该校规定时数的辅导。由于每个留学生能够得到的辅导时数有限，所以辅导时段较长的学校尤其需要辅导员妥善安排活动，为将来无法预见的需求留出时间；或者通过每周不能超过一定时数的规定，将辅导时间均摊化。

---

① Tokyo Institute of Technology. Tutors for International Students[EB/OL]. [2020-07-22]. https://www. titech. ac. jp/english/enrolled/international _student/tutor. html.

辅导员应提供多少时数的支援服务,领取多少报酬呢?这与学校的经费预算相关。在广岛大学,一名辅导员可在两个月内为五名留学生提供总时长为 50 个小时的辅导,每小时可获得 820 日元(2018 年度)的报酬。① 在名古屋大学,根据 2017 年 9 月的新规定,有申请资格的本科留学生一般能够获准每学期 30 个小时的服务,有资格申请的研究生为每学期 30 小时。辅导员的酬金为每小时 1000 日元(2016 年度)。②

(六)常见问题

辅导员在实践中会遇到形形色色的问题。总的来说,主要是有两类。第一类是在生活支援和学习支持方面碰到的问题。生活支持方面如:信用卡办理,已婚留学生夫妇团聚,帮留学生找兼职工作,就医,处理饮食禁忌,提供体育文化活动信息,找房子,等等。学习支持方面会涉及一些常规和非常规问题。常规问题如选课,非常规问题如:如何应对索要答案的留学生,要求批改大量作业的留学生,如何帮助日语水平较高的学生,等等。管理人员一般会为上述问题提供信息,解决办法等。

第二类是跨文化交流中出现的问题。跨文化交流问题可能发生在留学生和辅导员之间,也可能发生在留学生和其他日本人之间。学生反馈的跨文化交流问题有语言、文化差异、偏见与刻板印象。文化差异主要包括体距、人际距离、时间观念等。比如:如何看待和应对迟到的留学生,如何适应体距近的留学生,如何看待留学生和日本人的交友困难,如何帮助被歧视的留学生,等等。针对以上问题,留管人员根据自身经验和专业训练,向辅导员说明文化背景和差异,为辅导员

---

① Hiroshima University. Supporter Handbook[EB/OL]. (2018-01)[2020-01-20]: https://momiji. hiroshima-u. ac. jp/momiji-top/international ' 06/27/496267e44e2b1990bb73d33bb18d67ef23dbb864. pdf.

② Nagoya University. List of revised parts of the handbook[EB/OL]. (2017-09)[2020-07-22]. http://ieec. iee. nagoya-u. ac. jp/eninfotutor2017revision. pdf.

提供如何切实解决问题,改善跨文化交流的答案。

(七)辅导活动管理

管理人员主要有学术顾问、留学生顾问和行政人员。以下为管理人员的职责及其说明,但是,这并不意味着所有的高校都整齐划一,具体如附表2所示。

附表 2　管理人员职责及其相关说明

活动阶段	职责	相关说明
辅导前	向本土学生和留学生介绍辅导项目、授理双方的申请、录用志愿者,建立辅导员后备库,按照双方需求和条件进行推荐和组对	各大学或各类辅导活动有所不同:有些在新生入境前已经安排妥当,有些在新生入学后开展
辅导中	商议工作内容和时数的变化等; 提供咨询:辅导所需相关信息,如网站、宾馆信息等,如何处理跨文化交流问题; 协调和处理结对中可能出现的问题和纠纷; 对辅导制度没有明确规定的模糊地带做出解释	尽管辅导制度和辅导前计划书都有对工作内容和时长的界定和安排,但根据实际情况会有调整和变化。 回答和辅导制度有关的问题,特别是职责界定。如:在电子社交平台上为留学生提供服务,是否也是辅导活动等。 为跨文化交流的问题提供背景知识、文化解读和解决方案
	监督辅导活动的开展:前期要求辅导员上交活动计划,活动后上交反馈表,每月上交月报(时间、时数、活动),活动取消后上交活动取消表格,春季和秋季结束后的8月份和2月份上交辅导工作表格	借以了解每个辅导员大致的活动安排;了解辅导活动类型及其后续的自我评价、感想、对辅导制度的反思和建议;了解每月辅导工作的执行情况。 表格需要相关人员签名,如留学生(确认每次活动)和学术顾问(确认月活动内容),这也是领取酬金的依据

续 表

活动阶段	职责	相关说明
辅导后	填写或收集相关表格,(按月)发放报酬	填写汇款表、所得税表等
宣教	制作和发放各类表格,在网上发布	申请表、辅导工作计划书、工作反馈表、辅导工作月报、辅导工取消表格、留学生信息表、汇款申请表、所得税表、时间表、日程表、调查问卷等
	制作说明书和辅导手册等宣传资料,开展网络宣传和宣教	辅导员和留学生可通过相关资料了解辅导制度,寻求实践中常遇问题的答案
	向留学生和辅导员发放调查问卷,开展辅导制度效果研究	根据实际情况,可能修改辅导制度的部分内容

二、日本高校留学生辅导制度的反思

(一)留学生辅导制度的文化成因初探

留学生的多样化背景必然产生形形色色的需求。他们的语言水平不同,学习和生活需求也不同。学校或学院层面的管理无法精细到照顾每一个来自不同国家、文化和教育背景的留学生的需求。这个矛盾如何解决?每个国家的留学生管理都会面临同样的问题,但是解决的方法不尽相同。在日本,辅导制度的嵌入解决了校方统一管理和留学生多样化之间的矛盾。辅导人员的介入使得校方的管理能够以一变十,实现一对一的精细化管理。

辅导制度体现的管理思想可能和日本文化中的价值观和思维模式不无联系。自从留学生进入日本高校学习的那天,他们就成了高校学习共同体中的一员,校方对留学生的生活和学业适应负有责任。集团至上的日本发展出了独特的思维方式和文化性格。日本人的自我是自—他协调型,"集团中的'他者'是个体自我界定优先考虑的,即个体有较强的'他者意识'"。① 所以,日本人际交往的思维方式之一是站在他人的立场考虑他人的事情,这种所谓的"中空文化"对外界敏感而灵活。在留学生管理中,留管人员势必会站在留学生的视角考虑他们的想法、需求和心情等。但是留学生作为一个整体千差万别,有"无数"的他者视角需要照应。辅导制度一对一的辅导方式搭建起了校方有限的留管人员和人数众多的留学生群体之间的桥梁,使得日本文化思维中自他协调的,站在对方立场考虑和行事的个别主义的文化性格得以实现。"个体采取与他人协调的行为方式融合于群体,人际关系具有较大的柔软性、融合性,表现了较强的以他人为本位的倾向以及个体与他者较大的协调性。"②校方通过一个个辅导员中介,对留学生这样的异质化群体进行管理,将其纳入高校共同体。

辅导人员的一个重要角色为校方和留学生的中介,这不仅有助于管理目标的达成,也是维护日本社会"和为贵"价值观的需要。日本有很多中介机构,中介既能帮助解决问题,又能无损于和气,尤其在双方产生矛盾的时候。"日本人在处理那些涉及自己面子的事情的时候,总是尽量避免直接出面,而是委托中介人,由中介人为当事者双方传达对方的意见。用这种方式交往,当事者就不至于听见在直接谈判中对方有可能对自己的冒犯或者令自己不愉快的话,而使自己丢面子;而且,有许多自己不便说出口的话,通过老练的中介人,也可以得到恰当的传达,而不让对方感到难堪"。③ 在辅导活动开展的过程中,辅导员需要在留学生与学术顾问,留学生顾问和行政人员等多方之间进行沟通、协调与合作。在名古屋大学的辅导手册中写道:"有时,留学生

① 尚会鹏.中日"文化基因"解码——日本人的基本人际状态与中日互视[M].北京:社会科学文献出版社,2017:43.
② 尚会鹏.中日"文化基因"解码——日本人的基本人际状态与中日互视[M].北京:社会科学文献出版社,2017:46.
③ 李兆忠.暧昧的日本人[M].北京:金城出版社,2005:261.

和学术顾问的期待有所不同,这时,辅导员就需要在两者之间进行周旋,并决定怎么做才能兼顾两者的需求。"①辅导员作为中介人,能够巧妙地避免直接的争议,保全当事人的面子。在人人对"和"文化抱有敬畏之心、对自身名誉的清白非常在乎的日本社会,中介人的存在是一种非常重要的考量,而学生辅导员就扮演了这样不可或缺的角色。

(二)留学生辅导制度的目标实现路径

辅导制度主要有四个目标:增加日本高校的吸引力;为留学生提供学习和生活支持;培养日本学生的国际理解与合作能力;为日本学生提供兼职机会。这四个目标是如何实现的呢?

第一,满足留学生学习与生活适应的刚性需求,提高日本高校吸引力。由于预算经费的限制,高校不可能全面满足留学生的各种需求。因此,满足哪种需求成了辅导制度制定中的一个核心问题。留学生初来乍到,人生地不熟;人在异国他乡,语言和文化也很陌生;即使入学后适应了高校的学习生活,论文写作也难以在短短的留学生涯中达到母语的水平。日本各大高校主要针对自行界定的留学生的刚性需求而提供辅导。这也是为什么辅导多针对适应困难较多的低年级学生,或者在论文写作中难以突破语言关的留学生;这也是为什么在留学生和日本学生递交申请后,彼此还要经过相关导师和管理人员的确认、推荐、匹配和认定等。这些规则都是基于刚性需求的考虑,即留学生是否真的需要辅导,如何匹配才合适。此外,日本各大高校提供的学业辅导和生活辅导与当前国际上对留学生满意度影响因素的研究有较高的契合度。日本的研究发现学习和研究、生活与适应、日语能力是影响满意度的三大因素。② 澳洲的研究发现与学业相关的因

---

① Nagoya University. Tutor Handbook[EB/OL]. (2017-01-17)[2020-07-22]. Http://ieec. iee. nagoya-u. ac. jp/eninfotutor-handbook2017. pdf.

② Tamaoka, et al. What makes international students satisfied with a Japanese university? [J]. Higher Education Policy,2003,4(2):119-128.

素是影响留学生满意度最重要的因素；① 或认为学业相关服务、课程和增值性服务是影响满意度的三大因素。② 从这个意义上说，辅导制度较能提升留学生的满意度。有研究指出，留日学生对辅导制度评价较高。他们的收获主要体现在："对日本学生的印象变好，认识了更多的日本朋友；加深了对异文化的理解；日语水平提高；获取了大学生活中的有用信息；对学业有很大帮助；等等。"③

第二，为本土学生提供兼职机会，通过"做中学"，发展国际理解与合作能力。留管人员在考虑如何满足留学生需要的同时，也考虑如何让辅导员从这项制度中受益。日本学生在辅导留学生完成一个又一个任务的过程中发展了跨文化理解与合作的能力。根据实践经验，校方认为胜任辅导工作的学生应具备和发展以下的品质和能力：具有责任感；具备沟通能力；对多元文化感兴趣，愿意学习和适应他人的文化；能够尊重个人隐私，保守秘密；消除刻板印象和偏见，尊重个体差异。比如：校方鼓励本土学生努力站在留学生的视角去理解对方的想法，克服日本人之间委婉和模糊的、不利于跨文化交流的言语表达习惯，尊重留学生个体，建立相互信任的合作关系，等等。

留学生辅导制度也为本土学生提供了和外国人合作的机会。笔者曾在一项研究中采访过 16 名来华日本留学生，曾有 4 名学生主动说起在日本国内做留学生辅导员的经历。从做中学，无疑是促进自我

---

① Tom Frawley, et al. Quality Assurance at Hotel Management Tertiary Institutions in Australia: An Insight into Factors Behind Domestic and International Student Satisfaction[J]. Journal of Marketing for Higher Education, 2019,31(1):1-9.

② David Chalcraft, et al. Customer, Collaborator or Co-creator? What is the role of the students in a changing higher education service scape? [J]. Journal of Marketing for a Higher Education,2015,25(1):1-4.

③ 韩立冬.日本高等教育机构留学生辅导制度及其启示[J].中国高等教育,2019(20):63.

文化认知、拓宽文化视野、发展跨文化合作能力的有效举措。为了顺利完成这项工作,辅导员在每次活动结束后要写反馈。其间,校方可能还会举办辅导人员交流会,讨论工作中的困难,探讨问题解决的方案。专业的管理人员把学生在辅导工作中所需的相关信息,尤其是跨文化交流的各种问题汇编成册,做出跨文化解释,并提供切实的解决方案。这项留学生支持工作对于本土学生而言,相当于理论和实践相互结合的跨文化交流的第二课堂。他们的跨文化实践在了解外国的同时,也增进了对本国的了解。从事辅导工作的学生普遍认为在以下几个方面的收获比较大:"对留学生的印象变好,与留学生聊天很开心;加深了对本国文化的理解;外语水平提高,同时对日语的特点有了更深的认识;对自身专业学习有帮助;增加了对外国的了解,拓宽了视野;等等。"[1]此外,打工是日本大学生大学生活的一部分,辅导工作为他们提供了校园兼职的机会。这样,参与辅导工作的学生既发展了能力,又能够兼职赚钱,可谓一举两得,实现了该制度效益的最大化。

(三)留学生辅导制度的实施保障

留学生辅导制度有专门的管理人员负责其制定、开展和实施,他们的工作和学生辅导员的工作相互区分;他们为辅导工作确立申请资格、内容及其职责、结对原则和配比、时限和报酬等;他们按照既定的要求录用志愿者,录用之后开展必要的交流和培训,帮助发展学生辅导员的工作能力,以便他们能够胜任这份工作;在留学生辅导工作开展的过程中,管理人员开展答疑解惑、协商、听取反馈、监督、评测实施效果等工作,从而确保辅导工作能够顺利和高效地完成。留学生辅导工作开展的前提是学生的自愿参与,这些学生对于从事辅导工作已有内在的动机和积极性,在工作中,也能从管理人员那里得到帮助,克服

---

① 韩立冬.日本高等教育机构留学生辅导制度及其启示[J].中国高等教育,2019(20):63.

困难，最后他们也能从辅导工作中获得报酬，获得能力的发展。

虽然管理有既定的规则可依，但并非没有灵活性。以辅导的时数为例，管理人员可根据每学年的情况或者结对实施的具体情况，增加或减少辅导时间；也可在总预算不变的情况下，增加辅导人数，减少人均服务时间；或在总预算不变的情况下，为其他有辅导需求的留学生提供服务。以结对为例，如果彼此合作状况不佳，留管人员也会及时处理，而不是一劳永逸的任其发展。再以咨询为例，若有学生对辅导职责的灰色地带或跨文化交流存有疑问，管理人员会给出手册上没有的答案。

三、日本高校留学生辅导制度的启示

（一）明确朋辈支持制度的目标，发挥双边教育潜力

朋辈支持制度可以满足不同的目的。日本高校的辅导制度不是一个包括联谊和交友等在内的全面服务的制度，而是一个有着明确界定的、仅为留学生从入学到完成学业的刚性需求提供辅导的一项制度。出于语言学习的需求，虽然来华留学生和中国学生较容易结成一对一的固定语伴，但是此外，学伴制度在留学生教育管理方面发挥的作用较少。根据以往的研究，我国在留学生教育管理方面的问题不少，教学领域的问题尤为常见，比如：因语言和国民教育体系的差异等，留学生和本土学生在教学管理和毕业要求上难以达成一致。因中文的难度在各种语言中首屈一指，所以留学生在课程考核、论文写作等环节，会面临较大的困难。[①] 如果在教学管理中，能够利用在校学生资源，挑选能够胜任留学生辅导的学生，对于提升我国留学生教育管理水平恐怕不无助力。

拓宽国际视野，培养国际理解与合作能力是本科生通识课和部分

[①] 张端鸿.来华留学生教育为何难以实现管理趋同化[N].中国科学报，2019-7-17.

专业课程的培养目标。虽然留学生的身影已频频出现在各大高校,但是由于语言、文化的差异和管理的非趋同化,留学生和本土学生的接触有限。跨文化能力的培养特别需要实战,因为学生学习的不是已有的知识,而是他们在原先的生活经验里没有的知识。根据日本的经验,留学生辅导制度能够创造出大量的,留学生和本国学生一起合作完成工作任务的机会,在专业老师的指导下,辅导活动能够发展成为跨国与跨文化合作的第二课堂。我国的国际理解和跨文化教育也可借鉴这种理论联系实际,在做中学的培养方式,因为这样的学习往往真实而深刻,学习效果良好。学伴制度在惠及留学生的同时,本国学生也可受益于本校丰富的留学生资源,实现更深层次的教育国际化。

(二)诊断留学生教育管理问题,探讨通过朋辈支持制度解决问题的可能性

我国和日本的文化土壤不同,教育管理的问题也不尽相同。事实上,每种文化都相对独立、自成体系。每种制度背后都有深刻的文化根基,照搬照抄、依样画葫芦的做法等于否定了文化的上述特点。所以,我们首先应该尊重自身的文化,诊断并审视自己的问题,寻找生长点。也就是说,要用"本土生长"的办法代替"本土化"。"在这样一个全球化的时代,'本土生长'不可避免地要吸收世界上不同文化的精华,但它不同于'本土化',它是一个自内的发展过程,而不是像'本土化'那样是一个自外的移植过程。"①为此,笔者认为未来的研究应先诊断我国目前留学生教育管理方面的问题,尤其在教学管理方面留学生所面临的问题。而且,研究应更多地采用实证研究的方法,只有这样,才能确认具体问题是什么。但是一般说来,留学生初来乍到,都面临适应问题;做作业和写论文会有语言障碍的问题;到了即将毕业走向社会时,又有就业和继续升学的问题;平时也可能有心理问题需要辅导。

---

① 项贤明.比较教育的文化逻辑[M].哈尔滨:黑龙江教育出版社,2000:2.

在明确基本问题的前提下，管理者和研究人员再有的放矢地探讨利用朋辈支持制度解决这些问题的可能性，为以后制度所规定的工作内容及其职责等的确立奠定基础。这也是朋辈支持制度制度赖以成立的最为重要的依托。比如，国内已有医学系本科生和留学生结伴实习的研究，研究发现结对实习能提高本科生的实习效果。[①] 这就是利用学伴提升教育效果的一个案例。

（三）加强科学化管理，为制度实施提供保障

在确立好目标、明确工作内容和职责的前提下，要注重管理。首先是管理队伍的建设。目前以上海市某高校为个案的研究发现：留学生管理存在教育国际化水平不够、教育管理理念滞后、管理手段和方法简单的问题。原因为不够重视，缺乏精细化管理；重管理，轻服务；缺乏共同参与机制，对留学生管理的热情不高。[②] 针对这样的管理现状，首先要调动管理人员的积极性，改变管理观念。然后可借鉴日本辅导制度开展的经验，考虑录用有留学生管理经验和有跨文化专业背景的，并能够解决学伴管理中两类常见问题的管理人才。其次，要在以往的管理经验和科学研究积累的知识的基础上，以科学化的方式完善学伴制度和学伴管理的各项内容。如果学伴制度在活动内容与职责、结对和管理方式上与目标脱节或者过于简单和模糊，那么即使目标设定正确，最终也收效甚微。最后，管理中要引导和培训参与朋辈支持项目的本国学生，通过管理人员与学生的密切合作，完成既定任务，发展学生的品质、知识和能力水平。另外，可考虑适当的激励方式，激发辅导员工作的热情，保证项目实施的效率。

---

① 王峰等.本科生与留学生结对实习在普通高校医学生培养中的培养效果评价[J].中国高等医学教育,2019(10):92-93.

② 桂旻.上海高校来华留学生教育管理改革研究[D].上海:上海师范大学,2018.

参考文献

一、中文文献

[1] 北京步一步教育科技有限公司.留学实录——15 位中国留学生亲身纪事[M].北京:机械工业出版社,2012:173.

[2] 陈红梅.英国大学写作教学与服务一瞥——以伦敦大学学院为例[J].海外英语,2019(3):1-2.

[3] 陈慧慧.新世纪来华留学生教育管理研究述评[J].科教文汇(上旬刊),2019(8):1621.

[4] 陈素燕.英国诺丁汉大学中国学生留学体验调查[J].全球教育展望,2004(10):73-76.

[5] 陈卫东.中国留英学生英语语言能力分析[J].外语教学与研究,1993(1):1-8.

[6] 陈晓菲,刘浩然,林杰.牛津大学本科导师制的学生学习体验研究[J].比较教育研究,2019(3):39-45.

[7] 储安平.英国来风录[A].张新颖.储安平文集(上)[C].上海:东方出版社,1998:331.

[8] 丁凤.教学环境下学习自主性发展空间的拓展[J].广东外语外贸大学学报,2012(6):95-99.

[9] 丁笑迥.高校来华留学生支持服务满意度调查与思考——基于上海高校的数据[J].高校教育管理,2018(1):115-123.

[10] 丁笑炯.来华留学生需要什么样的教育——基于上海市四所高

校的数据[J].高等教育研究,2010(6):38-43.

[11] 窦可阳,徐秀玲.英国当代本科导师制度探析——以普利茅斯大学本科导师制为例[J].吉林省教育学院学报,2019(7):107-110.

[12] 2018年来华留学统计[EB/OL].(2019-04-12)[2020-10-06]. http://www.moe.gov.cn/jyb_xwfb/gzdt_gzdt/s5987/201904/t20190412_377692.html.

[13] 2019的NSS英国大学生满意度排名公布[EB/OL].(2019-08-03)[2020-08-28].https://www.360kuai.com/pc/9c9430582f4f01629?cota=3&kuai_so=1&sign=360_57c3bbd1&refer_scene=so_1.

[14] 范威廉.英国顶尖学校[G].北京:中国经济出版社,2010:185.

[15] 范晔.大众化进程中的生师比与大学质量关系——世界世界一流大学生师比研究的启示[J].教育发展研究,2012(23):8-15.

[16] 费孝通.留英记[EB/OL].(2017-05-12)[2021-11-10].https://www.sohu.com/a/142232222_507402.

[17] 顾明远.论中国传统文化对中国教育的影响[J].杭州师范学院学报,2004(1):1-9.

[18] 桂旻.上海高校来华留学生教育管理改革研究[D].上海:上海师范大学,2018.

[19] 谷贤林.导师制·午后茶·住宿学院与一流大学的人才培养[J].比较教育研究,2003(9):27-30.

[20] 何克抗.建构主义的教学模式、教学方法与教学设计[J].北京师范大学学报,1997(5):74-81.

[21] 贺平,唐洁.中国留学生在英国经历的文化冲击现象分析[J]四川师范学院学报,2015(3):83-86.

[22] 黄根哲,许金凯,于化东.中英高等教育比较研究——以曼彻斯特大学为例[J].科技教育,2018(28):142-144.

[23] 霍霞.再别英伦[M].北京:人民邮电出版社.2013:30.

［24］胡颖.提升来华留学生教育服务质量研究［D］.厦门:厦门大学,2014.

［25］环球网.2020英国留学报告:中国内地留英学生总人数创新高［EB/OL］.（2020-09-20）［2020-08-28］. https://baijiahao.baidu.com/s? id=1678367724457460743&wfr=spider&for=pc.

［26］江淼.基于满意度调查的黑龙江省留学生教育需求研究［D］.哈尔滨:哈尔滨工业大学,2007:30.

［27］教育部.质量为先,实现来华留学内涵式发展——教育部国际司负责人就来华留学相关问题答记者问［EB/OL］.（2019-04-12）［2021-06-23］.https://www.sohu.com/a/328164881_117882.

［28］赖继年.三边互动下的留英教育:"中英友好奖学金计划"的执行及其影响［J］.现代大学教育,2011(5):44-49.

［29］老舍.老舍文集.头一天［M］.北京:人民文学出版社,1999:21.

［30］李秉德.对教学论的回顾与前瞻［J］.华东师范大学学报(教育科学版),1989(8):55-59.

［31］李玢.英国的文化价值观念与教育［J］.华东师范大学学报(教育科学版),1994(3):43-52.

［32］李宏芳.英国高校个人导师制对我国高职教育的启示［J］.教育教学论坛,2015:56-57.

［33］李慧杰,赵毓琴.跨文化经历与反思［M］.北京:经济科学出版社,2012:186.

［34］李昕.寻访大学——中国大学校长的英国学习札记［M］.上海:上海教育出版社.2013:65.

［35］刘恩允.基于导师制的英国大学师生关系模式和启示——以英国Heriot-Watt大学为例［J］.高校教育管理,2011(5):46-51.

［36］刘俊学.高等教育服务质量理论［M］.长沙:湖南大学出版社,2002:117-150.

[37] 李颖.自主"选择"的视角与 SACs 的软资源建设——英国剑桥大学语言中心自主学习模式的启示.中国外语[J].2011(6):11-17.

[38] 李永山,李大国.英国高校学生支持服务的历史演进和主要特点[J].比较教育研究[J].2009(9):62-65.

[39] 路晓航.来华留学生管理和服务中的适应性研究[D].大连:大连理工大学,2018.

[40] 马万华,匡建江.国际流动:留英中国学生面临的挑战.北京大学教育评论[J].2016(2):177-186.

[41] 纳海.寻找英伦的神话:《霍华德庄园》中的"英国问题"和国民性[J].外国文学,2017(4):14-25.

[42] 潘晓青.影响美、日来华留学生跨文化人际适应的文化研究[M].北京:中国社会科学出版社.2016:213.

[43] 青年认知心理学家之会.认知心理学家谈教育[M].京都:北大路书房,1993:65.

[44] 邱玉婷.四川省高校留学生管理研究——基于 5 所高校的调研[D].成都:四川师范大学,2016.

[45] 齐艳霞,尹春洁.从"隐性知识论"看牛津大学的导师制度[J].全球教育展望,2004(9):56-58.

[46] 邵士权.我国高等学校教学方法创新研究[D].武汉:华中科技大学,2011:11.

[47] 宋菁.英国翻译学博士生学术能力培养及其启示——以萨里大学为例[J].外语界,2007(4):35-43.

[48] 司继伟.学习理论研究的主要取向及其教学含义[J].宁波大学学报(教育科学版)),2000(6):1-7.

[49] 苏洋."一带一路"背景下来华留学博士生课程学习体验及其影响因素研究.比较教育研究,2019(9):18-35.

[50] 王策三.教学论稿[M].北京:北京人民教育出版社,1985:88-89.

[51] 王来武.中英大学教学模式比较研究[J].大学教育科学,2004(1)90-92.

[52] 王英."一带一路"背景下甘肃省留学生教育服务的现状及路径研究[D].兰州:西北师范大学,2018.

[53] 文雯,陈丽,白羽,等.北京地区来华留学生就读经验和满意度国际比较研究[J].北京社会科学,2013(2):63-70.

[54] 文喆.课堂教学的本质和好课评价问题[J].人民教育,2003(3-4):13-16.

[55] 项贤明."智育"概念的理论解析与实践分析[J].课程·教材·教法,2021(5):40-46.

[56] 肖丹.来沪硕士留学生培养模式的分析和研究[D].上海:华东理工大学,2011.

[57] 刑殿普.感受英国高校教学特色[J].上海教育,2006:34-35.

[58] 夏晓虹.从英国导师制看我国高校辅导员队伍建设.思想教育研究[J].2008(1):46-48.

[59] 薛惠娟.文化适应与国际教育中学业成功之研究[J].教育学术月刊,2010(12):50-53.

[60] 薛惠娟.文化适应与个人资本形成[M].上海:上海交通大学出版社,2011:130.

[61] 杨爱英.中英高等教育教学模式比较研究及启示[J].黑龙江高教研究,2006(9):172-174.

[62] 阎光才.导师制与牛津传统所面临的危机[J].民办教育研究.2004(1):88-92.

[63] 杨晓君.基于隐私权保护视角的高职院校留学生宿舍管理[J].黎明职业大学学报,2019(4),9-11.

[64] 英国大学满意度调查 NSS 结果出炉[EB/OL].(2019-07-30)[2021-10-06].https://www.sohu.com/a/244199061_113707.

［65］应竑颖.中国留英学生英语学习障碍分析——基于民族志方法的研究［J］.景德镇学院学报,2017(5):109-114.

［66］应跃兴,刘爱生.英国本科生导师制的嬗变及启示［J］.浙江社会科学,2009(3):87-92.

［67］喻晓聪.来华留学硕士研究生培养模式研究［D］.长沙:湖南农业大学,2013.

［68］张天宝.试论理解的教育过程观［J］.陕西师范大学学报(哲学社会科学版),2001(1):160-164.

［69］张健如,胡继连,周玉玺.中英高等教育比较分析:教育理念、学制及教学方式［J］.山东高等教育,2015(10):34-40.

［70］张睦楚.英国罗素集团大学发展契机与面临的危机［J］.比较教育研究,2017(4):61-68.

［71］张士奇.浅谈语言水平对中国留英学生学术成就的影响［J］.教育观察,2017(11):14-15.

［72］郑军.英国华人留学生母语文化认同度实证研究［J］.海外英语,2014(10):275-277.

［73］佐藤学.教与学:寻求意义与关系的再构［J］.全球教育展望,2001(2):50-56.

［74］中国驻英使馆教育参赞接受本报专访留学英国的建议和忠告.［EB/OL］.(2003-12-12)［2020-10-06］. http://news. sina. com. cn/o/2003-12-12/10161323783s. shtml.

［75］中华人民共和国教育部.2019 年度出国留学人员情况统计［EB/OL］.(2020-12-14)［2020-08-28］. http://www. moe. gov. cn/jyb_xwfb/gzdt_gzdt/s5987/202012/t20201214_505447. html.

［76］钟启泉.“批判性思维”及其教学［J］.全球教育展望,2002(1):34-38.

［77］朱虹.留学生高质量教育发展路径研究［J］.江苏高教,2020(1):

64-71.

[78] 朱剑.经济危机背景下的牛津导师制[J].比较教育研究,2013
(1):32-36.

[79] 邹小群.高校来华留学生跨文化适应支持服务问题研究[D].厦
门:厦门大学,2014.

[80] 张剑.走进牛津大学[M].北京:中国轻工业出版社,2012.

二、英文文献

[1] Anil Balan. (2018) Reviewing the Effectiveness of the Oxford
Tutorial System in Teaching an Undergraduate Qualifying Law
Degree: a Discussion of Preliminary Findings from a Pilot
Study. The Law Teacher, Vol. 52, No. 2, pp. 171-189.

[2] Annabel T. Yale. Quality matters: an In-depth Exploration of
the Student-personal Tutor Relationship in Higher Education
from the Student Perspective[J]. Journal of Further and Higher
Education, 2017(4):533-544.

[3] Anne Dobinson-Harrington. Personal Tutor Encounters:
understanding the experience[J]. Nursing Standard, 2006(20):
35-42.

[4] Benson P. Measuring autonomy: should we put our ability to
the test? [A] In Paran A, Sercu L (Eds.), Testing the
Untestable in Language Education [C]. Multilingual
Matters, 2010.

[5] Berry J. W. Acculturation as varieties of adaptation. In A.
Padilla(Ed.), Acculturation: Theory, models and findings[M].
Boul-der, CO: Westview, 1980:9-25.

[6] Bodycott P., Walker A. Teaching Abroad, Lessoons from

about Intercultural Understanding for Teachers in Higher Education"[J]. Teaching in higher education,2000(1):79-84.

[7] Brown J. S., Collins A., Duguid P. Situated cognition and the culture of learning[J]. Educational Researcher,1989(1):32-42.

[8] Catrin Evans, Keith Stevenson. The Experiences of International Nursing Students Studying for a PhD in the U. K: A Qualitative Study[J]. BMC Nursing,2011:1-13.

[9] Cardiff University. Presessional Summer Courses [EB/OL]. (2021-01-16)[2022-01-16]. https://www. cardiff. ac. uk/study/international/english-language-programmes/pre-sessional-summer-courses.

[10] Charles Gobllie. 在华国际学生的留学动机与心理适应,学业满意度和潜能的关系[D]. 武汉:华中师范大学,2019. PII.

[11] Creso M. S á, Emma Sabzalieva. The Politics of the Great Brain Race: Public Policy and International Student Recruitment in Australia, Canada and the USA [J]. High Education,2018(75):231-253.

[12] C. Ward., A Kennedy. Acculturation strategies, psychological adjustment and sociocultural competence during crosscultural transitions[J]. International Journal of Intercultural Relations, 1994(18):29-343.

[13] David Grey, Corrina Osborne. Perceptions and Principles of Personal Tutoring [J]. Journal of Further and Higher Education,2018(15):1-16.

[14] Earwaker J. Helping and Supporting Students: Rethinking the Issues [M]. London: Society for Research into Higher Education,1992.

[15] E. lkolitch, A. V. Dean. Students ratings of instruction in the U. S. A: hidden assumption and missing conceptions about "good" teaching[J]. Studies in Higher Education,1997(1):37-43.

[16] Fraser Mcleay, et al. In-sights for a Post-Brexit era: Marketing the UK as a Study Destination-an Analysis of Arab, Chinese and Indian Student Choices[J]. Journal of Strategic Marketing, 2019, at https://www. tandfonline. com/doifull10. 1080/ 0965254X. 2018. 1500625, accessed 1 January,2021.

[17] General Information: Personal Tutor[EB/OL]. (2021-09-21) [2021-09-21]. https://www. humanities. manchester. ac. uk/ pgr-handbook-seed/programme/professional-doctorate/ doctorate-counselling-psychology/general-information/.

[18] G. Hofstede. Culture's Consequences: Comparing Values, Behaviors, Institutions and Organizations Across Nations, 2nd ed[M]. Thousand Oaks, CA: Sage Publications,2001.

[19] G. Hofstede. Culture and Organiz ations: Software of the Mind[M]. London, Norfolk: McGraw-Hill Book Company (UK) Limited,1991.

[20] Ging Gu. Maturity and Interculturality: Chinese Students' Experiences in UK Higher Education[J]. European Journal of Education,2009(1):37-52.

[21] Grey D, Osborne C. Perceptions and principles of personal tutoring[J]. Journal of Further and Higher Education,2018:1- 15.

[22] Holec H. Autonomy in Foreign Language Learning [M]. Oxford: Pergamon(First published 1979), Strasbourg: Council of Europe,1981.

[23] Imperial College London. About our Presessional Courses. [EB/OL]. (2020-01-16) [2021-01-16]. https://www. imperial. ac. uk/academic-english/presessional/presessional-outline/.

[24] Jeschke, M. P. , K. E. Johnson, J. R. Williams. A Comparison of Intrusive and Prescriptive Advising of Psychology Majors at an Urban Comprehensive University[J]. NACADA Journal, 2001;21(1-2);46-58.

[25] Juan Roldán-Merino, Dolors Miguel-Ruiz, Núria Roca-Capara, Olga Rodrigo. Personal Tutoring in Nursing Studies; A supportive Relationship Experience Aimed at Integrating, Curricular Theory and Professional Practice [J]. Nurse Education in Practice,(2019);81-87.

[26] Kate Fox. Watching the English[M]. London; Hodder & Stoughton Ltd,2014;79.

[27] Larry A. Samovar et al. Cross-cultural communication(eighn edition)[M]. Beijing; Beijing University Press,2017;128.

[28] L. E. Anderson. A New Look at an Old Construct; Cross—cultural Adaptation[J]. International Journal of Intercultural Relations,1994(3);293-328.

[29] Little D. , Dam L. Learner autonomy; what and why? [A]. In Palfreyman D. , Smith R. C(eds.) Learner autonomy across cultures; language education perspectives [C]. Palgrave Macmillan Ltd,2003.

[30] Madalina Akli. International Student Support in European Higher Education[J]. Review Education,2012;297-300.

[31] Malcolm Suther. Evidence of Poor Writing and Academic

Standards Among University Students in the UK, and the Need
for More Rigorous Accreditation of Degree Courses[J]. The
Computer Games Journal,2020(9):91-120.

[32] Matthew Bamber. What motivates Chinese women to study in
the UK and how do they perceive their experience? [J].
Higher Education,2014(1):47-68.

[33] Mostafa Hasrati, Parvaneh Tavakoli. Globalisation and
MATESOL programmes in the UK[J]. Higher Education,2015
(4):547-565.

[34] Nancy Stevenson. Enhancing the student experience by
embedding personal tutoring in the curriculum[J]. The Journal
of Hospitality Leisure Sport and Tourism,2009(2):117-122.

[35] Qing Gu. Maturity and Interculturality: Chinese Students'
Experiences in UK Higher Education[J]. European Journal of
Education,2009(1):37-52.

[36] Personal Tutoring. University College of London[EB/OL].
(2021-11-07)[2021-11-07]. https://www. ucl. ac. uk/students/
academic-support/personal-tutors/personal-tutoring.

[37] Personal Tutors. The University of Bristol[EB/OL]. (2021-11-
07) [2021-11-07]. https://www. bristol. ac. uk/students/
support/personal-tutors/.

[38] Personal Tutor. The University of Edinburgh[EB/OL]. (2021-
05-03) [2021-11-07]. https://www. ed. ac. uk/studying/
undergraduate/student-life/academic/tutor.

[39] Peter williams. Britain's full-cost policy for Overseas students
[J]. Comparative Educatio Review,1984(12):258-278.

[40] Redfield R. , Linton R. , Herskovits M. J. Memorandum for

the study of accultur ation[J]. Amer-ican Anthropologist, 1936:149-152.

[41] Robert Harris. Overseas Students in the United Kingdom University[J]. Higher Education,1995(1):77-92.

[42] Rong Huang. Mapping Educational Tourists' Experience in the UK: understanding international students[J]. Third World Quarterly,2008(29):1003-1020.

[43] Rush Cosgrove. Critical Thinking in the Oxford Tutorial: a Call for an Explicit and Systematic Approach[J]. Higher Education Research Development,2011(3):343-356.

[44] Stephen D. E. , P. O. Connell, M. Hall. "'Going the Extra Mile', 'Fire-Fighting' or Laissez Faire? e-Evaluating Personal Tutoring Relationships with Mass Higher Education Teaching" [J]. Teaching in Higher Education,13(4):449-460.

[45] Student Guide to Academic Personal Tutor[EB/OL]. (2021-09-21) [2021-09-21]. https://www. exeter. ac. uk/students/personaltutoring/.

[46] Sue Pattison, Sue Robson. Internationalization of British Universities: Learn from the Experiences of International Counselling Students [J]. International Journal for the Advancement of Counselling,2013(3):188-202.

[47] Tutors. Imperial College London[EB/OL]. (2021-05-03)[2021-11-07]. https://www. imperial. ac. uk/students/success-guide/ug/getting-started/what-to-expect/tutors/2020. 10.

[48] University of Bristol. Peer Assisted Study Sessions[EB/OL]. (2020-10-06) [2020-10-06]. http://www. bristol. ac. uk/students/your-studies/study-supportpass.

[49] University of Cambridge. ADTIS：Pre-Sessional［EB/OL］. (2021-01-16)［2021-01-16］. https：//www. langcen. cam. ac. uk/adtis/pre-sessional. html.

[50] University of Cambridge. ADTIS：In-Sessional［EB/OL］. (2020-01-16)［2020-01-16］. https：//www. langcen. cam. ac. uk/adtis/in-sessional. html.

[51] University of Cambridge. Passport to Study in the UK and at Cambridge：A Preparatory Guide for International Students ［EB/OL］. (2021-10-06)［2021-10-06］https：//elo. langcen. cam. ac. uk/passport/

[52] University of Birmingham. Student Groups & Support［EB/OL］. (2020-10-06)［2020-10-06］. https：//www. birmingham. ac. uk/study/accommodation/Our-Services/Student-Groups-Support. aspx.

[53] University of Glasgow. Postgraduate Taught. International Relations Mres［EB/OL］. (2021-10-06)［2021-10-06］. https：//www. gla. ac. uk/postgraduate/taught/internationalrelationsresearch/.

[54] Watts Tessa E. Supporting Undergraduate Nursing Students through Structured Personal Tutoring：Some Reflections［J］. Nurse Education Today,2011(2)：214-218.

[55] Your Academic Personal Tutor. University of Leeds［EB/OL］. (2021-11-07)［2021-11-07］. https：//students. leeds. ac. ukinfo10109/study_support/797/your_academic_personal_tutor.

本书得到杭州文化国际传播与话语策略研究中心资助